GOLDMANN
ESOTERIK

Buch

Für alle, die sich mit Philosophie, Psychologie und meditativen Praktiken des Buddhismus befassen, die von seiner Literatur und Kunst fasziniert sind, die sich für seine Ausdrucksformen in den Kulturen des Ostens interessieren und die einen Überblick über seine historische Entwicklung bis zur Gegenwart gewinnen wollen, ist dieses Lexikon ein unentbehrliches Nachschlagewerk und zugleich ein inspirierendes Lesebuch.
Hier werden die einzelnen Schulen und Lehrsysteme des heute in Südostasien verbreiteten Theravada-Buddhismus, des vor allem in China, Korea und Japan verbreiteten Mahayana-Buddhismus und des tibetischen Vajrayana-Buddhismus sowie deren grundlegende Begriffe in allgemeinverständlichen Stichwortartikeln behandelt.

Autoren

Franz-Karl Ehrhard, der für dieses Lexikon den Bereich »Tibetischer Buddhismus« bearbeitete, studierte Tibetologie, Ethnologie und Indologie an der Universität Hamburg und betreibt zur Zeit Feldforschung in Nepal und Tibet.
Ingrid Fischer-Schreiber, die Herausgeberin für die übrigen Bereiche des Buddhismus, studierte Sinologie und Buddhologie an der Universität Wien und übersetzt buddhistische und taoistische Texte.

DAS LEXIKON DES BUDDHISMUS

Grundbegriffe und Lehrsysteme,
Philosophie und meditative Praxis,
Literatur und Kunst,
Meister und Schulen,
Geschichte, Entwicklung
und Ausdrucksformen
von ihren Anfängen
bis heute.

Verfasser und Herausgeber:
Franz-Karl Ehrhard
und Ingrid Fischer-Schreiber

GOLDMANN VERLAG

Umwelthinweis:
Alle gedruckten Materialien dieses Taschenbuches
sind chlorfrei und umweltschonend.
Das Papier enthält Recycling-Anteile.

Der Goldmann Verlag
ist ein Unternehmen der Verlagsgruppe Bertelsmann

Vollständige, ungekürzte Taschenbuchausgabe November 1995
Wilhelm Goldmann Verlag, München

Umschlaggestaltung: Design Team München
Druck: Presse-Druck Augsburg
Verlagsnummer: 12661
Redaktion: Stephan Schuhmacher und Gert Woerner
Ba · Herstellung: Sebastian Strohmaier
Made in Germany
ISBN 3-442-12661-4

1 3 5 7 9 10 8 6 4 2

Einführung und Hinweise zur Benutzung des Lexikons

Das vorliegende Lexikon stellt die grundlegende Terminologie und die Lehrsysteme des Buddhismus in enzyklopädischer Form allgemeinverständlich dar. Es ist klar, daß die Stichwortartikel, die in diesen Band aufgenommen werden konnten, nicht das vollständige Begriffsrepertoire der Weltreligion Buddhismus abdecken, die eine ungeheuer umfangreiche Literatur und Terminologie hervorgebracht hat. Allein die gesamte buddhistische Literatur zu studieren, würde bereits mehrere Menschenleben in Anspruch nehmen. So ist dieses Lexikon denn auch nicht in erster Linie für den akademischen Gebrauch und für die wenigen Spezialisten im deutschsprachigen Raum konzipiert. Es soll vielmehr all jenen, die in den verschiedensten Lebensbereichen – sei es in den Wissenschaften, in den Medien oder in der täglichen Praxis von Heilkunde, Psychotherapie, Meditation oder auf einem körperlich-geistigen Schulungsweg – heute immer häufiger auf Begriffe und Vorstellungen aus dem Buddhismus treffen, durch das Dickicht der fremdartigen Termini einen ersten Pfad zu ihrem Verständnis bahnen.
Schwierigkeiten ergeben sich dabei nicht nur daraus, daß diese Begriffe aus mindestens fünf asiatischen Sprachen (Sanskrit, Pali, Tibetisch, Chinesisch, Japanisch) stammen, die sich ebenso stark untereinander wie vom Deutschen unterscheiden, so daß allein schon die Transkription und Übersetzung der jeweiligen Wörter problematisch ist. Sie ergeben sich auch und vor allem aus dem Gegenstand der buddhistischen Weisheitslehren selbst. »Weisheit« wird hier im Sinne der Bedeutung von Prajñā verstanden, also nicht als eine intellektuelle Errungenschaft, sondern als unmittelbar erfahrene, intuitive Weisheit, deren entscheidendes Moment das Begreifen und die Einsicht in das wahre Wesen der Welt und die sogenannten Letzten Dinge ist.
Es handelt sich also nicht um eine Ansammlung von »Wissen« in Form der (wenn auch nur vermeintlich) objektiven Daten und Meßergebnisse einer Naturwissenschaft im abendländischen Sinn. Zwar sind die »Forschungsmethoden« der östlichen Weis-

heitslehren nicht weniger pragmatisch als die der westlichen Wissenschaft (ihre Ergebnisse haben allerdings über die Jahrtausende und alle Kulturen hinweg eine unvergleichlich größere Kohärenz und Beständigkeit gezeigt als die wenig dauerhaften »Fakten« der Naturwissenschaften), doch die *Einsichten*, die dabei gewonnen werden, sind, wie die buddhistischen Weisen immer wieder betonen, in ihrem wesentlichen Gehalt nicht begrifflich, nicht rational zu vermitteln.

So sind die verwendeten Termini immer nur Hinweise auf »allgemeingültige« menschliche Erfahrungen, deren Gehalt jedoch letztlich *nur* durch eigenes, unmittelbares Erleben zu begreifen ist. Was z. B. die Begriffe »süß« oder »sauer« *bedeuten*, vermag keine noch so detaillierte chemische Analyse zu vermitteln; der Biß in einen Pfirsich oder eine Zitrone macht jedoch »süß« und »sauer« unmittelbar erfahrbar. Nur wer eine solche Erfahrung gemacht hat, vermag die Begriffe in dem Wissen um ihre Bedeutung anzuwenden.

Die Einsichten, von denen in diesem Lexikon die Rede ist, wurden also auf dem Weg der unmittelbaren Erfahrung, nicht durch Messung oder philosophische Spekulation gewonnen. Die Methode ist die der Innenschau, der Erforschung des *Bewußtseins* durch meditative Techniken – des Bewußtseins, das sich heute auch in den abendländischen Naturwissenschaften immer deutlicher als der vorrangige und entscheidende Aspekt im Ringen um Erkenntnis der Wirklichkeit erweist.

Auf diesem Weg sind die buddhistischen Erforscher des Bewußtseins zur Einsicht in Zusammenhänge und Feinheiten in der Differenzierung der Faktoren, die die Welt und unser Bewußtsein »im innersten zusammenhalten«, gelangt, die dem Abendland größtenteils noch völlig unbekannt sind und für die es deshalb auch keine Begriffe hat. In Ermangelung aus eigener Erfahrung gewonnenen Wissens um die Bedeutung der in den Weisheitslehren gebrauchten Termini, war der Spekulation, Interpretation und Projektion der westlichen Gelehrten bisher Tür und Tor geöffnet – weshalb es kaum zwei Werke verschiedener Autoren gibt, in denen die hier behandelten Begriffe genau gleich verstanden werden. Selbst dort, wo tatsächlich Erfahrungswissen zugrunde liegt, variiert der sprachliche Ausdruck oft beträchtlich. Hinzu kommt, daß lange Zeit fast jeder westliche Gelehrte seine

eigene Transkription der asiatischen Sprachen entwarf und deshalb eine Vielzahl unterschiedlicher Schreibweisen der einzelnen Begriffe in Umlauf ist.
Dieses Lexikon wagt sich also in einen Bereich vor, der – was die Darstellung der Materie für einen westlichen Leser angeht – noch in keiner Hinsicht, weder im Formalen noch im Inhaltlichen, eindeutig festgelegt und auch nicht festlegbar ist. Aus dieser Tatsache mögen sich kritische Einwände ergeben – eine Kritik, die dazu beitragen kann, den hier vorliegenden Ansatz zur Gewinnung einer einheitlichen Terminologie zu verbessern.
Die oben beschriebenen Schwierigkeiten machen sich auch in den zitierten deutschen Übersetzungen von Originaltexten aus der indischen, chinesischen oder japanischen Literatur bemerkbar. Der Leser sollte deshalb berücksichtigen, daß das, was in gewissem Maße für jede Übersetzung gilt, hier besonders stark hervortritt: Eine Übersetzung ist zugleich eine Interpretation, die nur das wiedergibt, was der Übersetzer vom Sprachlichen wie vom Erfahrungsgehalt her begriffen hat. Deshalb gibt es von diesen oft schwer zugänglichen Texten viele mögliche, aber keine *einzig richtige* Übersetzung. Aus diesem Grund sind in der Bibliographie im Anhang, sofern möglich, mehrere Übersetzungen des gleichen Basistextes angeführt.

Hinweise zur Benutzung

Die Stichwortartikel sind in alphabetischer Reihenfolge aufgeführt. Die Reihenfolge der Stichwörter wird dabei durch die Buchstabenfolge des *gesamten* Stichworts bestimmt, nicht durch Wortbestandteile (also z. B. Ch'i-hai . . ., Chih-i . . . Ch'i-kung, und nicht wie in chinesischen Lexika: Ch'i-hai . . . Ch'i-kung . . . Chih-i).
Die wörtliche Bedeutung eines Stichwortes ist dort angegeben, wo sie sich von der Stichwort-Definition unterscheidet oder die wörtliche Übertragung der Stichwort-Bestandteile zu seinem Verständnis beiträgt.
Im Bereich des Buddhismus wird im überwiegenden Teil der Literatur die sog. hybride Sanskrit-Form der aus dem indischen Sprachraum stammenden Stichwörter verwendet, auch wenn es

eine ältere Pali-Form gibt; deshalb sind die Stichwörter ebenfalls in dieser Form gegeben. Taucht in der Literatur öfter auch eine von der Sanskrit-Form abweichende Pali-Form auf, so ist sie in Klammern hinzugefügt. Pali-Formen tauchen nur dort als Stichwort auf, wo keine Sanskrit-Formen geläufig sind. Falls beide Schreibweisen gleich geläufig sind, wird von Pali auf Sanskrit verwiesen.
Im Chinesischen wie im Japanischen gibt es viele gleichlautende (homonyme) Wörter mit unterschiedlicher Bedeutung; daß im Original für jedes dieser verschiedenen Wörter ein anderes Schriftzeichen verwendet wird, ist an der – nur an der Aussprache der Schriftzeichen orientierten – Umschrift nicht erkennbar. So kommt es vor, daß ein Stichwort in gleicher Form zweimal auftaucht, jedoch mit unterschiedlicher wörtlicher Bedeutung. Es handelt sich dabei dann nicht um *dasselbe* Wort, das nur unterschiedlich interpretiert wird, sondern um zwei verschiedene Wörter bzw. Schriftzeichen, die jedoch gleich transkribiert werden.

Zur Transkription und Aussprache

Sanskrit: Die Stichwort-Begriffe werden in einer vereinfachten Umschrift wiedergegeben; sie entspricht derjenigen, die im überwiegenden Teil der für Nicht-Sanskritgelehrte bestimmten Literatur verwendet wird. Die wissenschaftliche Transkription mit allen diakritischen Zeichen ist dort, wo sie sich von der vereinfachten unterscheidet, in Klammern angegeben. Die vereinfachte Transkription **(A)** unterscheidet sich von der wissenschaftlichen **(B)** in folgenden Punkten:

A	**B**
ch für	c, also Chakra statt Cakra
n oder m	ṃ, also Sanskrit statt Saṃskrit, aber Dīpamkara statt Dīpaṃkara
ri	ṛ, also Rigveda statt Ṛgveda
sh	ś oder ṣ, also Shiva statt Śiva, Krishna statt Kṛṣna

Konsonanten mit Punkt in **B** sind in **A** ohne Punkt geschrieben.

Die Aussprache der in der hier gebrauchten Transkription vorkommenden Buchstaben entspricht im wesentlichen der im Deutschen üblichen.
Dabei bedeutet ein Querstrich über einem Vokal, daß dieser lang ausgesprochen wird (also ā wie in »Maß«, nicht wie in »Masse«). Grundsätzlich lang gesprochen werden auch e (wie in »Lehre«) und o (wie in »Lob«).
Ein h hinter einem Konsonanten deutet eine für deutsche Ohren nur schwer nachvollziehbare »aspirierte« Aussprache an, die im allgemeinen Gebrauch vernachlässigt werden kann. Ebenso in der Aussprache vernachlässigt werden können Punkte (in der wissenschaftlichen Transkription) unter oder über t, d, h und n.
Beachten sollte man folgende Fälle, die von der üblichen deutschen Aussprache abweichen:

ch	sprich	tsch
j u. jh		dsch
y		j
v		w
sh		sch

Chinesisch: Auch wenn vor einigen Jahren die sogenannte Pinyin-Umschrift des Chinesischen von der Volksrepublik China zur verbindlichen und international gültigen Umschrift des Chinesischen erklärt wurde, wird heute noch weitgehend das bis zur Umschrift-Reform am häufigsten verwendete Transkriptionsschema angewandt. Um eine Übereinstimmung mit der Schreibform im größten Teil der Literatur zu gewährleisten, sind die Stichwörter deshalb in der geläufigen Wade-Giles-Umschrift angeführt. Stößt der Leser in der neuesten Literatur doch schon auf die Pinyin-Umschrift, kann er diese anhand der untenstehenden Tabelle in die hier verwendete Wade-Giles-Umschrift übertragen.
Zur Übertragung von Pinyin- in Wade-Giles-Umschrift (Silben, die nicht angeführt sind, schreiben sich in beiden Umschriften gleich):

Pinyin	Wade-Giles
ba	pa
bai	pai
ban	pan
bang	pang
bao	pao
bei	pei
ben	pen
beng	peng
bi	pi
bian	pien
biao	piao
bie	pieh
bin	pin
bing	ping
bo	po
bu	pu
ca	ts'a
cai	ts'ai
can	ts'an
cang	ts'ang
cao	ts'ao
ce	ts'e
cen	ts'en
ceng	ts'eng
cha	ch'a
chai	ch'ai
chan	ch'an
chang	ch'ang
chao	ch'ao
che	ch'e
chen	ch'en
cheng	ch'eng
chi	ch'ih
chong	ch'ung
chou	ch'ou
chu	ch'u
chua	ch'ua
chuai	ch'uai
chuan	ch'uan
chuang	ch'uang
chui	ch'ui
chun	ch'un
chuo	ch'o
ci	tz'u (ts'u)
cong	ts'ung
cou	ts'ou
cu	ts'u
cuan	ts'uan
cui	ts'ui
cun	ts'un
cuo	ts'o
da	ta
dai	tai
dan	tan
dang	tang
dao	tao
de	te
deng	teng
di	ti
dian	tien
diao	tiao
die	tieh
ding	ting
diu	tiu
dong	tung
dou	tou
du	tu
duan	tuan
dui	tui
dun	tun
duo	to
e	eh
er	erh
ga	ka
gai	kai
gan	kan

Pinyin	Wade-Giles	Pinyin	Wade-Giles
gang	kang	ken	k’en
gao	kao	keng	k’eng
ge	ke, ko	kong	k’ung
gei	kei	kou	k’ou
gen	ken	ku	k’u
geng	keng	kua	k’ua
gong	kung	kuai	k’uai
gou	kou	kuan	k’uan
gu	ku	kuang	k’uang
gua	kua	kui	k’ui
guai	kuai	kun	k’un
guan	kuan	kuo	k’uo
guang	kuang	le	le, lo
gui	kui	lian	lien
gun	kun	lie	lieh
guo	kuo	long	lung
he	he, ho		lüeh
hong	hung	lüe	lüo
ji	chi		lio
jia	chia	mian	mien
jian	chien	mie	mieh
jiang	chiang	nian	nien
jiao	chiao	nie	nieh
jie	chieh	nong	nung
jin	chin		nüeh
jing	ching	nüe	nüo
jiong	chiung		nio
jiu	chiu	nuo	no
ju	chü	pa	p’a
juan	chüan	pai	p’ai
jue	chüeh, chüo	pan	p’an
jun	chün	pang	p’ang
ka	k’a	pao	p’ao
kai	k’ai	pei	p’ei
kan	k’an	pen	p’en
kang	k’ang	peng	p’eng
kao	k’ao	pi	p’i
ke	k’e, k’o	pian	p’ien

Pinyin	Wade-Giles
piao	p'iao
pie	p'ieh
pin	p'in
ping	p'ing
po	p'o
pou	p'ou
pu	p'u
qi	ch'i
qia	ch'ia
qian	ch'ien
qiang	ch'iang
qiao	ch'iao
qie	ch'ieh
qin	ch'in
qing	ch'ing
qiong	ch'iung
qiu	ch'iu
qu	ch'ü
quan	ch'üan
que	ch'üeh ch'üo
qun	ch'ün
ran	jan
rang	jang
rao	jao
re	je
ren	jen
reng	jeng
ri	jih
rong	jung
rou	jou
ru	ju
ruan	juan
rui	jui
run	jun
ruo	jo
shi	shih
shuo	sho

Pinyin	Wade-Giles
si	su, szu, ssu
song	sung
suo	so
ta	t'a
tai	t'ai
tan	t'an
tang	t'ang
tao	t'ao
te	t'e
teng	t'eng
ti	t'i
tian	t'ien
tiao	t'iao
tie	t'ieh
ting	t'ing
tong	t'ung
tou	t'ou
tu	t'u
tuan	t'uan
tui	t'ui
tun	t'un
tuo	t'o
xi	hsi
xia	hsia
xian	hsien
xiang	hsiang
xiao	hsiao
xie	hsieh
xin	hsin
xing	hsing
xiong	hsiung
xiu	hsiu
xu	hsü
xuan	hsüan
xue	hsüeh, hsüo
xun	hsün
yan	yen
ye	yeh

Pinyin	Wade-Giles	Pinyin	Wade-Giles
yong	yung	zhen	chen
you	yu	zheng	cheng
yu	yü	zhi	chih
yuan	yüen	zhong	chung
yue	yüeh	zhou	chou
yun	yün	zhu	chu
za	tsa	zhua	chua
zai	tsai	zhuai	chuai
zan	tsan	zhuan	chuan
zang	tsang	zhuang	chuang
zao	tsao	zhui	chui
ze	tse	zhun	chun
zei	tsei	zhuo	cho
zen	tsen	zi	tzu (tsu)
zeng	tseng	zong	tsung
zha	cha	zou	tsou
zhai	chai	zu	tsu
zhan	chan	zuan	tsuan
zhang	chang	zui	tsui
zhao	chao	zun	tsun
zhe	che	zuo	tso
zhei	chei		

Zur Aussprache: Folgende Regeln ermöglichen, die Wörter nach der verwendeten Wade-Giles-Umschrift annähernd richtig auszusprechen:

ch	sprich	dsch(h)
ch'		tsch(h)
e		fast ö wie in »können«
j		wie engl. r in »ready«
k		g
k'		k
p		b
p'		p
s		ss bzw. ß
sh		sch

t	d
t'	t
ts	ds
ts'	zh
hs	(x)ss
y	j

Japanisch: Die verwendete Umschrift des Japanischen entspricht der in Japan selbst und international überwiegend verwendeten Hepburn-Umschrift, die erkennen läßt, aus welchen Silben der japanischen Silbenschrift sich das Wort zusammensetzt.
Zur Aussprache: Vokale ohne Längungsstriche werden kurz, mit Längungsstrich (z. B. Kōan) lang gesprochen.

s	sprich	scharfes s wie deutsch ss oder ß
z		weiches s wie in deutsch »Sahne«
ch		wie tsch
tsu		oft mit stimmlosem u (also wie deutsch z), vor allem am Wortende und vor k und t
fu		gehaucht, das f zwischen deutschem f und h
y		wie deutsch j, auch in Kombination mit Konsonant (z. B. Tōkyō sprich Too-kjoo [2 Silben], *nicht* Too-ki-oo [3 Silben])
j		wie dsch
ei		ee wie in »Tee«

Tibetisch: Die wissenschaftliche Transkription des Tibetischen ist derart kompliziert, daß sie für den Laien oft unverständlich und unaussprechlich bleibt. Deshalb wurde auch hier die im überwiegenden Teil der Literatur verwendete, an der Aussprache orientierte vereinfachte Umschrift verwendet und die wissenschaftliche Transkription in Klammern hinzugefügt.

Abkürzungen

asiat.	asiatisch	konfuzianist.	konfuzianistisch
bengal.	bengalisch	korean.	koreanisch
birman.	birmanisch	lamaist.	lamaistisch
brahman.	brahmanisch	mahayanist.	mahayanistisch
buddhist.	buddhistisch	mongol.	mongolisch
ceylones.	ceylonesisch	NA	Neuausgabe
chin.	chinesisch	östl.	östlich
dt.	deutsch	pers.	persisch
engl.	englisch	philosoph.	philosophisch
griech.	griechisch	reg.	regierte
hinayanist.	hinayanistisch	shintoist.	shintoistisch
hinduist.	hinduistisch	singhales.	singhalesisch
Hrsg.	Herausgeber	Skrt.	Sanskrit
hrsg. v.	herausgegeben von	taoist.	taoistisch
ind.	indisch	tibet.	tibetisch
jap.	japanisch	u. d. T.	unter dem Titel
Jh.	Jahrhundert(s)	westl.	westlich
konfuzian.	konfuzianisch	zit. n.	zitiert nach

A

Abhaya-Mudrā, Skrt. → Mudrā, 5.

Abhibhāvāyatana, Skrt. → Acht Überwindungen

Abhidhammika, Pali; buddhist. Mönch, der sich auf das Studium des → Abhidharma spezialisiert hat. Dies bedeutet aber nicht, daß er nicht auch mit dem → Sūtra-Pitaka und dem → Vinaya-Pitaka vertraut ist. Der historische Buddha Shākyamuni gilt traditionell als der erste Abhidhammika, obwohl der Abhidharma erst lange nach seinem Tode kompiliert wurde.

Abhidharma, Skrt. (Pali: Abhidhamma), wörtl.: »Besondere Lehre«; der dritte Teil des buddhist. Kanons (→ Tripitaka). Der Abhidharma stellt das früheste Kompendium buddhist. Philosophie und Psychologie dar, in dem die in den Reden des Buddha und seiner Hauptschüler enthaltenen Lehren und Analysen psychischer und geistiger Phänomene systematisch angeordnet sind. Er bildet die dogmatische Grundlage von → Hīnayāna und → Mahāyāna und ist in der Zeit zwischen dem 3. vor- und 3. nachchristl. Jh. entstanden. Die endgültige Kodifizierung erfolgte zwischen 400 und 450 n. Chr. Es ist in verschiedenen Fassungen erhalten (Abhidharma des → Theravāda, → Sarvāstivāda). Der Abhidharma spiegelt die Lehrauffassungen der einzelnen buddhist. Schulen wider, indem er Interpretationen und Erklärungen der in den Sūtras vorkommenden Begriffe liefert. Er dient vor allem dem Studium der Lehre.

Abhidharmakosha (Abhidharmakośa), Skrt., wörtl.: »Schatzkammer des Abhidharma«; das wichtigste Kompendium der → Sarvāstivāda-Lehre, von → Vasubandhu im 5. Jh. n. Chr. in Kaschmir verfaßt. Es besteht aus zwei Teilen: einer Sammlung von 600 Versen *(Abhidharmakosha-Kārikā)* und einem Prosakommentar zu diesen Versen *(Abhidharmakosha-Bhāshya)*. Es ist heute nur noch in chin. und tibet. Version erhalten und gilt als höchste Autorität in dogmatischen Fragen.

Abhidharma-Pitaka (Abhidharma-Piṭaka), Skrt. (Pali: Abhidhamma-Pitaka), wörtl.: »Korb der besonderen Lehre«; 3. Teil des buddhist. Kanons (→ Tripitaka), meist kurz → Abhidharma genannt.

Abhijñā, Skrt. (Pali: Abhinnā); übernatürliche Kräfte, die Fähigkeiten, die ein Buddha, Bodhisattva oder → Arhat besitzt. Im allgemeinen unterscheidet man sechs verschiedene Arten von Abhijñās, wovon die ersten fünf, die als weltlich angesehen werden, durch die Verwirklichung der vier Versenkungsstufen (→ Dhyāna), die sechste, die als überweltlich gilt, nur durch den höchsten Hellblick (→ Vipashyanā) erlangt werden können. Diese Kräfte werden sowohl vom Hīnayāna als auch vom Mahāyāna anerkannt. Die sechs Abhijñās sind: 1. → Riddhi; 2. »Himmlisches Gehör« (Wahrnehmen menschlicher und göttlicher Stimmen); 3. Wahrnehmen der Gedanken anderer Wesen; 4. Erinnerung an frühere Existenzen; 5. »Göttliches Auge« (Erkennen des Kreislaufs von Leben und Tod aller Wesen); 6. Erkennen des Erlöschens der eigenen Befleckungen und Leidenschaften (→ Āsrava), das die Gewißheit bedeutet, die Befreiung erreicht zu haben.

Abhimukti, Skrt.; Befreiung vom Kreislauf der Wiedergeburt, der nur fortgesetzt wird, solange Wünsche vorhanden sind.

Abhirati, Skrt., wörtl.: »Reich der Freude«; das im »Osten« des Universums gelegene »Paradies« des Buddha → Akshobhya. Im Buddhismus werden die Buddha-Paradiese ebenso wie die verschiedenen »Höllen« und die anderen Daseinsbereiche nicht als Lokalitäten verstanden, sondern als Bewußtseinszustände, wenn sie im Volksglauben auch oft als Orte angesehen und geographischen Bereichen zugeordnet werden. Die den verschiedenen Buddhas zugeordneten Himmelsrichtungen haben symbolische und ikonographische Bedeutung.

Abhisheka (Abhiṣeka), Skrt., wörtl.: »Salbung, Weihe«; der für die Methoden des → Vajrayāna zentrale Vorgang der Initiation, bei dem der Schüler vom Meister (→ Guru) für die Ausübung spezieller Meditationsübungen »ermächtigt« wird. Im Tibeti-

schen Buddhismus spricht man daher von Kraftübertragung *(dbang-bskur)*. Für das höchste Yoga-Tantra (→ Tantra) gelten vier verschiedene, sukzessive Stufen der Einweihung:
1. Einweihung der Vase *(kalābhisheka)*
2. Geheime Einweihung *(guhyābhisheka)*
3. Weisheitseinweihung *(prajñābhisheka)*
4. Vierte Einweihung *(chaturthābhisheka)*
Die Einweihung der Vase beinhaltet dabei die Einweihung in die fünf Aspekte der Buddha-Familien (→ Buddhakula).

Āchārya (Ācārya), Skrt.; Lehrer, Meister. (Pali: Ācāriya); eine der zwei Arten von geistigen Führern, die der Buddhismus kennt; der zweite Typ des Lehrers ist der → Upādhyāya. Ursprünglich verstand man unter Āchārya den Meister des → Dharma, während der Upādhyāya die Disziplin und Einhaltung der Regeln lehrt. Jeder Novize in einem buddhist. Kloster wählt sich unter den älteren Mönchen seine beiden Lehrmeister (→ Shrāmanera, → Bhikshu, → Ordination).

Acht Befreiungen (Skrt. Ashta-Vimoksha [Aṣṭa-Vimokṣa]); Meditationsübung, in der acht Stufen der Sammlung durchlaufen werden und die jedes Hängen an Körperlichem und Unkörperlichem überwinden hilft. Die acht Stufen sind: 1. Erkennen von Formen im Inneren und Äußeren (d. h. Betrachten der Dinge inner- und außerhalb des Körpers als unrein, um die Gier nach Formen zu überwinden); 2. Erkennen von Formen im Äußeren, nicht aber im Inneren (da im Inneren keine Gier nach Form mehr besteht, wird weiterhin das »Betrachten des Äußeren als unrein« geübt, um diesen Zustand zu festigen); 3. Wahrnehmen von Schönem (wobei keine Gier nach Schönem entsteht; die Unreinheitsbetrachtung fällt weg); 4. Erlangen des Gebietes der Unendlichkeit des Raumes; 5. Erlangen des Gebietes der Unendlichkeit des Bewußtseins; 6. Erlangen des Gebietes des Nichts; 7. Erlangen des Gebietes der Weder-Wahrnehmung-Noch-Nichtwahrnehmung; 8. Erlöschen von Wahrnehmung und Gefühlen (→ Nirodha-Samāpatti). – Stufe 1 entspricht der 1. und 2., Stufe 2 der 3. und 4. der → Acht Überwindungen; die Stufen 4–7 sind identisch mit den → Vier Sphärenstufen.

Achtfacher Pfad (Skrt. Ashtangika-Mārga [Aṣṭangika-Mārga], Pali: Atthangika-Magga); der zur Erlösung vom Leiden (→ Duhkha) führende Pfad, der Inhalt der letzten der → Vier Edlen Wahrheiten ist. Er bildet eines der 37 Erleuchtungsglieder (→ Bodhipākshika-Dharma) und umfaßt alle Gebiete der Dreifachen Schulung (→ Trishiksha). Die acht Glieder des Pfades sind: 1. Vollkommene Erkenntnis (Skrt.: Samzyag-Dristhi, Pali: Sammā-Ditthi), d. h. Erkenntnis der Vier Edlen Wahrheiten und der Unpersönlichkeit des Daseins (→ Anātman); 2. Vollkommener Entschluß (Skrt.: Samyak-Samkalpa, Pali: Sammā-Sankappa), d. h. Entschluß zu Entsagung, Wohlwollen und Nicht-Schädigung von Lebewesen; 3. Vollkommene Rede (Skrt.: Samyag-Vāch, Pali: Sammā-Vāchā), d. h. Vermeiden von Lüge, übler Nachrede und Geschwätz; 4. Vollkommenes Handeln (Skrt.: Samyak-Karmānta, Pali: Sammā-Kammanta), d. h. Vermeiden von Handlungen, die gegen die Sittlichkeit (→ Shīla) verstoßen; 5. Vollkommener Lebenserwerb (Skrt.: Samyag-Ājīva, Pali: Sammā-Ājīva), d. h. Vermeiden eines andere Wesen schädigenden Berufes wie Schlächter, Jäger, Händler mit Waffen, berauschenden Mitteln usw.; 6. Vollkommene Anstrengung (Skrt.: Samyag-Vyāyāma, Pali: Sammā-Vāyāma), d. h. Fördern von karmisch Heilsamem und Vermeiden von karmisch Unheilsamem; 7. Vollkommene Achtsamkeit (Skrt.: Samyak-Smriti, Pali: Sammā-Sati), d. h. beständige Achtsamkeit auf Körper, Gefühle, Denken und Denkobjekte (→ Satipatthāna); 8. Vollkommene Sammlung (Skrt.: Samyak-Samādhi, Pali: Sammā-Samādhi), d. h. Sammlung des Geistes, die in den Vier Versenkungen (→ Dhyāna) ihren Höhepunkt findet.

Acht Kostbarkeiten (Skrt. Ashtamangala); acht Symbole, die von der Verehrung des Weltenherrschers und in übertragenem Sinn auch des Buddha zeugen. Sie sind in chin. Klöstern vielfach vor den Standbildern des Buddha auf Lotosständern aufgestellt. Die Acht Kostbarkeiten sind: Schirm (Symbol der königlichen Würde, die Unheil abhält); zwei Fische (Zeichen des ind. Weltenherrschers); Muschelhorn (Symbol des Sieges im Kampf); Lotosblume (Symbol der Reinheit); Weihwassergefäß (gefüllt mit dem Nektar der Unsterblichkeit); zusammengerollte Fahne (Siegeszeichen der Religion); Knoten des unendlichen Lebens; Rad der Lehre (→ Dharma-Chakra).

Achtsamkeit (Skrt. Smriti [Smṛti], Pali: Sati); im Buddhismus bedeutet Achtsamkeit zu üben, sich alle Tätigkeiten, auch die im Alltag automatisch ablaufenden Funktionen wie Atmen, Gehen usw. voll bewußt zu machen und die Haltung des »reinen Beobachtens« einzunehmen, wodurch Wissensklarheit, d. h. klar bewußtes Denken und Handeln, erlangt wird. Bei der Übung der Vollkommenen Achtsamkeit (→ Achtfacher Pfad) beginnt man mit dem Bewußtmachen der einzelnen Aktivitäten des Körpers, um die Achtsamkeit dann auf die Sinnesempfindungen, das Denken und die Denkobjekte auszudehnen. Sinn der Achtsamkeitsübung ist es, den Geist unter Kontrolle und zur Ruhe zu bringen. Diese Übung vermittelt Einsicht in die vergängliche, unbefriedigende und nicht-wesenhafte Natur allen Daseins und ist damit Grundlage für jede höhere Erkenntnis. – Systematisch geschult wird Achtsamkeit durch die in den Ländern des → Theravāda außerordentlich beliebte Übung des → Satipatthāna.

Acht Überwindungen, auch Acht Überwindungsgebiete (Skrt. Abhibhāvayatana, Pali: Abhibhāyatana); acht Meditationsübungen zur Überwindung der Sinnensphäre durch die Beherrschung der Wahrnehmung in bezug auf verschiedene Objekte. Diese Übungen finden sich schon in der frühesten Phase des Buddhismus. Die Acht Überwindungen sind: 1. Wahrnehmen von Formen am eigenen Körper und von begrenzten Formen in der Außenwelt; 2. Wahrnehmen von Formen am Körper und von unbegrenzten äußeren Formen. Diese beiden Stufen lassen den Übenden die Gier nach Formen besiegen und entsprechen der ersten der → Acht Befreiungen. 3. Am eigenen Körper werden keine Formen wahrgenommen, außen hingegen begrenzte Formen; 4. keine Formen am eigenen Körper, außen unbegrenzte Formen. Diese beiden Stufen dienen der Festigung der Sammlung und entsprechen der zweiten Stufe der Acht Befreiungen. Auf der 5. bis 8. Stufe werden am Körper keine Formen wahrgenommen, außen jeweils blaue, gelbe, rote oder weiße Formen, was die Zügelung der Gier nach Schönem bezweckt. Die Stufen 5–8 sind identisch mit der 3. Stufe der Acht Befreiungen und der 5.–8. → Kasina-Übung.

Acht Verneinungen → Nagārjuna

Ādi-Buddha, Skrt. → Samantabhadra

Āgama, Skrt., wörtl.: »Quelle der Lehre«.
Mahayanist. Bezeichnung für Sammlungen von Schriften des Sanskrit-Kanons (→ Sūtra), die sich im wesentlichen mit dem Pali-Terminus → Nikāya deckt. Es werden vier Āgamas unterschieden: 1. *Dīrghāgama* (Lange Sammlung, bestehend aus 30 Sūtras); 2. *Madhyamāgama* (Mittlere Sammlung, die sich mit metaphysischen Problemen beschäftigt); 3. *Samyuktāgama* (Mischsammlung, über abstrakte Meditation); 4. *Ekottarikāgama* (numerische Sammlung).

Ahimsā (Ahiṃsā), Skrt., wörtl.: »Nicht-Verletzen«.
Im Buddhismus gilt das »Nicht-Verletzen« von lebenden Wesen als einer der wichtigsten Aspekte buddhistischer Geisteshaltung. Auf dem Grundsatz des Ahimsā basiert das in den meisten buddhist. Kulturen geltende Gebot vegetarischer Ernährung für Mönche und Nonnen.

Ajantā, Stadt im westl. Teil von Mittelindien, die berühmt ist durch buddhist. Grotten, die zwischen 200 v. und 700 n. Chr. entstanden. Die 29 Höhlen, die sich über eine Länge von 5,6 km erstrecken, bergen die besterhaltenen buddhist. Wandmalereien der Welt. Sie stellen das großartigste Denkmal buddhist. Malerei in Indien dar und ermöglichen es, die Stilentwicklung über ein volles Jahrtausend zu verfolgen.

Ajātasattu (Skrt. Ajātashatru [Ajātaśatru]), in Pali-Texten erwähnter König von Magadha, der während der letzten acht Lebensjahre des Buddha → Shākyamuni und 24 Jahre danach regierte (ca. 494–462 v. Chr.). Er war der Sohn von → Bimbisāra, den er umbrachte. Gemeinsam mit → Devadatta plante Ajātasattu ein Komplott gegen den Buddha, das jedoch fehlschlug. Später wurde er bekehrt und förderte den Buddhismus.

Ājñā-Chakra, Skrt. → Chakra, 6.

Ākāsha (Ākāśa), Skrt.; das Alldurchdringende, der Raum. (Pali: Ākāsa); im Buddhismus nicht wie im Hinduismus als substantieller »Äther«, sondern als »Raum« verstanden. Es werden zwei Arten von Raum unterschieden: 1. der durch die Körperlichkeit begrenzte und 2. der unbegrenzte Raum. Ersterer zählt zur Körperlichkeitsgruppe (→ Skandha), letzterer ist eines der sechs Elemente (→ Dhātu), besitzt keinerlei Substanz, ist aber Grundbedingung für jede körperliche Ausdehnung und Behältnis für alle durch die vier Elemente Erde, Wasser, Feuer, Luft in Erscheinung tretende Stofflichkeit. Er ist das Leere, das keine Vermischung mit materiellen Dingen eingeht, ist unwandelbar, unvergänglich und jenseits aller Beschreibung.

Akshobhya (Akṣobhya), Skrt., wörtl.: »der Unerschütterliche«; der Buddha, der über das im Osten gelegene Paradies Abhirati herrscht, wobei »Paradies« im Buddhismus nicht als Lokalität, sondern als Bewußtseinszustand aufgefaßt wird und die den Buddhas zugeordneten Himmelsrichtungen symbolische und ikonographische Bedeutung haben (→ Reines Land).

Akushala (Akuśala), Skrt., Pali; karmisch unheilsam; jedes mit den unheilsamen Wurzeln (Akushala-Mūla) verbundene und daher den Keim zu zukünftigem Leiden in sich tragende Wirken. Die »Wurzeln des Unheilsamen« sind Gier (Lobha), Haß (Skrt. Dvesha, Pali: Dosa) und Wahn oder Verblendung (Moha). Gier ist das Hingezogensein zu einem Objekt der Befriedigung und kann durch das Üben von Freigebigkeit (→ Dāna) aufgehoben werden. Haß ist der Widerwille gegen alles, was Befriedigung im Wege steht, und wird durch das Kultivieren von Güte (→ Maitrī) überwunden. Verblendung bezeichnet das Nicht-Übereinstimmen einer Handlung oder eines Denkaktes mit der Wirklichkeit und wird durch Einsicht überwunden. Die drei Akushala-Mūlas stellen die wesentlichen Faktoren dar, die ein Lebewesen an den Kreislauf der Existenzen (→ Samsāra) binden und deren Aufhebung für das Erlangen der Erleuchtung notwendig ist. – In symbolischen Darstellungen wird Gier durch einen Hahn, Haß durch eine Schlange und Verblendung durch ein Schwein repräsentiert. (Siehe dazu auch → Avidyā, → Klesha.)

Ālaya-Vijñāna, Skrt., wörtl.: »Speicherbewußtsein«; zentraler Begriff der → Yogāchāra-Schule des Mahāyāna, die darin das grundlegende Bewußtsein alles Existierenden sieht, die Essenz der Welt, aus der alles, was ist, entsteht. Es birgt die Erfahrungen der individuellen Leben und die Keime zu jedem geistigen Phänomen.

Amarāvatī, südind. Stadt; im 2.–3. Jh. ein bedeutendes Zentrum buddhist. Kunst, in der sich die Anfänge des → Mahāyāna widerspiegeln. Die Kunstwerke bilden den Übergang zwischen früher buddhist. Kunst und dem → Gandhāra-Stil und übten großen Einfluß auf die Kunst des südostasiat. Raumes, vor allem im heutigen Sri Lanka, Indonesien und Thailand, aus.

Ambedkar, Bhimrao Ramji, 1891–1956, ind. Jurist und einer der Väter der ind. Verfassung; Begründer der Bewegung zur Konvertierung von Angehörigen der untersten Kaste des ind. Sozialsystems zum Buddhismus. Ambedkar, ursprünglich selbst Hinduist, trat 1956 in Nagpur im Rahmen einer großen Zeremonie gemeinsam mit 500 000 »Unberührbaren« öffentlich zum Buddhismus über. Millionen von Unberührbaren sind ihm seitdem gefolgt, vor allem in Gebieten, in denen die von Ambedkar geführte Republikanische Partei aktiv ist. Diese Verbindung von Religion und Politik hat zu Kritik an der Bewegung geführt, deren Gegner sie als reine Zweckgemeinschaft ansehen.
Ambedkars Buch *The Buddha and his Dhamma* (1957) dient der Anleitung seiner Anhänger; darin betont er den sozialrevolutionären Aspekt der buddhist. Lehre, die für ihn eine rein rationale Religion darstellt. – Sein Werk wird von der von ihm gegründeten »Buddhistischen Gesellschaft Indiens« weitergeführt.

Amida, jap. für → Amitābha

Amidismus, Oberbegriff, unter dem all jene Schulen des chin. und jap. Buddhismus zusammengefaßt werden, die den Buddha → Amitābha (jap. Amida) zum Mittelpunkt ihrer Lehre gemacht haben. Dazu zählen die Reines-Land-Schule, Jōdo-shin-shū und Jōdo-shū (siehe dort).

Amita, Skrt. → Amitābha

Amitābha, auch Amita, Skrt. (jap. Amida), wörtl.: »Grenzenloses Licht«; einer der wichtigsten und volkstümlichsten Buddhas des → Mahāyāna, der im frühen Buddhismus unbekannt ist. Er ist Herrscher über das »Westliche Paradies« Sukhāvatī, das nicht als Lokalität, sondern als Bewußtseinszustand zu verstehen ist (→ Reines Land). Amitābha steht im Zentrum der Verehrung in der Schule des Reinen Landes des chin. und jap. Buddhismus (→ Amidismus). Er symbolisiert Erbarmen und Weisheit.

Amitābha-Sūtra, Skrt., »Sūtra des Buddha Amitābha«; eines der drei Sūtras, die die Lehrgrundlage der → Reines-Land-Schule in China und Japan bilden. Dieses Sūtra, auch »kürzeres → *Sukhāvatī-Vyūha*« genannt, beschreibt die einfachste Form der Praxis dieser Schule: das Rezitieren von Buddha Amitābhas Namen: Ist während einer gewissen Zeit der Geist des Übenden einzig und allein vom Namen Amitābhas erfüllt, so bewirkt diese ungebrochene Sammlung, daß Amitābha und sein Gefolge dem Praktizierenden in seiner Todesstunde erscheinen, dieser nicht durch Angstgefühle verwirrt wird und daher im »Reinen Land« des Buddha Amitābha (→ Sukhāvatī) wiedergeboren werden kann. – Dieses Sūtra existiert nur in chin. Übersetzungen; die berühmtesten stammen von → Kumārajīva und → Hsüan-tsang.

Amitāyurdhyāna-Sūtra, Skrt., »Sūtra der Betrachtungen über den Buddha → Amitāyus, den Buddha des unermeßlichen Lebens«; eines der drei Sūtras, die die Lehrgrundlage der → Reines-Land-Schule bilden. Es gibt eine Beschreibung des »Reinen Landes« des Buddha Amitābha oder Amitāyus und der Praxis dieser Schulrichtung: Durch das Führen eines »reinen Lebens«, d. h. durch das Einhalten der Sittenregeln (→ Shīla) und das Rezitieren von Amitābhas Namen, können die Folgen aller unheilsamen Taten ausgelöscht und eine Wiedergeburt im Reinen Land erlangt werden.

Amitāyus, Skrt., wörtl.: »Unermeßliches Leben«; Erscheinungsform des Buddha → Amitābha. Er wird ikonographisch sitzend dargestellt, ein Gefäß, das den Nektar der Todlosigkeit enthält, in den Händen.

Amoghasiddhi, Skrt., wörtl.: »Der sein Ziel unbeirrt verwirklicht«; einer der fünf transzendenten Buddhas, dem als irdischer Buddha → Maitreya und als transzendenter Bodhisattva Vishvapani zugeordnet ist. Amoghasiddhi wird meist mit der Geste der Furchtlosigkeit (→ Mudrā) dargestellt; sein Emblem ist der Doppel-Vajra (→ Vajra).

Anāgāmin, Skrt., Pali, wörtl.: »Nie-Wiederkehrer«; bezeichnet diejenigen Anhänger des → Hīnayāna, die sich auf der dritten Stufe des überweltlichen Pfades (→ Ārya-Mārga, → Ārya-Pudgala) befinden. Sie sind frei von den ersten fünf der »Fesseln« (→ Samyojana), dem Ichglauben, dem Zweifel, dem Hängen an Riten und Regeln, der Begierde und dem Groll. Ein Anāgāmin wird nie mehr in dieser Welt wiedergeboren.

Anāgārika, Pali, wörtl.: »Hausloser«; ein Mann, der in die → Hauslosigkeit geht, ohne aber formal dem buddhist. Mönchsorden beizutreten. Zu Zeiten des Buddha gab es in Indien zahlreiche Gruppen von Anāgārikas, von denen jede ihre eigene Lehrtradition besaß. Eine davon war der → Sangha. Im modernen Buddhismus verwendete → Dharmapāla zum ersten Mal diese Bezeichnung.

Anāhata-Chakra, Skrt. → Chakra, 4.

Ānanda, Skrt., wörtl.: »Seligkeit«, absolute Freude.
Name eines der bedeutendsten Schüler des historischen Buddha. Er war ein Vetter des Buddha und trat dem buddhist. Orden zwei Jahre nach dessen Gründung bei. Bedeutend für die Geschichte des Buddhismus wurde er, als er im 20. Jahr der Lehrtätigkeit des Buddha sein persönlicher Diener wurde. Ānanda war berühmt für sein überragendes Gedächtnis, aufgrund dessen er die Lehrreden des Buddha festzuhalten vermochte. Seine Darlegung der Lehrreden bildete die Grundlage für die Kodifizierung des → Sūtra-Pitaka beim 1. Konzil. Ānanda ist einer der → Zehn Großen Jünger des Buddha. Im Zen gilt Ānanda als der 2. ind. Patriarch.

Ānāpānasati, Pali; Wachsamkeit beim Ein- und Ausatmen, Betrachtung des Atems. Eine der wichtigsten Vorübungen zur Erreichung der Vier Vertiefungen oder Versenkungen (→ Dhyāna). Ānāpānasati besteht im Zählen der Atemzüge, was eine Beruhigung des Geistes zur Folge hat. Diese Übung stellt die grundlegende Vorübung zur Meditation in den verschiedenen Schulen des Buddhismus dar. Im Ānāpānasati wurden die im Yoga so beliebten Atemübungen zur Übung der Wachsamkeit oder → Achtsamkeit (Sati). Die einzelnen Atemzüge werden bewußt ausgeführt und aufmerksam verfolgt, aber der Atem wird nicht »geregelt«. Dann wird die Aufmerksamkeit gleichzeitig auch auf andere psychische und physische Vorgänge gerichtet.

Anāthapindika, reicher Kaufmann aus Shrāvastī, der zu Zeiten des Buddha → Shākyamuni lebte und einer seiner berühmtesten Laienanhänger war. Er erwarb um viel Geld den → Jetavana-Hain, wo er für den Buddha und dessen Schüler ein Kloster errichten ließ. Es wurde der bevorzugte Aufenthaltsort des Buddha, und er verbrachte den größten Teil der Regenzeit dort. In den Sūtras wird Anāthapindika als der größte Almosenspender beschrieben; eine Reihe von Lehrreden im → *Anguttara-Nikāya* sind an ihn gerichtet.

Anātman, Skrt. (Pali: Anatta), Nicht-Selbst, Nicht-Wesenhaftigkeit; eines der drei Merkmale alles Seienden (→ Trilakshana). Die Anātman-Doktrin ist eine der zentralen Lehren des Buddhismus und besagt, daß kein Selbst (→ Ātman) im Sinne einer unvergänglichen, ewigen, einheitlichen und unabhängigen Substanz innerhalb eines individuell Seienden existiert. So ist auch das Ich im buddhist. Sinn nichts als eine aus den fünf Daseinsgruppen (→ Skandha) zusammengesetzte, vergängliche und veränderliche, daher leidhafte empirische Persönlichkeit.
Im → Hīnayāna bleibt diese Vorstellung auf die Persönlichkeit beschränkt; im → Mahāyāna wurde sie auch auf alle anderen → Dharmas bezogen, die bedingt entstanden sind (→ Pratītya-Samutpāda). Dieses Freisein von einer Selbstnatur (→ Svabhāva) wird im Mahāyāna mit *shūnya* (leer) bezeichnet (→ Shūnyatā).

Andaja, Skrt. → Chatur-Yoni

Angkor Wat, Tempelanlage in Zentralkambodscha, die als Höhepunkt der klassischen Kunst und Architektur der Khmer gilt. Unter König Surjawarman II. (1113–1150) erbaut, war Angkor Wat zunächst ein → Vishnu geweihtes hinduist. Heiligtum. Seit die nachfolgenden Könige der Khmer zum Buddhismus übertraten, wurde Angkor Wat als buddhist. Heiligtum genutzt. Nach der Zerstörung von Angkor durch die Thai und die Flucht der Khmer-Könige nach Phnom Penh im 15. Jh. geriet Angkor Wat in Vergessenheit, wurde vom Urwald überwuchert und erst im 19. Jh. wiederentdeckt.

Anguttara-Nikāya, Pali (Skrt.: *Ekottarāgama*, auch *Ekottarikāgama*), wörtl.: »angereihte Sammlung«; vierte Sammlung des → Sūtra-Pitaka. Sie setzt sich aus Texten zusammen, die zahlenmäßig gegliedert sind, je nachdem ob die behandelten Dinge allein oder in Gruppen auftreten, wonach man elf Abteilungen (Nipāta) unterscheidet. Die hier aufgenommenen Sūtras, die i. allg. kürzer als die der anderen Sammlungen sind, weisen umfangreiche Aufzählungen auf und erinnern stark an den → Abhidharma.

Animitta, Skrt., Pali; die Formlosigkeit, Merkmallosigkeit aller → Dharmas; das Kennzeichen der absoluten Wahrheit, die keine Unterscheidungen kennt.

Aniruddha, Skrt.
Einer der → Zehn Großen Jünger des Buddha.

Anitya, Skrt., wörtl.: »Unbeständigkeit«. (Pali: Anicca); »Vergänglichkeit« oder »Unbeständigkeit« stellt eines der drei Merkmale alles bedingten Seiens dar (→ Trilakshana). Vergänglichkeit ist die Grundeigenschaft alles Bedingten, das entsteht, besteht und vergeht. Von ihr werden die beiden weiteren Merkmale des Daseins, Leidhaftigkeit und Nicht-Wesenhaftigkeit (→ Duhkha, → Anātman), abgeleitet. Unbeständigkeit ist die Grundlage des Lebens, ohne die Dasein nicht möglich wäre, und auch die Vorbedingung für die Möglichkeit, Erlösung zu erlangen. Ohne das Erkennen von Anitya gibt es keinen Eintritt in den überweltlichen Pfad (→ Ārya-Mārga); die zum »Stromeintritt« (→ Shrota-

Āpanna) führende Einsicht wird daher auch oft gleichgesetzt mit dem Erkennen der Vergänglichkeit und Unbeständigkeit des Daseins.

Añjali-Mudrā, Skrt. → Mudrā, 9.

An Shih-kao, 2. Jh. n. Chr., parthischer Mönch, der um 148 nach China kam und als erster buddhist. Schriften ins Chinesische übersetzte, die vor allem die Praxis des → Dhyāna und Erklärungen numerischer Kategorien zum Inhalt hatten. Er begründete damit die sog. Dhyāna-Schule des frühen chin. Buddhismus (→ Dhyāna-Buddhismus).

Anurādhapura, bis ins 10. Jh. Hauptstadt von Ceylon. In Anurādhapura befinden sich die Klöster Mahāvihāra (einer der Hauptsitze der Schule des → Theravāda) sowie Abhayagiri-Vihāra (das Zentrum eines liberaleren, mahayanist. geprägten Buddhismus). Als die Hauptstadt verlegt wurde, fiel Anurādhapura in Vergessenheit, und erst im 19. Jh. wurden die Tempel, Klöster und Stūpas wiederentdeckt, die wertvolle Zeugnisse der singhalesischen buddhist. Kunst darstellen.

Anuruddha, bedeutender singhalesischer Gelehrter des → Theravāda, der zwischen dem 8. und 12. Jh. gelebt hat. Er ist der Verfasser des berühmten Werks *Abhidhammattha-Sangaha* (»Sammlung der Bedeutungen des Abhidharma«), das die gesamte Lehre des Theravāda erläutert und in vieler Hinsicht dem *Visuddhi-Magga* von → Buddhaghosa ähnelt, aber kürzer und schwerer verständlich ist. Anuruddha behandelt darin vor allem Aspekte der Psychologie.

Anushaya (Anuśaya), Skrt. (Pali: Anusaya), wörtl.: »Neigung«; im Buddhismus kennt man sieben Neigungen oder latente Leidenschaften: sinnliches Begehren (→ Kāma), Widerstreben, Ansicht (→ Drishti), Zweifelsucht (→ Vichikitsā), Dünkel (Māna), Daseinstrieb (→ Bhava) und Nicht-Wissen (→ Avidyā). Diese Eigenschaften, die im Unbewußten haften, gelten als Neigungen, da sie die Tendenz haben, immer wieder aufzutreten und das neuerliche Entstehen von sinnlichem Begehren hervorzurufen.

Anussati, Pali; Betrachtung. In den hinayanist. Sūtras beschriebene Übungen, die ein Freiwerden von den drei unheilsamen Wurzeln Gier, Haß und Wahn (→ Akushala) und ein Erreichen von Verständnis und Freude an der buddhist. Lehre bewirken. Meist werden darunter die sechs Betrachtungen über den Erleuchteten (→ Buddha), die Lehre (→ Dharma), die Gemeinde (→ Sangha), die Sittlichkeit (→ Shīla), die Freigebigkeit (→ Dāna) und die Himmelswesen (→ Deva) verstanden. Dazu kommen an manchen Stellen vier weitere Betrachtungen: über den Tod, den Körper, die Achtsamkeit auf Ein- und Ausatmen (→ Ānāpānasati) und den Frieden.

Anuttara-Samyaksambodhi (Anuttara-Samyaksaṃbodhi), Skrt.; »Vollkommene universelle Erleuchtung«, vollständige Bezeichnung für Samyak-Sambodhi (Erleuchtung eines Allbuddha), vgl. → Samyak-Sambuddha.

Apadāna, Skrt. → *Khuddaka-Nikāya*

Apāya, Skrt., schlechte Existenzweisen; vier niedrige oder »schlechte« Existenzformen im Daseinskreislauf der Wesen (→ Gati). Dazu zählen Höllenbewohner (→ Naraka), Hungrige Geister (→ Preta), Tiere und Titanen (→ Asura). Letztere werden manchmal zu den höheren Existenzweisen gerechnet oder fehlen in einigen Schulen des südl. Buddhismus gänzlich. Die ersten drei schlechten Existenzweisen werden auch die »Drei bösen Pfade« genannt.

Apramāna, Skrt. → Brahma-Vihāra

Apratisamkhyā-Nirodha (Apratisaṃkhyā-Nirodha), Skrt.; unbewußte, anstrengungslose Aufhebung (→ Nirodha), Aufhebung ohne verursachenden Grund, ohne das Mitwirken von Weisheit (→ Prajñā). Eines der nicht-bedingten Dharmas (→ Asamskrita) der Sarvāstivāda- und Yogāchāra-Schulen.

Apratishthita-Nirvāna (Apratiṣṭhita-Nirvāṇa), Skrt., wörtl.: »nicht fixiertes, aktives Erlöschen«; in dieser Art des → Nirvāna verzichtet der Erlöste nach mahayanist. Auffassung auf das restlose Erlöschen und auf das Ausscheiden aus dem Existenzkreislauf. Dennoch ist er nicht an die Zwänge der samsarischen Welt (→ Samsāra) gebunden, in der er aus Mitleid (→ Karunā) weiterhin verbleibt, um alle Wesen auf dem Weg zur Erlösung zu leiten und zu unterstützen. Das Apratishthita-Nirvāna ist das Nirvāna eines transzendenten Bodhisattva.

Arhat, Skrt. (Pali: Arahat, chin. → Lo-han, jap. Rakan); Heiliger, der die höchste Stufe, die des »Nicht-mehr-Lernens« auf dem überweltlichen Pfad (→ Ārya-Mārga) des Hīnayāna erreicht hat und im Besitz der Gewißheit ist, daß alle Befleckungen (→ Āsrava) und Leidenschaften (→ Klesha) ausgelöscht sind und in Zukunft nicht wieder entstehen werden. Die Frucht der Arhatschaft ist das Nirvāna mit einem Rest von Bedingungen (→ Sopadhishesha-Nirvāna). Der Arhat erlangt das völlige Erlöschen unmittelbar nach diesem Leben.

Arūpadhātu, Skrt. → Triloka

Arūpaloka, Skrt. → Triloka

Arūpasamādhi, Skrt., Pali → Vier Sphärenstufen

Āryadeva, Schüler des → Nāgārjuna und Autor verschiedener kurzer Schriften, die dem → Mādhyamaka zuzurechnen sind. Āryadeva wurde wahrscheinlich im 3. Jh. auf Ceylon geboren. Unter dem Namen Kanadeva gilt er als der 15. Patriarch in der ind. Linie des → Zen. Er wurde angeblich von Gegnern des Buddhismus getötet. Seine Werke, die nur in chin. und tibet. Version vollständig erhalten sind, stellen Kommentare zu den Schriften seines Lehrers Nāgārjuna dar.

Ārya-Mārga, Skrt. (Pali: Ariya-Magga); heiliger, überweltlicher Pfad. Er besteht aus den vier Stufen der »Heiligkeit«, die jeweils wieder in zwei unterteilt werden, je nachdem, ob der Edle (→ Ārya-Pudgala), der den Weg beschreitet, sich noch auf dem Weg befindet oder den angestrebten Heiligkeitsgrad, die »Frucht« (Phala), schon erreicht hat. Die 1. Stufe des überweltlichen Pfades ist die des »In den Strom Eingetretenen« (→ Shrota-

Āpanna), die 2. die des »Einmalwiederkehrers« (→ Sakridāgāmin), die 3. die des »Niemehrwiederkehrers« (→ Anāgāmin) und die 4. und letzte Stufe die des »Heiligen« (→ Arhat).

Ārya-Pudgala, Skrt. (Pali: Ariya-Puggala), wörtl.: »Edler«; Menschen, die sich auf einer der vier Stufen des überweltlichen Pfades (→ Ārya-Mārga) befinden. Diese vier Stufen sind: 1. der »In den Strom Eingetretene« (→ Shrota-Āpanna); 2. der »Einmalwiederkehrer« (→ Sakridāgāmin); 3. der »Niemehrwiederkehrer« (→ Anāgāmin); 4. der »Heilige« (→ Arhat).

Ārya-Satya, Skrt. → Vier Edle Wahrheiten

Asamskrita (Asaṃskṛta), Skrt. (Pali: Asankhata), wörtl.: »nicht-bedingt, nicht-gestaltet«; bezeichnet alles, was jenseits allen Bedingtseins, jenseits von Entstehen, Bestehen und Vergehen liegt. Es bildet das Gegenteil von → Samskrita. In der ursprünglichen Lehre wurde nur das → Nirvāna als nicht-bedingt angesehen. Dieser Auffassung blieben die Schulen des → Theravāda und der → Vātsīputrīyas treu. Von den anderen Schulrichtungen wurde dieser Begriff im Lauf der Entwicklung aber verschieden interpretiert.

Asanga (Asaṇga), Skrt., wörtl.: »unberührt, ungebunden, unverhaftet«.
Name eines der Begründer der Schule des → Yogāchāra. Er lebte im 4. Jh. n. Chr. und stammte aus einer Brahmanenfamilie, die im heutigen Peshawar ansässig war. Sein Bruder war → Vasubandhu. Asanga soll von einem Mönch der → Mahīshāsaka zum Buddhismus bekehrt worden sein und sich bald den Lehren des Mahāyāna zugewandt haben. Asanga kehrte sich von Nāgārjunas kategorischer Auffassung von der Substantialitätslosigkeit ab und stellte eine idealistische Doktrin auf, wobei er von der → Sarvāstivāda-Schule beeinflußt wurde. Der Überlieferung nach soll er seine Lehre direkt vom zukünftigen Buddha Maitreya erhalten haben. Einige Forscher sehen in diesem aber die historische Person des → Maitreyanātha.

Ashoka (Aśoka), König des Maurya-Reiches im Norden Indiens, der von 272 bis 236 v. Chr. regierte und ca. 231 starb. Er ist eine der bedeutendsten Gestalten der alten ind. Geschichte. Ein blutiger Feldzug nach Osten und die verlustreiche Eroberung von Kalinga im Jahre 260 stürzten ihn in eine psychische Krise und ließen ihn dem Buddhismus beitreten. Er wurde Laienanhänger und beschloß, eine »Regierung des Dharma« zu beginnen. Aus seinen Edikten geht hervor, daß er Inspektionsreisen in alle Teile seines Reiches unternahm, um Rechtschaffenheit und Tugend (→ Dharma) im ganzen Land zu festigen. Speziell Beamte wurden zur Überwachung des Wohlergehens der Bürger eingesetzt; aus seiner pazifistischen Haltung heraus propagierte er das Vegetariertum und verbot Tieropfer. Er unterhielt freundschaftliche Beziehungen zu allen Nachbarstaaten. Unter seiner Herrschaft faßte der Buddhismus auch in Ceylon Fuß: → Mahinda, ein Sohn Ashokas, hat die Missionstätigkeit geleitet.

Ashtamangala, Skrt. → Acht Kostbarkeiten

Asthangika-Mārga, Skrt. → Achtfacher Pfad

Ashta-Vimoksha, Skrt. → Acht Befreiungen

Ashubha (Aśubha), Skrt., wörtl.: »ungünstig, unglücklich, unrein, häßlich«; das Gegenteil von *shubha* (»günstig, glücklich, Gutes verheißend«).
Die Betrachtung der Zehn Ekelobjekte. Eine der 40 Meditationsübungen (→ Bhāvanā), die im → *Visuddhi-Magga* angeführt sind und die sich im wesentlichen mit der Übung der → Leichenfeldbetrachtung deckt. Manchmal bezeichnet Ashubha aber auch die Betrachtung der 32 Körperteile (→ Satipatthāna, → Körperbetrachtung).

Ashvaghosha (Aśvaghoṣa), ind. Dichter und mahayanist. Philosoph, der im 1. bis 2. Jh. gelebt hat und als einer der bedeutendsten buddhist. Autoren gilt. Seine wichtigsten Werke sind das Drama *Shāriputra-Prakarana,* eine fragmentarisch erhaltene Lebensbeschreibung des Buddha *(→ Buddha-Charita)* und das Epos *Saudarananda-Kāvya.* Von der Überlieferung wird ihm auch das → *Mahāyānashraddhotpāda-Shāstra* zugeschrieben.

Askese → Dhūta

Āsrava, Skrt. (Pali: Āsava), wörtl.: »Ausfluß, Ausscheidung«, auch »Befleckung«; Drei Befleckungen bilden die Wurzel alles Leidens und die Ursache dafür, daß die Wesen im Kreislauf der Wiedergeburten gefangen sind: die Befleckung der Begierden (Skrt.: *kāmāsrava,* Pali: *kāmāsava),* des Werdens (Skrt.: *bhavāsrava,* Pali: *bhavāsava*), und des Nicht-Wissens (Skrt.: *avidyāsrava,* Pali: *avijjāsava*). Das Auslöschen dieser drei Befleckungen bedeutet das Erlangen der Arhatschaft.

Asura, auch Āsura, Skrt.; Dämon, böser Geist.
Die »Titanen«; eine der sechs Existenzweisen (→ Gati), die manchmal zu den »guten«, manchmal zu den »schlechten« (→ Apāya) gerechnet wird. Asura im Sinne einer »guten« Existenzweise bezeichnet die niederen Götter, die an den Hängen oder auf dem Gipfel des Weltenberges Sumeru (→ Meru) oder in Luftpalästen wohnen. Als schlechte Existenzweise gesehen sind die Asuras die Feinde der Götter (→ Deva). Sie gehören dem Bereich des sinnlichen Begehrens (→ Triloka) an. In den Klassifizierungen vieler südbuddhist. Schulen fehlen die Asuras gänzlich.

Atīsha (Atīśa), auch Atīsha Dipamkara Shrījñāna, 980/90–1055, buddhist. Gelehrter aus königlichem Geschlecht, der vor allem die Methode der Erzeugung des Erleuchtungsgeistes (→ Bodhichitta) systematisierte. Als Patriarch von Magadha und Lehrer an der großen Klosteruniversität Vikramashīla wurde er nach Tibet eingeladen und verbrachte dort die letzten zwölf Jahre seines Lebens. Atīsha begründete die Schulrichtung der → Kadampa und seine Lehrtradition beeinflußte maßgeblich den → Tibetischen Buddhismus, besonders die Schule des → Tsongkhapa. Sein wichtigster Schüler war der Tibeter Dromtön (1003–1064).

Ati-Yoga, Skrt. → Dzogchen

Ātman, Skrt.; nach hinduist. Verständnis das wirkliche, unsterbliche Selbst des Menschen, das der Westen als Seele bezeichnet. Er ist der unbeteiligte Zuschauer des → Jīva, jenseits von Körper und Denken und als absolutes Bewußtsein identisch mit → Brahman. Philosophisch wird Ātman auch als → Kūtastha bezeichnet. Durch seine Identität mit Brahman sind auch seine besonderen Merkmale (Ātmakara) mit ihm identisch: ewiges, absolutes Sein, absolutes Bewußtsein und absolute Seligkeit.
Im Buddhismus wird die Existenz eines Ātman geleugnet: Weder innerhalb noch außerhalb der physischen und psychischen Daseinserscheinungen gibt es etwas, das man als unabhängige, unvergängliche Wesenheit, als Selbst bezeichnen könnte. (Siehe dazu auch → Anātman, → Skandha.)

Aupapāduka, Skrt. → Chatur-Yoni

Avadāna, Skrt., wörtl.: »Großtat«; buddhist. Literaturgattung, die am Übergang zwischen Hīnayāna und Mahāyāna steht und in der sich starke Tendenzen zur Verherrlichung des Bodhisattva-Ideals zeigen. Die Avadānas bestehen aus Legenden, die von Mönchen den gläubigen Laien vorgetragen wurden und sich auf frühere Leben der Heiligen beziehen. Sie sollen vor allem aufzeigen, daß gute Taten gute Folgen und schlechte Taten schlechte Folgen nach sich ziehen. Zu den bedeutendsten Sammlungen solcher Erzählungen gehören das *Avadāna-Shataka* (»Hundert Heldentaten«) aus dem 2. Jh. und das besonders beliebte *Divyāvadāna* (»Göttliche Taten«).

Avalokiteshvara (Avalokiteśvara), Skrt.; einer der bedeutendsten → Bodhisattvas im Mahāyāna. Die wörtliche Bedeutung von »Avalokiteshvara« wird verschieden interpretiert, einerseits als »Der Herr, der herabschaut«, wobei der letzte Wortbestandteil als *»īshvara«*, »Herr«, verstanden wird, andererseits als »Der die Klänge (Schreie) der Welt wahrnimmt (erhört)« oder auch als »Der Klang, der die Welt erleuchtet«, wobei man *»svara«*, »Klang«, als letzten Bestandteil des Wortes ansieht. In jedem Fall verkörpert Avalokiteshvara einen der beiden wesentlichen Aspekte der Buddhaschaft, das Erbarmen (→ Karunā), weshalb man ihm oft auch den Beinamen »Mahākarunā«, das Große Erbarmen, gibt. Der andere wesentliche Aspekt der Buddhaschaft ist Weisheit (→ Prajñā), die von dem Bodhisattva → Mañjushrī verkörpert wird. Avalokiteshvara ist die als Bodhisattva wirkende Kraft des Buddha → Amitābha und tritt als einer seiner Helfer auf (→ Reines-Land-Schule). Sein grenzenloses Erbarmen drückt sich in seiner wunderbaren Macht aus, allen Wesen zu helfen, die sich in akuter Gefahr an ihn wenden. Im Volksglauben schützt er zudem vor Naturkatastrophen und gewährt Kindersegen.

Ikonographisch sind 33 verschiedene Darstellungsformen des Avalokiteshvara bekannt, die sich durch die Anzahl der Köpfe und Arme sowie die Attribute unterscheiden. Häufig wird er mit tausend Armen und Augen, elf Gesichtern und tausend Armen usw. abgebildet. Im Kopfschmuck trägt er meist eine kleine Statue des Buddha Amitābha, die sein sicherstes Erkennungszeichen darstellt. In den Händen hält er oft eine blaue Lotosblüte (daher sein Beiname Padmapāni, »Der einen Lotos Haltende«) und eine Flasche mit Nektar. Die große Anzahl von Armen symbolisiert seine Fähigkeit, jeder Situation entsprechend zum Wohle aller Lebewesen zu wirken.

In China wird Avalokiteshvara unter dem Namen → Kuan-yin, in Japan unter dem Namen Kannon (auch Kanzeon oder Kwannon) verehrt und in beiden Ländern vorwiegend als weiblich betrachtet. Die tibet. Form des Avalokiteshvara ist → Chenresi.

Avatamsaka-Sūtra, Skrt. → *Buddhāvatamsaka-Sūtra*

Avidyā, Skrt., wörtl.: »Nicht-Wissen, Nicht-Erkenntnis«. (Pali: Avijjā); »Nicht-Wissen« oder »Verblendung«, das heißt, die Unkenntnis der → Vier Edlen Wahrheiten, der Drei Kostbarkeiten (→ Triratna) und des Gesetzes des → Karma. Avidyā ist das erste Glied in dem Konditionalnexus (→ Pratītya-Samutpāda), der zur Verstrickung in die Welt des → Samsāra führt, sowie eine der Drei Befleckungen (→ Āsrava), eine der Leidenschaften (→ Klesha) und die letzte der Zehn Fesseln (→ Samyojana).

Avidyā gilt als die Wurzel alles Unheilsamen in der Welt und wird definiert als das Nicht-Wissen um den leidhaften Charakter des Daseins. Es ist derjenige Geisteszustand, der nicht mit der Wirklichkeit übereinstimmt, der illusorische Phänomene für Wirklichkeit hält und Leiden herbeiführt. Nicht-Wissen bedingt Gier (→ Trishna) und ist somit der wesentliche Faktor, der die Wesen an den Kreislauf der Wiedergeburten bindet. Nach mahayanist. Auffassung bedingt Avidyā in bezug auf die Leere (→ Shūnyatā) der Erscheinungen, daß ein Nicht-Erleuchteter die phänomenale Welt als die einzige Wirklichkeit ansieht und sich damit das Essentielle verdeckt.

Āyatana, Skrt., Pali; Bereiche, speziell die zwölf Sinnesbereiche, nämlich: die fünf Sinnesorgane Auge, Ohr, Nase, Zunge, Körper und die ihnen entsprechenden Objekte Form, Ton, Geruch, Geschmack und Körperempfindungen, sowie als sechstes Sinnesorgan der denkende Geist (→ Manas) und seine Objekte, die Ideen oder → Dharmas. Manchmal versteht man unter Āyatana auch nur die Objekte der Sinnesorgane (→ Shadāyatana).

B

Baden des Buddha, Zeremonie, die vor allem in China am Geburtstag des historischen Buddha → Shākyamuni, der auf den 8. Tag des 4. Monats fällt, abgehalten wird. Dabei werden eine Miniaturstatue des Shākyamuni, der auf einem Lotosthron sitzt und mit der rechten Hand zum Himmel, mit der linken zur Erde zeigt, mit Wasser begossen und Blumenopfer dargebracht. An diesen Feierlichkeiten nimmt der gesamte → Sangha teil.

Bala, Skrt., Pali, wörtl.: »Kraft«; fünf geistige Kräfte oder Fähigkeiten, die durch das Stärken der Fünf Wurzeln (→ Indriya) entwickelt werden und die die Erlangung der Erleuchtung ermöglichen. Diese Kräfte sind: 1. die Kraft des Vertrauens (→ Shraddhā), die allen Irrglauben ausschaltet; 2. die Kraft der Energie (→ Vīrya), die durch das Üben der → Vier Vollkommenen Anstrengungen zur Überwindung alles Unheilsamen führt; 3. die Kraft der Wachsamkeit, d. i. die durch das Üben der Vier Grundlagen der Achtsamkeit (→ Satipatthāna) erreichte Vollkommene Achtsamkeit; 4. die Kraft des → Samā-

dhi, d. i. das Üben von → Dhyāna zur Ausschaltung aller Leidenschaften; 5. die Kraft der Weisheit (→ Prajñā), die auf der Einsicht in die → Vier Edlen Wahrheiten beruht und zur erlösenden Erkenntnis führt.
Die Fünf Kräfte bilden einen Teil der 37 zur Erleuchtung gehörenden Dinge (→ Bodhipākshika-Dharma).

Bāmiyān, buddhist. Grottenheiligtum in Afghanistan, das zwischen 300 und 600 n. Chr. entstand. In eine Felswand wurden auf einer Länge von über 2 km in verschiedenen Ebenen zahlreiche kleine Grotten gemeißelt, die untereinander verbunden sind und als Versammlungsräume für die dort lebenden Mönche und als → Chaityas dienten. Der in Bāmiyān herrschende Buddhismus gehörte der Mahāyāna-Richtung an; er wurde durch Einfälle islamischer Völker und der Mongolen (13. Jh.) ausgelöscht.

Bardo (Bar-do), tibet., wörtl.: »Zwischenzustand«; schon in Werken des Hīnayāna- und Mahāyāna-Buddhismus um das 2. Jh. finden sich Hinweise auf die Vorstellung eines Zustandes, der den Tod eines Individuums mit seiner nachfolgenden Wiedergeburt verbindet. Diese Konzeption wurde in den Lehren des → Vajrayāna weiter ausgebaut, so daß schließlich in den → Nāro Chödrug und im → *Bardo Thödol* sechs Arten des Zwischenzustandes unterschieden werden: 1. Bardo der Geburt; 2. Bardo der Träume; 3. Bardo der Versenkung (→ Dhyāna); 4. Bardo des Augenblicks des Todes; 5. Bardo der Höchsten Wirklichkeit (→ Dharmatā); 6. Bardo des Werdens. – Während die ersten drei Bardos das diesseitige Leben als Phase von »Schwebezuständen« charakterisieren, umfassen die letzten drei Bardos den 49 Tage dauernden Prozeß des Todes und der Wiedergeburt.

Bardo Thödol (Bar-do thos-grol), tibet., wörtl.: »Befreiung durch Hören im Zwischenzustand«; ein als Tibetisches Totenbuch bekannter Text aus einer Gruppe von Unterweisungen, die auf → Padmasambhava zurückgehen und im 14. Jh. als → Terma zu einem Lehrsystem ausgearbeitet wurden. Der Prozeß des Sterbens und der Wiedergeburt wird in diesem Werk in drei Phasen oder Zwischenzustände (→ Bardo) gegliedert, die eng mit der Lehre der drei »Buddha-Körper« (→ Trikāya) verbunden sind.

1. Im Bardo des Augenblicks des Todes (Dharmakāya) manifestiert sich ein blendend weißes Licht. 2. Im Bardo der Höchsten Wirklichkeit (Sambhogakāya) zeigen sich von der Grundstruktur der fünf → Buddhakulas ausgehende fünffarbige Lichterscheinungen in Form von Mandalas. 3. Im Bardo des Werdens (Nirmānakāya) erscheinen Lichtphänomene von gedämpfter Helligkeit, die den sechs Hauptformen der Existenz (→ Bhava-Chakra) entsprechen. Alle drei Phasen bieten die Möglichkeit, durch das Hören entsprechender Anweisungen das Wesen des eigenen Geistes zu erkennen und somit Befreiung (→ Nirvāna) zu erlangen. Vom *Bardo Thödol* gibt es bereits mehrere deutsche Übersetzungen; die einzige Originalübersetzung aus dem Tibetischen (bei den anderen Übertragungen handelt es sich um Zweitübersetzungen) ist bisher: *Das Tibetische Buch der Toten*, übers. v. Eva K. und Geshe Lobsang Dargyay, Bern 1977.

Bhadrakalpika-Sūtra, Skrt., wörtl.: »Sūtra über das Zeitalter des Glücks«; Sūtra des Mahāyāna, das die Legenden der 1000 Buddhas des Glückszeitalters enthält, von denen → Shākyamuni der 5. ist. Es ist der Prototyp jener Sūtras, in deren Mittelpunkt das sagenhafte Leben von Buddhas, Bodhisattvas, Heiligen, Göttern usw. steht.

Bhaishajya-guru-Buddha (Bhaiṣajya-guru-Buddha), Skrt., wörtl.: »Lehrer der Heilmittel«; der buddhist. »Heiland« im ursprünglichen Sinn dieses Wortes (die häufig verwendete Übertragung »Medizin-Buddha« ist nicht nur unschön, sondern auch zu eng). Ein Buddha, der den heilenden, d. h. ganz oder vollkommen machenden Aspekt der Buddhaschaft symbolisiert. Er thront in einem östlichen Paradies (→ Reines Land). Ikonographisch wird er meist die Arzneifrucht in der linken Hand haltend, die rechte in der Geste der Schutzgewährung (→ Mudrā, 5.) oder meditativ im Schoße ruhend dargestellt. Er tritt oft in einer Dreiergruppe, gemeinsam mit → Shākyamuni und → Amitābha auf, wobei er sich links und Amitābha rechts von Shākyamuni befindet. In einem ihm gewidmeten Sūtra, das nur in chin. und tibet. Sprache erhalten ist, sind 12 Gelübde angeführt, die Bhaishajya-guru-Buddha in einer früheren Existenz abgelegt hat und bei deren Verwirklichung er von einer großen Anzahl von Helfern, von Buddhas, Bodhisattvas und den 12 Generälen der → Yakshas unterstützt wird. Er hat in China, Tibet und Japan (jap. Yakushi Nyōrai) besonders große Bedeutung erlangt.

Bhava, Skrt., Pali: »Sein, Werden«; wird im Buddhismus in drei verschiedenen Zusammenhängen gebraucht: 1. Bhava als jede Art von Sein in den drei Welten (→ Triloka): Kāmabhava (Sein in der Sphäre der Begierden); Rūpabhava (Sein in der Sphäre der begierdelosen Körperlichkeit); Arūpabhava (Sein in der Sphäre der Körperlosigkeit). 2. Bhava als 10. Glied der Kette des Bedingten Entstehens (→ Pratītya-Samutpāda) bezeichnet einen durch das Aneignen (→ Upādāna) von Persönlichkeitskomponenten bedingten Werdeprozeß. 3. Im Mahāyāna wird Bhava in Gegensatz zu Leere (→ Shūnyatā) gebracht und erfährt je nach Schulrichtung verschiedene Interpretationen.

Bhava-Chakra (Bhava-Cakra), Skrt., wörtl.: »Lebensrad«; eine im → Tibetischen Buddhismus sehr verbreitete Darstellung des Kreislaufs der Existenzen (→ Samsāra). In sechs Segmenten werden die sechs Haupttypen des weltlichen Daseins unterschieden: der Bereich der Götter, der Gegengötter (Titanen) und der Menschen bilden den oberen Teil des Rades, der Bereich der Tiere, der Hungrigen Geister und der Höllenwesen den unteren Teil. Gemeinsam ist all diesen Bereichen die Erfahrung von Leiden und Tod und die Ursache dieser Erfahrung. Der Tod wird durch → Yama, den Gott der Unterwelt, symbolisiert, der das Lebensrad in seinen Klauen hält, und die Ursache für diesen Kreislauf des Leidens repräsentieren drei im Zentrum des Rades befindliche Tiere: Hahn (Gier), Schwein (Unwissenheit) und Schlange (Haß). Ein drittes ikonographisches Element zeigt die zwölf Begriffe des »Bedingten Entstehens« (→ Pratītya-Samutpāda), die einen äußeren Kreis bilden und die philosophische Deutung des Existenzkreislaufs bieten.

Bhāvanā, Skrt., Pali; Meditation, Geistesentfaltung, all jene Übungen, die meist als »Meditation« bezeichnet werden. Man unterscheidet zwei Arten von Bhāvanā: die Entfaltung der Gemütsruhe (→ Shamatha) und des Hellblicks (→ Vipashyanā). Gemütsruhe stellt die Voraussetzung für die Erlangung des Hellblicks dar. Nach dem → *Visuddhi-Magga* gibt es 40 verschiedene Übungen, die zur Entfaltung der Gemütsruhe führen. Sie umfassen Versenkungen (→ Dhyāna), Betrachtungen (→ Samāpatti) und Sammlung (→ Samādhi).

Bhāvanā-Mārga, Skrt. → Yogāchāra

Bhāvaviveka, auch Bhavya genannt; Vertreter des → Mādhyamaka, der ca. zwischen 490 und 570 gelebt hat. Er wurde in Südindien geboren, kam nach Magadha, wo er die Lehre des → Nāgārjuna studierte. Danach kehrte er in seine Heimat zurück, wo er schnell großen Ruhm erlangte. In seinen Werken, die nur noch in chin. und tibet. Übersetzung erhalten sind, greift er die Thesen des → Yogāchāra an. Er gründete die Svātantrika-Schule, eine der beiden Richtungen des Mādhyamaka, und trat gegen Buddhapālita, den Begründer der Prāsangika-Schule, auf, wobei er eine positive Dialektik verwendete. Seine Schule führte im 8. Jh. zur Gründung der Svātantrika-Yogāchāra-Schule durch Shāntirakshita.

Bhikshu (Bhikṣu), Skrt. (Pali: Bhikkhu); Bettler, Mönch, männliches Mitglied des buddhist. → Sangha, das in die → Hauslosigkeit gegangen ist und die volle Ordination erhalten hat. Die Bhikshus bildeten im Altertum den Kern der buddhist. Gemeinde, da nach frühbuddhist. Auffassung nur ein Mensch, der der Welt entsagt hat, das höchste Ziel, das Nirvāna, erlangen kann. Die Haupttätigkeit der Bhikshus besteht in Meditation und Darlegung der Lehre, Arbeit ist ihnen nicht erlaubt. Buddhist. Mönche verzichten auf die Annehmlichkeiten der Welt und führen ein Wanderdasein. Grundsätze des mönchischen Lebens sind Armut, Ehelosigkeit und Friedfertigkeit; es wird durch die im → Vinaya-Pitaka niedergelegten Regeln bestimmt.
Die Armut drückt sich in der Kleidung des Mönches aus, die aus drei Teilen besteht (→ Trichīvara) und aus Lumpen gefertigt sein soll. Die Gegenstände des täglichen Bedarfs beschränken sich auf Almosenschale, Rasiermesser, Nähnadel, Wasserfilter, Wanderstab und Zahnbürste. Ein Bhikshu darf nicht mit Geld und anderen Wertsachen in Berührung kommen, Geschenke und Einladungen können nur unter bestimmten Bedingungen angenom-

men werden. Seine Nahrung erbettelt er sich beim täglichen Bettelgang. Als Medizin nimmt er nur Tierurin zu sich.

Bhikshunī (Bhikṣuṇī), Skrt. (Pali: Bhikkunī), Nonne; weibliches vollordiniertes Mitglied des buddhist. → Sangha. Der Nonnenorden wurde von → Mahāprajāpatī Gautamī, der Stiefmutter des historischen Buddha, nach dem Tode ihres Mannes durch Vermittlung von → Ānanda gegründet, dem dies anläßlich des ersten Konzils seitens der Mönche zum Vorwurf gemacht wurde. Buddha selbst war angeblich gegen die Schaffung eines Nonnenordens, da er um die Ordensmoral fürchtete, und soll überzeugt gewesen sein, mit seiner Einwilligung zur Gründung die Lebensdauer der buddhist. Lehre von 1000 auf 500 Jahre verkürzt zu haben.

Bhūmi, Skrt., wörtl.: »Land«; die zehn Stufen, die ein Bodhisattva bis zur Erlangung der Buddhaschaft durchlaufen muß. Die einzelnen Stufen sind in den Texten nicht ganz einheitlich beschrieben; die folgende Darstellung basiert auf dem → *Dashabhūmika-Sūtra* und dem → *Bodhisattva-Bhūmi.*
Die zehn Stufen sind: 1. Pramuditā-Bhūmi (Land der Freude): Auf dieser Stufe ist der Bodhisattva voller Freude über das Eintreten in den Pfad der Buddhaschaft. Er hat den Erleuchtungsgedanken (→ Bodhichitta) erzeugt und die Bodhisattva-Gelübde abgelegt. Er pflegt besonders die Tugend der Freigebigkeit (→ Dāna) und ist frei von egoistischen Gedanken und dem Wunsch nach karmischem Verdienst. Hier erkennt der Bodhisattva die Leerheit des Ich und aller Dharmas.
2. Vimalā-Bhūmi (Land der Reinheit): Hier vervollkommnet der Bodhisattva seine Sittlichkeit (→ Shīla) und ist frei von Verfehlungen. Er praktiziert → Dhyāna und → Samādhi.
3. Prabhākārī-Bhūmi (Land des Strahlens): Der Bodhisattva gewinnt die Einsicht in die Vergänglichkeit (→ Anitya) des Daseins und entwickelt die Tugend der Geduld (→ Kshānti) im Ertragen von Schwierigkeiten und in der tätigen Hilfe für die Erlösung aller Wesen. Er hat die drei Wurzeln des Unheilsamen (→ Akushala), Gier, Haß und Wahn, abgeschnitten. Das Erlangen dieser Stufe ist durch zehn Eigenschaften möglich, die als »Beherzigen der festen Absicht« bezeichnet werden und u. a. Festigkeit, Überdruß am weltlichen Leben und Leidenschaftslosigkeit umfassen.

Der Bodhisattva verwirklicht die Vier Versenkungen (Dhyāna), die → Vier Sphärenstufen und erwirbt die ersten fünf der Sechs Übernatürlichen Kräfte (→ Abhijñā).
4. Archismatī-Bhūmi (das flammende Land): Der Bodhisattva »verbrennt« die restlichen falschen Vorstellungen und entwickelt Weisheit. Er übt sich in der Tugend der Energie (→ Vīrya) und vervollkommnet die 37 zur Erleuchtung nötigen Dinge (→ Bodhipākshika-Dharma).
5. Sudurjayā-Bhūmi (das äußerst schwer zu gewinnende Land): Auf dieser Stufe versenkt sich der Bodhisattva in Meditation (Dhyāna), um die Wahrheit intuitiv zu erfassen. So begreift er die → Vier Edlen Wahrheiten und die → Doppelte Wahrheit. Er hat Zweifel und Unsicherheit ausgeräumt und weiß, was ein Weg ist und was nicht. Er arbeitet weiter an der Vervollkommnung der 37 zur Erleuchtung nötigen Dinge.
6. Abhimukhī-Bhūmi (das im Angesicht der Weisheit stehende Land): Auf dieser Stufe erkennt der Bodhisattva, daß alle Dharmas frei von Kennzeichen, Entstehung, Vielfältigkeit und Unterscheidung nach Sein und Nichtsein sind. Er erlangt Einsicht in das Bedingte Entstehen (→ Pratītya-Samutpāda) und transzendiert in der Vollendung der Tugend der Weisheit (→ Prajñā) das unterscheidende Denken und begreift die Leere (→ Shūnyatā).
Von diesem Land aus, in dem er durch Einsicht in Leere und Vervollkommung von Weisheit die Erleuchtung (→ Bodhi) erlangt hat, könnte der Bodhisattva für immer verlöschen (→ Pratishthita-Nirvāna). Doch aus Erbarmen mit allen Lebewesen tritt er nur ins sog. nicht fixierte Nirvāna (→ Apratishthita-Nirvāna) ein, in dem er frei von allen samsarischen Zwängen ist, aber in dieser Welt verbleibt.
7. Dūrangamā-Bhūmi (das weitgehende Land): Hier angelangt, hat der Bodhisattva die Erkenntnis und Geschicklichkeit in der Methode (→ Upāya) erworben, was ihm erlaubt, jedes Wesen entsprechend dessen Möglichkeiten auf dem Weg zur Erlösung zu leiten. Diese Stufe bildet den Übergang in eine andere Existenzweise, die eines transzendenten Bodhisattva, d. h. er kann sich in jeder erdenklichen Erscheinungsform manifestieren. Nach Durchlaufen dieser Stufe ist kein Zurückfallen in niedere Existenzweisen mehr möglich.
8. Achalā-Bhūmi (unbewegtes Land): Auf dieser Stufe wird der

Bodhisattva durch nichts mehr in Unruhe versetzt, da er die Prophezeiung erhielt, wann und wo er Buddhaschaft erlangen wird. Er erwirbt die Fähigkeit, sein Verdienst auf andere Wesen zu übertragen und verzichtet auf das Anhäufen weiterer karmischer Schätze.
9. Sādhumatī-Bhūmi (das mit frommem Denken versehene Land): Die Weisheit des Bodhisattva ist vollendet, er ist im Besitz der Zehn Kräfte (→ Dashabala), der Sechs übernatürlichen Kräfte (→ Abhijñā), der → Vier Gewißheiten, der → Acht Befreiungen, der → Dhāranīs. Er weiß um das Wesen aller Dharmas und legt die Lehre dar.
10. Dharmameghā-Bhūmi (Land der Wolke der Lehre): Alles Wissen (→ Jñāna) und unermeßliche Tugenden sind verwirklicht. Der Dharmakāya (→ Trikāya) des Bodhisattva ist voll ausgebildet. Er sitzt umringt von unzähligen Bodhisattvas in einem Lotos im → Tushita-Himmel. Seine Buddhaschaft wird von allen Buddhas bezeugt. Diese Stufe ist auch unter dem Namen Abhisheka-Bhūmi bekannt. Bodhisattvas dieser Stufe sind z. B. → Maitreya und → Mañjushrī.

Bhumīsparsha-Mudrā, Skrt. → Mudrā, 4.

Bhūtatathatā, Skrt., wörtl.: »Soheit des Seienden«; die Wirklichkeit im Gegensatz zum Scheinbaren der phänomenalen Welt. Bhūtatathatā ist unveränderlich und ewig, während Formen und Erscheinungen entstehen, sich verändern und vergehen. Der Begriff wird in den mahayanist. Texten als gleichbedeutend mit dem Absoluten, der Letzten Wirklichkeit (→ Tathatā, → Trikāya, → Buddha-Natur) verwendet.

Bīja, Skrt.; Energie, Saat, Same, Wurzelkraft; was als Kraft hinter jeder materiellen Manifestation steht; besonders wirksam im Bīja-Mantra (»Saatwort«), das von einem Guru gegeben wird. In den Buchstaben eines Bīja-Mantra ist das Wesen eines besonderen Aspektes der letzten Wirklichkeit in Form eines Klangsymbols konzentriert. Solche Klangsymbole, die auf der spirituellen Erfahrung eines Heiligen beruhen, haben mystische, göttliche Kräfte, wenn sie von einem geeigneten, echten Guru empfangen werden. Jeder Schüler eines Guru erhält bei seiner Initiation ein solches Mantra.

Bimbisāra, König von Magadha zu Zeiten des Buddha → Shākyamuni. Mit 30 Jahren hörte Bimbisāra eine Predigt des Buddha und wurde daraufhin sein Laienanhänger und ein aktiver Förderer des Buddhismus. Er schenkte dem Buddha den Bambuswald Venuvana, wo dieser sich gern und oft mit seinen Schülern aufhielt. Bimbisāra wurde von seinem Sohn → Ajātasattu getötet.

Bodh-Gayā (kurz: Gayā), eine der vier heiligen Stätten des Buddhismus, 90 km südlich von Patna gelegen. Hier erlangte der historische Buddha → Shākyamuni Vollkommene Erleuchtung, nachdem er 49 Tage lang unter dem sog. → Bodhibaum meditiert hatte. In Bodh-Gayā befindet sich der von einem ceylones. König erbaute Mahābodhi-Tempel, der noch heute, wenn auch verändert, erhalten ist. (Siehe dazu auch → Mahābody Society. Als heilige Stadt des Hinduismus → Gayā.)

Bodhi, Skrt., Pali, wörtl.: »Erwachen«.
Bodhi bezeichnet ursprünglich die Verwirklichung der vier Stufen des überweltlichen Pfades (→ Ārya-Mārga) und wird durch die Vervollkommnung der 37 zur Erleuchtung gehörenden Dinge (→ Bodhipākshika-Dharma) und die Aufhebung der Unwissenheit (→ Avidyā), d. h. durch Verwirklichung der → Vier Edlen Wahrheiten erlangt.
Im Hīnayāna wird Bodhi mit der vollkommenen Einsicht in die und Verwirklichung der Vier Edlen Wahrheiten – was die Aufhebung des Leidens bedeutet – gleichgesetzt. Hier werden drei Stufen von Erleuchtung unterschieden: die Erleuchtung eines edlen Jüngers (→ Shrāvaka), die eines Einzelerleuchteten (→ Pratyeka-Buddha) und die Erleuchtung eines Buddha (→ Samyak-Sambuddha), die vielfach mit Allwissenheit (→ Sarvajñatā) gleichgesetzt und als Mahābodhi (Große Erleuchtung) bezeichnet wird.
Im Mahāyāna hingegen wird Bodhi im wesentlichen als die auf Weisheit gegründete Einsicht in die Einheit von → Nirvāna und → Samsāra sowie von Subjekt und Objekt verstanden. Man bezeichnet es als die Verwirklichung von → Prajñā, das Innewerden der eigenen essentiellen → Buddha-Natur oder des Buddha-Wesens (→ Busshō), die Einsicht in die wesenhafte Leere (→ Shūnyatā) der Welt sowie als Allwissenheit und Erkenntnis der »Soheit« (→ Tathatā).

Bodhi-Baum *(Ficus religiosa)*, Feigenbaum, unter dem → Siddharta Gautama, der historische Buddha, Vollkommene Erleuchtung erlangte.

Bodhichitta, Skrt., wörtl.: »Erleuchtungsgeist«; das Streben oder die Erzeugung des Strebens nach Erleuchtung, einer der zentralen Gedanken des → Mahāyāna-Buddhismus. Er wird nach der tibet. Überlieferung unter zwei Aspekten gesehen: der vordergründige und der endgültige. Der vordergründige Erleuchtungsgeist selbst gliedert sich wiederum in zwei Phasen: 1. der von grenzenlosem Erbarmen genährte Vorsatz und Wunsch, zum Wohle aller Lebewesen die Erlösung (→ Nirvāna) zu erlangen; 2. das Eintreten in die eigentliche Meditation, deren Ziel die Beherrschung der angemessenen Mittel ist, um den Wunsch in die Tat umzusetzen (→ Bodhisattva).
Der endgültige Erleuchtungsgeist wird als die Einsicht in das Wahre-Wesen (→ Shūnyatā) der Phänomene aufgefaßt. Die verschiedenen Methoden zur Erzeugung des Erleuchtungsgeistes gehen vor allem auf → Atīsha zurück und gelangten über seine Lehrtradition in alle anderen Schulrichtungen des tibet. Buddhismus.

Bodhidharma, chin. P'u-t'i-ta-mo oder Ta-mo, jap. Bodaidaruma oder Daruma, um 470–543 (?); der 28. Patriarch nach → Shākyamuni Buddha in der ind. Linie und der 1. chin. Patriarch des Ch'an (→ Zen). Bodhidharma war Schüler und Dharma-Nachfolger (Hassu) des 27. Patriarchen, Prajnādhara (jap. Hannyatara), und der Meister von Hui-k'o, den er als den 2. Patriarchen des Zen in China einsetzte. Die Begebenheit, die die Übertragung des → Buddha-Dharma von Prajnādhara auf Bodhidharma markiert, wird im *Denkō-roku* folgendermaßen wiedergegeben:
»Einst fragte der 27. Patriarch, der Ehrwürdige Hannyatara: ›Unter allen Dingen, was ist von Nicht-Form?‹
Der Meister [Bodhidharma] sagte: ›Das Nicht-Entstehen ist von Nicht-Form.‹
Der Patriarch sagte: ›Unter allen Dingen, was ist das größte?‹
Der Meister sagte: ›Das Dharma-Wesen ist das größte.‹
Nachdem Bodhidharma von Prajnādhara als 28. Patriarch bestä-

tigt worden war, begab er sich der Überlieferung nach im Jahre 520 zu Schiff von Indien nach Südchina. Nach einem kurzen erfolglosen Versuch, seine Lehre dort zu verbreiten, wanderte er weiter nach Lo-yang in Nordchina und ließ sich schließlich im Shao-lin-Kloster auf dem Berg Sung-shan (jap. Sūzan oder Sūsan) nieder. Hier übte er neun Jahre lang unerschütterlich → Zazen, weshalb diese Periode als Menpeki-Kunen bekannt wurde, was soviel heißt wie »neun Jahre der Wand gegenüber«. Hier fand Hui-k'o, der spätere 2. Patriarch des Zen in China, zu ihm und wurde nach einem eindrucksvollen Beweis seines »Willens zur Wahrheit« als sein Schüler angenommen.
Die Form der meditativen Praxis, die Bodhidharma lehrte, war noch stark dem ind. Buddhismus verpflichtet. Seine Unterweisungen basierten weitgehend auf den traditionellen Sūtras des Mahāyāna-Buddhismus; besonders betonte er die Wichtigkeit des → *Lankāvatāra-Sūtra.* Das typische chin. Zen, das erst aus der Verschmelzung des von Bodhidharma vertretenen → Dhyāna-Buddhismus mit dem bodenständigen chin. Taoismus entstand und das als eine »Besondere Überlieferung außerhalb der (orthodoxen) Lehre« *(kyōge betsuden)* bezeichnet wird, entwickelte sich erst mit → Hui-neng, dem 6. Patriarchen des Zen in China, und den auf ihn folgenden großen Zen-Meistern der T'ang-Zeit. (Eine deutsche Übersetzung von Bodhidharma zugeschriebenen Texten findet sich in: *Bodhidharmas Lehre des Zen*, hrsg. v. Red Pine, Zürich 1990.)

Bodhipākshika-Dharma (Bodhipākṣika-Dharma), Skrt. (Pali: Bodhipakkhiya-Dhamma), wörtl.: »Zur Erleuchtung gehörige Dinge«; 37 zur Erlangung der Erleuchtung notwendige Bedingungen, die sich in sieben Bereiche gliedern: 1. die Vier Grundlagen der Achtsamkeit (→ Satipatthāna); 2. die → Vier Vollkommenen Anstrengungen; 3. die Vier Machtfährten (→ Riddhipāda); 4. die Fünf Wurzeln (→ Indriya); 5. die Fünf Kräfte (→ Bala); 6. die Sieben Erleuchtungsglieder (→ Bodhyanga); 7. der → Achtfache Pfad.

Bodhiruchi (Bodhiruci), nordind. buddhist. Mönch, der im Jahre 508 nach China ging, wo er gemeinsam mit Ratnamati, Buddhasanta und anderen das → *Dashabhūmika-Sutra* ins Chinesische übersetzte. Er gilt als der 1. Patriarch des nördlichen Zweiges der → Ti-lun-Richtung des frühen chin. Buddhismus.

Bodhisattva, Skrt., wörtl.: »Erleuchtungswesen«; Bodhisattva heißt im Mahāyāna-Buddhismus ein Wesen, das durch die systematische Ausübung der Tugendvollkommenheiten (→ Pāramitā) die Buddhaschaft anstrebt, jedoch solange auf das Eingehen ins vollständige Nirvāna verzichtet, bis alle Wesen erlöst sind. Die sein Handeln bestimmende Eigenschaft ist das Erbarmen (→ Karunā), getragen von höchster Einsicht und Weisheit (→ Prajñā). Ein Bodhisattva leistet tätige Hilfe und ist bereit, das Leid aller Wesen auf sich zu nehmen und karmisches Verdienst auf andere Wesen zu übertragen. Der Weg eines Bodhisattva beginnt mit dem Fassen des sog. Erleuchtungsgedankens (Bodhichitta) und dem Ablegen des Bodhisattva-Gelübdes (Pranidhāna). Die Laufbahn eines Bodhisattva ist in zehn Stufen (Bhūmi) eingeteilt. Das Bodhisattva-Ideal hat im Mahāyāna das Ideal des Hīnayāna, den → Arhat, abgelöst, dessen Streben auf die Erlangung der eigenen Erlösung gerichtet ist, da dieses als zu eng und egoistisch empfunden wurde.

Bodhisattva-Bhūmi, Skrt., wörtl.: »die Länder des Bodhisattva«; mahayanist. Werk, das → Asanga zugeschrieben wird und die Laufbahn eines Bodhisattva zum Inhalt hat (→ Bhūmi).

Bodhisattva-Gelübde → Pranidhāna

Bodhisattva-Shīla (Bodhisattva-Śīla), Skrt.; Sittlichkeitsregeln eines Bodhisattva; für die Anhänger des Mahāyāna-Buddhismus verpflichtende Regeln, die sowohl von Mönchen und Nonnen als auch von Laienanhängern eingehalten werden. Sie sind im → *Brahmajāla-Sūtra* niedergelegt, wo sich 58 Regeln finden, von denen die ersten 10 die wesentlichen sind, nämlich das Vermeiden von: 1. Töten, 2. Stehlen, 3. Unkeuschheit, 4. Lügen, 5. Genuß berauschender Mittel, 6. übler Nachrede, 7. Prahlerei, 8. Neid, 9. Groll und Übelwollen, 10. Verleumdung der Drei Kostbarkeiten (→ Triratna). Die Anhänger des Mahāyāna verpflichten sich im Rahmen der sog. Bodhisattva-Ordination, die im Anschluß an die Ordination nach hinayanist. Muster (→ Ordination) stattfindet, diese Regeln einzuhalten. Die Zeremonie beinhaltet das Annehmen der Bodhisattva-Shīla, in China außerdem das Einbrennen von Narben (→ Moxa) und die eigentliche Ordinationszeremonie, die vom Abt des Klosters geleitet wird.

Bodhyanga (Bodhyaṅga), Skrt. (Pali: Bojjhanga), wörtl.: »Erleuchtungsglieder«; sieben Faktoren, die zur Erleuchtung (→ Bodhi) führen. Sie bilden das sechste Glied der 37 zur Erleuchtung gehörenden Dinge (→ Bodhipākshika-Dharma) und umfassen: 1. Achtsamkeit (→ Smriti); 2. Unterscheiden von richtig und falsch gemäß der buddhist. Lehre; 3. Energie und Anstrengung in der Praxis (→ Vīrya); 4. Freude über die Einsicht in die Lehre (Prīti); 5. Befriedung durch das Überwinden der Leidenschaften (→ Klesha); 7. Gleichmut (→ Upekshā) und Freisein von Unterscheidungen.

Bon, tibet. → Bön

Bön, auch Bon, tibet., wörtl.: »herbeirufen, rezitieren«; im Tibetischen Buddhismus Sammelbegriff für die verschiedenen religiösen Strömungen in Tibet vor der Einführung des Buddhismus durch → Padmasambhava. Das Wort »Bönpo« bezeichnete ursprünglich Priester mit unterschiedlichen Funktionen, wie etwa die Ausübung von Divinationen oder Durchführung von Grabriten zum Schutze der Lebenden und Toten. In einer späteren Phase kam es zur Ausbildung eines theoretischen Lehrgebäudes, das maßgeblich von Fremden aus den westl. Nachbarländern beeinflußt wurde. Eine besondere Rolle spielte dabei das Reich Shang-Shung, eine gewöhnlich für das heutige Westtibet gehaltene geographische Einheit. Mit dem Beginn des 11. Jh. tritt die Bön-Schule als eine eigenständige Schulrichtung auf, die sich hauptsächlich durch den Anspruch, die Kontinuität des alten Bön zu bewahren, von den buddhist. Schulen unterscheidet. Diese noch heute existierende Schule teilt bestimmte Lehren mit den → Nyingmapas.

Bönpo, tibet. → Bön

Borobudur, berühmter → Stūpa auf Java, der etwa um das 9. Jh. errichtet wurde. Borobudur ist eine Darstellung des Erleuchtungsweges in Mandala-Form. Dieser Stūpa besteht aus fünf quadratischen, abgestuften Terrassen, auf denen sich drei kreisrunde Plattformen und ein Abschluß-Stūpa befinden. Die Wände der Terrassen sind mit Reliefs und Buddha-Figuren geschmückt, die runden Terrassen tragen insgesamt 72 Stūpas.

Bosatsu, jap. für → Bodhisattva

Brahmacharya (Brahmacarya), Skrt.; Enthaltsamkeit, Keuschheit. (Pali: Brahmacariya); heiliger Lebenswandel, das Führen eines Lebens in Einklang mit den buddhist. Sittlichkeitsregeln (→ Shīla) und vor allem in Keuschheit. Der Lebenswandel eines buddhist. Mönchs.

Brahmajāla-Sūtra, Skrt., wörtl.: »Sūtra des Netzes des Brahman«; Sūtra des Mahāyāna-Buddhismus, das die grundlegenden Lehren über die Sittlichkeit (→ Shīla) enthält und daher von besonderer Bedeutung für den chin. und jap. Buddhismus ist.
Es beinhaltet die zehn Regeln des Mahāyāna, die für jeden Anhänger verbindlich sind, nämlich das Vermeiden von: 1. Töten, 2. Stehlen, 3. Unkeuschheit, 4. Lügen, 5. Genuß berauschender Mittel, 6. übler Nachrede, 7. Prahlerei, 8. Neid, 9. Groll und Übelwollen, 10. Verleumdung der Drei Kostbarkeiten (→ Triratna). Ein Verstoß gegen diese Regeln bewirkt den Ausschluß aus dem → Sangha.

Brahma-Vihāra, Skrt., Pali, wörtl.: »Göttliche Verweilungszustände«; Inhalt einer Meditationsübung, bei der der Übende vier positive Geisteszustände in sich erweckt und sie nach allen Himmelsrichtungen ausstrahlt. Die vier Brahma-Vihāras sind: grenzenlose Güte (→ Maitrī) allen Wesen gegenüber; grenzenloses Erbarmen (→ Karunā) mit den Leidenden; grenzenlose Freude (→ Muditā) über die Errettung anderer vom Leid; grenzenloser Gleichmut (→ Upekshā) Freund und Feind gegenüber. Das Entwickeln dieser Geisteszustände erlaubt es dem Übenden, Böswilligkeit, Schadenfreude, Unzufriedenheit und Begierde zu überwinden.

Im Mahāyāna zählen die Brahma-Vihāras zu den »Tugendvollkommenheiten« (→ Pāramitā). Es sind Geisteszustände, die ein Bodhisattva benötigt, um alle Wesen zur Erlösung führen zu können. Das Praktizieren der Brahma-Vihāras soll eine Wiedergeburt im Brahmahimmel (→ Deva) bewirken. Aus dieser Auffassung erklärt sich auch ihr Name. – Die Brahma-Vihāras sind auch als vier »Unermeßlichkeiten« (Skrt. Apramāna, Pali: Appamannā) bekannt.

Buddha, Skrt., Pali, wörtl.: »der Erwachte«.
1. ein Mensch, der die zur Erlösung aus dem Kreislauf der Existenzen (→ Samsāra) führende Vollkommene Erleuchtung verwirklicht und damit die vollkommene Befreiung (→ Nirvāna) erreicht hat. Inhalt seiner, auf der Erleuchtungserfahrung basierenden Lehre sind die → »Vier Edlen Wahrheiten«. Ein Buddha hat jede Art von Gier (Trishnā) überwunden; obwohl auch er angenehme und unangenehme Empfindungen hat, wird er von ihnen nicht beherrscht und bleibt im Innern davon unberührt. Nach seinem körperlichen Tod wird er nicht mehr wiedergeboren.
Man unterscheidet zwei Arten von Buddhas: den Pratyeka-Buddha, der vollkommen erleuchtet ist, aber die Lehre nicht darlegt, und den Samyak-Sambuddha, der die von ihm aufs neue entdeckte Lehre auch zum Heile aller Wesen darlegt. Ein Samyak-Sambuddha ist allwissend (Sarvajñatā), verfügt über die zehn Kräfte eines Buddha (Dashabala) und über die → »Vier Gewißheiten«. Der Buddha unseres gegenwärtigen Zeitalters ist → Shākyamuni (siehe auch Buddha, 2.)
Shākyamuni Buddha, der historische Buddha, ist nicht der erste und einzige Buddha. Schon in frühen hinayanist. Texten werden sechs ihm in früheren Weltzeitaltern vorausgegangene Buddhas erwähnt: Vipashyin (Pali: Vipassi), Shikin (Sikhī), Vishvabhū (Vessabhū), Krakuchchanda (Kakusandha), Konagāmana und Kāshyapa (Kassapa). Der in einem künftigen Zeitalter der Wiederbelebung des → Dharma auf Shākyamuni folgende Buddha ist → Maitreya. Darüber hinaus findet man in der Literatur Hinweise auf 13 weitere Buddhas, von denen der wichtigste → Dīpamkara ist, dessen Schüler vor unendlich langer Zeit Shākyamuni in einer früheren Existenz als der Asket Sumedha war. Die Geschichten dieser legendären Buddhas sind im *Buddhavamsa*, einem Werk aus dem *Khuddaka-Nikāya*, enthalten.

2. der historische Buddha. Er wurde um das Jahr 563 v. Chr. als Sohn eines Fürsten aus dem Geschlecht der Shākyas geboren, dessen kleines Königreich im Vorgebirge des Himālaya im heutigen Nepal lag. Sein Vorname war Siddhārtha, sein Familienname Gautama, weshalb er auch als »Gautama Buddha« bezeichnet wird. (Seine Lebensgeschichte → Siddhārtha Gautama.) Während seines Lebens als wandernder Asket wurde er als »Shākyamuni«, d. h. »der schweigende Weise aus dem Geschlecht der Shākyas« bekannt. Um den historischen Buddha von den transzendenten Buddhas (siehe Buddha, 3.) zu unterscheiden, wird er i. allg. Shākyamuni Buddha oder Buddha Shākyamuni genannt.
3. das »Buddha-Prinzip«, das sich in den verschiedensten Erscheinungsformen manifestiert. Während im Hīnayāna nur die Existenz eines Buddha in jedem Zeitalter angenommen wird (wobei dieser als irdisches Wesen und Lehrer der Menschen angesehen wird), gibt es für das Mahāyāna unzählige transzendente Buddhas. Nach der mahayanist. Trikāya-Lehre manifestiert sich das Buddha-Prinzip in drei hauptsächlichen Formen, den sog. Drei Körpern (→ Trikāya), wobei die transzendenten Buddhas Verkörperungen verschiedener Aspekte des Buddha-Prinzips darstellen.
4. ein Synonym für das Absolute, die form-, farb- und in jeder anderen Hinsicht eigenschaftslose Letzte Wirklichkeit, das Buddha-Wesen (auch Buddha-Natur). Wird im Zen die Frage gestellt »Was ist Buddha?«, so ist das weder eine Frage nach historischen Daten über einen irdischen Buddha, noch eine Frage nach den philosoph. und psycholog. Feinheiten der Trikāya-Lehre, sondern eine Frage nach der ewigen, d. h. zeitlosen Wahrheit des Buddha-Wesens.

Buddhabhadra, 359–429, aus Kaschmir gebürtiger Mönch der → Sarvāstivāda-Schule. 409 ging Buddhabhadra nach China, wo er, zum Teil gemeinsam mit → Fa-hsien, bedeutende Werke der mahayanist. Sanskrit-Literatur ins Chinesische übersetzte.

Buddha-Charita, Skrt., wörtl.: »der Lebenslauf des Buddha«; dichterisches Werk des → Ashvaghosha. Es ist die erste vollständige Lebensgeschichte des Buddha → Shākyamuni von seiner Geburt bis zum Parinirvāna. Das *Buddha-Charita* bestand ursprünglich aus 28 Liedern, wovon nur 13 in Skrt. erhalten sind. Es existiert auch in einer tibet. Übersetzung.

Buddhadatta, Gelehrter des → Theravāda, der im 4.–5. Jh. lebte. Er war tamilischer Abstammung und wurde in Uragapura auf Ceylon geboren, wo er nach längeren Reisen in die Hauptstadt Anurādhapura seine Werke schrieb. Buddhadatta verfaßte Kommentare zum → Vinaya-Pitaka und zum *Buddhavamsa* (→ *Khuddaka-Nikāya*), sowie das *Abhidhammāvtāra* und das *Rūpārūpa-Vibhāga,* beides Handbücher zum → Abhidharma, die die Lehre des Theravāda in knapper, klarer Weise darlegen.

Buddha-Dharma, Skrt. (jap. Buppō); das »Buddha-Gesetz«, die »Buddha-Lehre«, die »Buddha-Ordnung« – allgemein die Lehre des historischen Buddha → Shākyamuni, die auf Erleuchtung beruht und zu dieser hinführen soll. Als solche ein Synonym für »Buddhismus«. Im Zen wird Buddha-Dharma (Buppō) nicht im Sinne einer Lehre verstanden, die begrifflich, also durch Schriften und mündliche Erklärungen, übermittelt werden kann, sondern als die begrifflich unfaßbare essentielle Wahrheit, aus deren Erfahrung die Lehre des Buddha entsprang und die nur unmittelbarem Begreifen in eigener Erleuchtungserfahrung zugänglich ist.

Buddhaghosha (Buddhaghoṣa), Pali, Skrt., wörtl.: »Stimme des Buddha«; Gelehrter der → Theravāda-Schule. Er wurde gegen Ende des 4. Jh. in Magadha bei → Bodh-Gayā in eine Brahmanenfamilie geboren. Nach der Lektüre buddhist. Texte bekehrte er sich zum Buddhismus und ging nach Ceylon, wo er im Kloster Mahāvihāra unter Anleitung des Mönchs Sanghapala Thera die theravadische Lehre studierte. In Anurādhapura schrieb er 19 Kommentare zu kanonischen Werken, u. a. zum → Vinaya-Pitaka und zu den → Nikāyas, zum *Dhammasangani* und *Vibhanga* des → Abhidharma. Als sein Hauptwerk gilt das → *Visuddhi-Magga* (»Weg der Reinheit«), das eine vollständige Darstellung der im Kloster Mahāvihāra vertretenen Theravāda-Lehre ist.

Buddhakula, Skrt., wörtl.: »Buddha-Familie«; die fünf grundlegenden Qualitäten des Sambhogakāya (→ Trikāya), die im Mandala der fünf → Tathāgatas zur Entfaltung kommen. Sie verkörpern die Eigenschaften von fünf verschiedenen Aspekten der Weisheit (→ Prajñā), manifestieren sich jedoch nicht nur als positive Energien, sondern kommen auch als negative Geisteshaltungen zum Tragen. Da ein jedes Phänomen eine dieser fünf Qualitäten aufweist, werden sie als »Familien« bezeichnet, denen alle Phänomene zuzuordnen sind. Es ist dies ein im → Vajrayāna vielfältig angewandtes Ordnungsprinzip, auf dem die gesamte Ikonographie und Symbolik basiert. Die Typologie der fünf Buddha-Familien bildet auch die Grundstruktur der im → Sādhana visualisierten Gottheiten. Die »Herren« der fünf Familien sind: Vairochana, Akshobhya, Ratnasambhava, Amitābha und Amoghasiddhi (siehe dort).

Buddha-Natur (Skrt.: Buddhatā); nach mahayanist. Auffassung die wahre unveränderliche und ewige Natur aller Wesen. Da alle Wesen diese Buddha-Natur besitzen, ist es ihnen möglich, Erleuchtung zu erlangen und ein Buddha zu werden, unabhängig davon, auf welcher Ebene der Existenzen sie sich befinden.
Die Auffassungen über das Wesen der Buddha-Natur variieren von Schule zu Schule; es besteht Uneinigkeit darüber, ob tatsächlich alle Wesen und auch Unbelebtes Buddha-Natur besitzen.

Buddhapālita → Mādhyamika

Buddhaschaft, Ausdruck für die Verwirklichung der Vollkommenen Erleuchtung, die einen → Buddha auszeichnet. Das »Erlangen« der Bhuddaschaft ist das Geburtsrecht und höchste Ziel aller Lebewesen. Nach den höchsten Lehren des Buddhismus, wie sie z. B. im Zen formuliert sind, hat oder, richtiger noch, *ist* jedes Lebewesen und jedes Ding immer schon Buddha-Natur oder Buddha-Wesen (jap. → Busshō); die Buddhaschaft kann demnach nicht »erlangt« weren – es gilt vielmehr nur das Gegebensein dieser Ur-Vollkommenheit zu erfahren und im Alltag zu verwirklichen.

Buddhas der drei Zeiten, Buddhas der Vergangenheit, Gegenwart und Zukunft, nämlich Kāshyapa, → Shākyamuni und → Maitreya. Bei bildlichen Darstellungen der Buddhas der drei Zeiten ist zumeist → Dīpamkara der Buddha der Vergangenheit.

Buddha-Shāsana (Buddha-Śāsana), Skrt. (Pali: Buddha-Sāsana); Buddha-Disziplin, Lehre des Buddha. In Asien gebräuchlicher Terminus für die buddhist. Religion, der die Lehre, die Sittlichkeitsregeln (→ Shīla), Verehrungs- und Meditationspraktiken, die alle auf den Buddha selbst zurückgehen sollen, umfaßt. Im engeren Sinn bezeichnet Buddha-Shāsana im → Theravāda die neun Formen, in denen die Botschaft des Buddha enthalten ist: Sūtras; mit Versen vermischte Prosa; Verse (Gāthā); feierliche Aussprüche (Udāna); Geschichten über frühere Existenzen des Buddha (Jātaka); Worte des Meisters (Itivuttaka); außergewöhnliche Dinge; Analysen.

Buddhatā, Skrt. → Buddha-Natur

Buddhavamsa, Skrt. → *Khuddaka-Nikāya*

Buddhāvatamsaka-Sūtra (Buddhāvataṃsaka-Sūtra), kurz: *Avatamsaka-Sūtra*, Skrt., wörtl.: »Sūtra der Buddha-Girlande«; mahayanist. Sūtra, das die Grundlage der Lehren der chin. Hua-yen-(jap. Kegon-)Schule bildet, welche vor allem die Lehre von der »gegenseitigen ungehinderten Durchdringung« aller Dinge hervorhebt. Außerdem lehrt es, daß der menschliche Geist das Universum selbst und identisch mit dem Buddha ist – ja daß Buddha, Geist und alle Lebewesen und Dinge ein und dasselbe sind. Dieser Aspekt der mahayanist. Lehre wurde besonders von der chin. Ch'an-(jap. Zen-)Schule betont, weshalb das *Avatamsaka-Sūtra* auch hier häufig zitiert wird.

Buddhismus, die Religion des Erwachten (→ Buddha, → Buddha-Dharma); eine der drei großen Weltreligionen. Sie wurde im 6.–5. Jh. v. Chr. von dem historischen Buddha → Shākyamuni begründet. Als Antwort auf die Frage nach der Ursache der Verstrickung der Wesen in den Daseinskreislauf (→ Samsāra) und den Möglichkeiten ihrer Aufhebung – die zentrale Frage der ind. Philosophie zu Buddhas Zeiten – verkündete er die → Vier Edlen Wahrheiten, die den Kern seiner Lehre ausmachen und die er im Augenblick der Erleuchtung (→ Bodhi) erkannt hat.
Das Leben wird vom Buddha als vergänglich (→ Anitya), nichtwesenhaft (→ Anātman, → Skandha) und daher leidhaft

(→ Duhkha) angesehen. Die Erkenntnis dieser Drei Merkmale des Daseins (→ Trilakshana) stellt den Anfang des buddhist. Weges dar. Die Leidhaftigkeit des Daseins ist bedingt durch Begehren (→ Trishnā) und Unwissenheit (→ Avidyā), durch deren Aufhebung eine Befreiung aus dem Samsāra erreicht werden kann. Diese Verstrickung der Wesen im Daseinskreislauf wird im Buddhismus durch die Kette des Bedingten Entstehens (→ Pratītya-Samutpāda) erklärt. Das Beenden des Kreislaufs bedeutet das Verwirklichen des → Nirvāna.

Der Weg dazu ist gemäß den Vier Edlen Wahrheiten der → Achtfache Pfad, der die Schulung in Sittlichkeit (→ Shīla), Meditation (→ Samādhi, → Dhyāna), Weisheit und Einsicht (→ Prajñā) umfaßt.

Diese Grundgedanken des Buddhismus finden sich in allen buddhist. Schulen wieder, werden aber unterschiedlich interpretiert und liefern die Basis für die komplexen philosoph. Systeme des Buddhismus.

Die buddhist. Lehren sind im → Tripitaka zusammengefaßt. Die buddhist. Gemeinschaft (→ Sangha) besteht aus Mönchen und Nonnen (→ Bhikshu, → Bhikshunī) sowie Laienanhängern (→ Upāsaka).

Die geschichtliche Entwicklung des Buddhismus kann in vier große Phasen eingeteilt werden:

1. Mitte 6.–Mitte 5. Jh. v. Chr.: Phase des Ur-Buddhismus, in der die Lehre vom Buddha verkündet und von seinen Schülern weiter verbreitet wurde.
2. ab Mitte 4. Jh. v. Chr.: Phase der Spaltung in verschiedene Schulen aufgrund von unterschiedlichen Auslegungen der Lehre (→ Hīnayāna, → Konzile).
3. ab 1. Jh. n. Chr.: Aufkommen des → Mahāyāna mit den zwei großen Strömungen des → Mādhyamaka und → Yogāchāra.
4. nach dem 7. Jh.: Entstehung des buddhist. Tantrismus (→ Tibetischer Buddhismus, → Vajrayāna, → Tantra).

Nach dem 13. Jh. ist der Buddhismus in seinem Ursprungsland Indien praktisch erloschen.

Ab ca. dem 3. Jh. kommt es zur Verbreitung des Buddhismus in Gebieten außerhalb Indiens, wo er sich jeweils den lokalen Gegebenheiten anpaßt. Heute ist das Hīnayāna mit der Schule des → Theravāda in Ceylon (Sri Lanka), Thailand, Burma und Kam-

bodscha verbreitet, das Mahāyāna in China, Japan, Vietnam und Korea, das Vajrayāna in Tibet, der Mongolei und Japan.
Über die Zahl der Buddhisten in der Welt lassen sich keine genaueren Angaben (150–500 Millionen) machen, da die Zugehörigkeit zum Buddhismus nicht diejenige zu anderen Religionen ausschließt.
Buddhismus in Burma: Der Überlieferung nach soll Burma während der Herrschaft des Königs → Ashoka (3. Jh. v. Chr.) mit dem Buddhismus in Kontakt gekommen sein. Einer anderen Tradition nach soll der Buddhismus noch zu Zeiten des Buddha von zwei Kaufleuten nach Burma gebracht worden sein; diese sollen Haare des Buddha, die noch heute in der Shwe-Dagon-Pagode in Rangun aufbewahrt werden, aus Indien mitgebracht haben.
Ab dem 5. Jh. gibt es Beweise für ein blühendes buddhist. Leben in Burma. Der Theravāda und eine Schule, die sich des Skrt. bediente, wahrscheinlich die des → Sarvāstivāda, lassen sich nachweisen. Im 7. Jh. haben sowohl Hīnayāna als auch Mahāyāna (vor allem im Norden) nebeneinander existiert. Im folgenden Jahrhundert drang der buddhist. Tantrismus nach Burma ein. Im 11. Jh. wurde das ganze Land unter der Herrschaft des Königs Anaratha zum Theravāda bekehrt, was das Ende des Mahāyāna in Burma bedeutete. Langsam assimilierte der Theravāda auch den urspr. Volksglauben an »Nats« genannte Geister und wandelte ihn in buddhist. Sinne um.
Pagan im Norden des Landes wurde das Zentrum des Buddhismus. Burma unterhielt intensive Kontakte mit Ceylon, wo gegen Ende des 12. Jh. der im Kloster Mahāvihāra praktizierte Buddhismus als verbindlich für alle Buddhisten Ceylons erklärt wurde. Dies wirkte sich auf den birman. Buddhismus negativ aus, da nach Meinung birman. Mönche, die sich in Ceylon aufgehalten hatten, nur die von den Mönchen des Mahāvihāra vollzogene Ordination Gültigkeit hatte. Dies stieß auf Widerstand innerhalb des Sangha in Burma und hatte die Spaltung der Gemeinde in mehrere rivalisierende Gruppen zur Folge. Im 15. Jh. einigte der König Dhammacheti die birman. Gemeinschaft im Zeichen der Lehre des Klosters Mahāvihāra. Damit ist diese Form des Theravāda die bis heute vorherrschende Form des Buddhismus in Burma geworden.
Die Eroberung des Landes durch die Engländer im 19. Jh. zog die

traditionelle Ordnung des Sangha schwer in Mitleidenschaft. Erst nach Wiedererlangung der Unabhängigkeit im Jahre 1947 konnten die alten Strukturen durch staatliche Förderung wiederhergestellt werden.
1956 fand in Rangun ein Konzil statt, auf dem der vollständige Text des Tripitaka rezitiert wurde. Heute bekennen sich ungefähr 85 % der Bevölkerung Burmas zum Buddhismus, der die offizielle Religion des Landes ist.
Buddhismus in Ceylon: Der Überlieferung nach soll der Buddhismus um 250 v. Chr. von → Mahinda und Sanghamitta, den Kindern des Königs Ashoka, von Indien nach Ceylon gebracht worden sein. Der König von Ceylon, Devanampiya Tissa, wurde selbst Buddhist und errichtete das Kloster Mahāvihāra, wo er den Zweig des → Bodhi-Baums aufbewahrte, den Mahinda und seine Schwester mitgebracht hatten. Dieses Kloster blieb während vieler Jahrhunderte das Zentrum des orthodoxen Theravāda.
Im Laufe der Zeit bildeten sich verschiedene Schulen heraus, unter denen zum Teil sehr heftige Rivalitäten bestanden, die manche Könige durch Einberufen von Synoden oder Verfolgung bestimmter Schulen beenden wollten. Die Hauptgegner waren die Mönche des Mahāvihāra einerseits und die des Abhayagirivihāra und Jetavanavihāra andererseits. Letztere standen unter dem Einfluß ind. Schulen; es konnten auch Spuren des Mahāyāna und des buddhist. Tantrismus nachgewiesen werden. Doch gewann der Theravāda die Oberhand, wozu auch → Buddhaghosha, einer der größten Gelehrten des Theravāda, entscheidend beitrug. Sein Werk prägt bis heute den ceylones. Buddhismus. Die Vielfältigkeit des Buddhismus auf Ceylon fand im 12. Jh. ein jähes Ende, als König Parakkambahu I. eine Synode einberief und alle feindseligen Schulen zwang, sich den Lehren des Mahāvihāra anzuschließen.
Die Ankunft der Portugiesen auf Ceylon im 16. Jh., die den Katholizismus mit Gewalt einzuführen versuchten, und der Holländer im 17. Jh. erweckte die nationalen Gefühle und bewirkte eine Stärkung des im Zerfall begriffenen Buddhismus.
Einige Könige ergriffen Maßnahmen, um dem Buddhismus neue Impulse zu verleihen: sie sandten Delegationen nach Burma (Ende 17. Jh.) und Thailand (18. Jh.), um dort Unterstützung zu suchen. In der Folge führten birman. Mönche Reformen innerhalb

des ceylones. Sangha durch; thailänd. Mönche strukturierten ihn um, führten allerdings ein aristokratisches Auswahlprinzip ein, was den Widerstand weiter Schichten der Bevölkerung weckte, aber trotzdem eine der Hauptrichtungen des ceylones. Buddhismus begründete.
1802 entstand ein weiterer Zweig des Sangha, Amarapura, dessen Mitglieder aus einfachen Schichten der Bevölkerung stammten. Dieser geht auf den Einfluß birman. Mönche zurück. Beide Richtungen bestehen bis heute; die thailändisch inspirierte ist die stärkere.
Aus jüngerer Zeit stammt eine dritte Strömung, die birman. Ursprungs ist und sich durch ihre besondere Strenge auszeichnet. – Im 19. Jh. befand sich der Buddhismus in Ceylon auf seinem Tiefpunkt; zu seiner Wiederbelebung trugen entscheidend westliche Buddhisten bei, die neue Zentren und Organisationen bildeten (→ Mahābodhi-Society).
Bei Erlangung der Unabhängigkeit im Jahre 1948 war der Buddhismus wieder die treibende Kraft der ceylones. Kultur und übt heute einen beachtlichen Einfluß in anderen asiatischen, aber auch westlichen Ländern aus.
Buddhismus in China: Nach chin. Überlieferung drang der Buddhismus im Jahre 2 n. Chr. von Zentralasien kommend in China ein. Anfänglich wurde er als eine Spielart des Taoismus angesehen und mit Lao-tzu in Verbindung gebracht. Dieser soll auf einem Ochsen reitend China verlassen haben, um den »Barbaren« im Westen seine Lehre zu bringen. Der Buddhismus wurde also als die barbarische Version des Taoismus verstanden. Diese Gleichsetzung von Taoismus und Buddhismus beruhte wahrscheinlich darauf, daß beide Religionen eine Erlösungslehre darstellen und die Unterschiede zwischen beiden in dieser frühen Phase nicht erkannt wurden. Ein Grund dafür war, daß die chin. Sprache keine adäquaten Begriffe für die abstrakten Gedanken des Buddhismus kannte und daher bei der Übersetzung von → Sūtras auf die Terminologie des Taoismus zurückgreifen mußte. Die Verwendung vertrauter Begriffe trug wesentlich zur Verbreitung des Buddhismus in China bei.
Im 3. Jh. begann eine rege Übersetzungstätigkeit; die wichtigsten Sanskrit-Texte wurden ins Chinesische übertragen. Die bedeutendsten Vertreter dieser Periode sind → An Shih-kao, der vor

allem hinayanist. Sūtras übersetzte, und Chih-lou Chia-ch'an, der sich der Übertragung mayhayanist. Werke widmete.
Im Jahre 355 wurde es Chinesen offiziell gestattet, dem buddhist. Sangha beizutreten, was die Verwurzelung des Buddhismus in China entscheidend förderte. Im 4. Jh. entstanden die verschiedenen Prajñāpāramitā-Schulen (→ Sechs Häuser und Sieben Schulen), deren wichtigster Vertreter → Chih-tun war. 399 reiste → Fa-hsien als erster chin. Pilger nach Indien; eine Reihe anderer sollte folgen (→ Hsüan-tsang, → I-ching).
Im 5. und 6. Jh. fand der Buddhismus im gesamten chin. Gebiet Verbreitung und wurde vom Herrscherhaus unterstützt, das den Bau von Klöstern und das Studium der Lehre förderte. Zu dieser Zeit entstanden die berühmten Höhlentempel von → Yün-kang und → Lung-men. In den Jahren 446 und 574–577 kam es zweimal zu Verfolgungen des Buddhismus, die aber seinen Aufschwung nicht beeinträchtigten. Die Übersetzungen von Sūtras erreichten dank der Arbeit von → Kumārajīva und → Paramārtha ein sehr hohes Niveau; zu dieser Zeit existierten bereits alle wichtigen Texte des Hīnayāna und Mahāyāna in chin. Sprache. Die für die Entwicklung der buddhist. Philosophie bedeutendsten waren das → *Lankāvatāra-Sūtra sowie das* → *Mahāparinirvāna-Sūtra* und das → *Satyasiddhi,* unter deren Einfluß sich die → San-lun-, → Satyasiddhi- und → Nirvāna-Schulen herausbildeten.
In der Sui- und T'ang-Dynastie (Ende 6.–Anfang 10. Jh.) erreichte der Buddhismus in China seine Hochblüte. Es entstanden die großen Schulen des chin. Buddhismus: → Hua-yen-, → T'ien-t'ai-, Ch'an- (→ Zen), → Reines-Land-, → Fa-hsiang-Schule; die bedeutendsten Vertreter des Buddhismus dieser Periode waren Hsüan-tsang, → Chih-i, → Tu-shun.
Die Klöster wurden wirtschaftlich so mächtig, daß sie eine Bedrohung für das Herrscherhaus darstellten. Da die Klöster von Steuerzahlungen befreit waren, schenkten viele Bauern ihren Besitz den Klöstern und pachteten das Land. So konnten sie Zwangsarbeit und Militärdienst entgehen, während die Klöster immer reicher wurden. 845 kam es deshalb zu einer weiteren Verfolgung des Buddhismus: die Klöster wurden aufgelöst, Mönche und Nonnen zur Rückkehr ins weltliche Leben gezwungen. Von diesem Schlag erholte sich der Buddhismus in

China nie mehr ganz, doch hatte er bereits auf allen Gebieten der chin. Kultur unauslöschliche Spuren hinterlassen.
In der Sung-Dynastie (10.–13. Jh.) erfolgte eine Verschmelzung von buddhist. mit konfuzianist. und taoist. Gedankengut; von den vielen Schulen des Buddhismus waren auf breiter Basis nur noch die des Ch'an (Zen) und des Reinen Landes von Bedeutung, die übrigen wurden im wesentlichen Objekt buddhist.-philosoph. Studien. Unter der Ming-Dynastie (14.–17. Jh.) kam es durch → Chu-hung zu einer Synthese der Ch'an- und der Reines-Land-Schule, und es entwickelte sich eine starke buddhist. Laienbewegung.
Unter der mandschurischen Ch'ing-Dynastie (17.–Anfang 20. Jh.) erlebte der → Lamaismus einen großen Aufschwung, doch machte sich bald eine stark dekadente Tendenz bemerkbar. Der Buddhismus des 20. Jh. ist charakterisiert durch das Bestreben nach Reformierung (→ T'ai-hsü) und Anpassung an die moderne Zeit. – Unter kommunist. Herrschaft blieb die »Religionsfreiheit« nominell bestehen, was von den Parteifunktionären aber dahingehend ausgelegt wurde, daß die Bürger nicht die Freiheit haben, etwas zu glauben, was in Gegensatz zu den Grundsätzen der kommunist. Politik steht. Es war den Buddhisten gestattet, innerhalb der Klöster ihre Aktivitäten fortzusetzen. Während der Bodenreform der Jahre 1950–52 wurden die meisten Klöster enteignet, die Mönche, denen ihre Lebensgrundlage entzogen war, kehrten zum Großteil wieder ins weltliche Leben zurück. Nach 1957 fanden keine Ordinationen mehr statt.
1953 wurde die Chinesische Buddhistische Vereinigung gegründet, deren Aufgabe darin besteht, die Direktiven der Regierung an die Buddhisten weiterzugeben und über deren Aktivitäten zu berichten. 1956 wurde in Peking das Chinesische Buddhistische Institut gegründet, dessen Lehrplan auch politische Schulung umfaßt. Seine Aufgabe besteht darin, buddhist. Gelehrte und Klosterverwalter auszubilden.
Während der Kulturrevolution (1966–1976) wurden zahlreiche Klöster und andere buddhist. Denkmäler zerstört; die letzten noch verbliebenen Mönche verließen die Klöster. Nach dem Ende der Kulturrevolution wurden die noch existierenden bedeutenden Klöster renoviert; die Mönche konnten in beschränktem Ausmaß wieder dorthin zurückkehren. Die Chinesische Buddhi-

stische Vereinigung nahm ihre Tätigkeit wieder auf; in allen Provinzen wurden lokale Vereinigungen geschaffen. Die Chinesischen Buddhistischen Institute in Peking und in anderen großen Städten bilden wieder Mönche in buddhist. Philosophie aus; diese übernehmen nach Abschluß des dreijährigen Studiums leitende Positionen in den Klöstern.
Seit 1981 erscheint die Zeitschrift *Fa-yin* (»Stimme der Lehre«), die die Aufgabe hat, die Regierung bei der Durchführung ihrer Religionspolitik zu unterstützen, die aber auch praktische Anweisungen für die buddhist. Praxis gibt und Probleme der buddhist. Philosophie erörtert.
In Taiwan ist der Buddhismus vor allem in seiner populären Form der Reines-Land-Schule lebendig, daneben besteht aber auch reges Interesse an der Schule des Ch'an. Außer diesem »orthodoxen« Buddhismus gibt es auf Taiwan aber auch einen Volksbuddhismus, der unter der Bezeichnung »Chai-chiao« (»Religion der Vegetarier«) bekannt ist und taoist. und konfuzianist. Elemente miteinbezieht. Die Anhänger sind Laien und tragen weiße Gewänder. Auch auf Taiwan gibt es starke Erneuerungsbewegungen, die den Buddhismus der modernen Zeit anpassen wollen und daher vor allem seine »Wissenschaftlichkeit« betonen.
Buddhismus in Indonesien: Die ersten Spuren des Buddhismus in Indonesien lassen sich anhand von Buddha-Statuen bis ins 3. Jh. n. Chr. zurückverfolgen. Nach Berichten des chin. Pilgers Fahsien, der 418 Indonesien bereiste, war der Buddhismus dort noch sehr wenig entwickelt, doch schon Ende des 5. Jh. sind beträchtliche Fortschritte feststellbar, die auf das Wirken ind. Mönche zurückgingen. Im 7. Jh. waren Sumatra und Java bereits bedeutende Studienzentren des Buddhismus, wie aus Berichten von I-ching hervorgeht. Die vorherrschende Strömung war das Mahāyāna; daneben bestanden aber auch hinayanist. Gemeinschaften, die wahrscheinlich der Schule des Sarvāstivāda angehörten. Im 8. Jh. nahm das Mahāyāna unter der buddhist. Dynastie der Shailendra einen großen Aufschwung. Zu dieser Zeit wurde auch der berühmte Stūpa von → Borobudur errichtet. Gegen Ende des 8. Jh. fand der buddhist. Tantrismus in Indonesien Verbreitung. Das Mahāyāna und speziell der Tantrismus bestanden bis ins 15. Jh. Inschriften bezeugen, daß König Ādityavarman (Mitte 14. Jh.) ein Anhänger des → Kālachakra war und als Verkörpe-

rung von → Lokeshvara galt. Zu dieser Zeit pflegte Indonesien rege Kontakte mit Indien, u. a. mit der Klosteruniversität → Nālandā. Auf Sumatra und Java kam es zu einer Verschmelzung von buddhist. Tantrismus, Shiva- und Königskult.
Mit dem Eindringen des Islam verschwand der Buddhismus aus Sumatra am Ende des 14. Jh., aus Java im frühen 15. Jh., und in den folgenden Jh. aus ganz Indonesien. Heute bestehen nur kleinere buddhist. Enklaven, außerdem sind die eingewanderten Chinesen zum großen Teil Buddhisten. Allerdings gibt es auch Tendenzen, den Buddhismus in Indonesien neu zu beleben.
Buddhismus in Japan: Hier wurde der Buddhismus im Jahre 522 von Korea kommend eingeführt. Anfangs stieß er als eine fremde Religion auf Widerstand, wurde aber 585 von Kaiser Yomei anerkannt. Während der Regierungszeit von Prinz Shōtoku (593–621) war der Buddhismus die offizielle Religion Japans: Shōtoku verordnete 594 per Dekret, die Drei Kostbarkeiten (→ Triratna) zu verehren. Er förderte das Studium buddhist. Schriften, verfaßte selbst wichtige Kommentare zu einigen Sūtras und ließ Klöster errichten. Er gründete u. a. das berühmte Kloster Hōryū-ji in Nara. Chin. und korean. Mönche wurden als Lehrer eingeladen, und die ersten Japaner traten der buddhist. Gemeinschaft bei. Während dieser frühen Periode war vor allem die → Sanron-Schule verbreitet.
Während der Nara-Zeit (710–794) existierten bereits sechs buddhist. Schulen in Japan, die von China übernommen und im 9. Jh. offiziell anerkannt wurden: die → Kosha-, → Hossō-, Sanron-, → Jōjitsu-, → Ritsu- und → Kegon-Schule. Der Buddhismus war auch im Kaiserhaus fest verankert, das besonders die Lehren der Kegon-Schule zur Grundlage seiner Regierung machte. Von großer Bedeutung war das → *Sūtra des Goldenen Lichtes.* Aus dieser Zeit stammen die berühmtesten Klöster in Nara. Während der Heian-Zeit (794–1184) gewannen die → Tendai- und die → Shingon-Schule an Einfluß und wurden die beherrschende Form des Buddhismus in Japan. Die Verbindungen der Mönche zum Kaiserhaus gestalteten sich immer enger; der Buddhismus wurde de facto zur Staatsreligion.
Um die Mitte des 10. Jh. begann sich der → Amidismus auszubreiten, der sich in der Kamakura-Zeit (1185–1333) in der → Jōdo-shū und → Jōdo-shinshū organisierte. 1191 kam das → Zen

nach Japan, das bis heute die vitalste Form des jap. Buddhismus geblieben ist. Zwei Schulen des Zen sind von besonderer Bedeutung: → Sōtō und → Rinzai.
Im 13. Jh. entstand die → Nichiren-Schule. In den folgenden Jahrhunderten kam es, u. a. auch aufgrund der politischen Situation, zu keinen wesentlichen Neuentwicklungen im jap. Buddhismus.
Im 19. Jh. wurde der → Shintoismus zur Staatsreligion erhoben. Erst seit dem 2. Weltkrieg sind in Japan deutliche Anzeichen einer Renaissance des Buddhismus zu spüren. Es entstanden eine Reihe von buddhist. Volksbewegungen wie → Sōka Gakkai, → Risshō Koseikai, → Nipponzan Myōhōji, die dank ihres Bemühens um eine Anpassung des Buddhismus an die moderne Zeit über eine sehr große Anhängerschaft verfügen.
Buddhismus in Kambodscha: Diese Region hat im 3. Jh. n. Chr. den Buddhismus der Sanskrit-Tradition, wahrscheinlich den der Schule des Sarvāstivāda gekannt, der im 5. und 6. Jh. seinen Höhepunkt erreichte. Eine in der Nähe von → Angkor Wat gefundene Inschrift aus dem Jahre 791 bezeugt die Existenz des Mahāyāna in Kambodscha, das auch unter dem Einfluß des Shiva-Kultes stand. Die Synthese, die sich aus der Vermischung beider Religionen ergab, ist charakterisiert durch den Kult des Bodhisattva Lokeshvara, einer Verbindung des Avalokiteshvara mit Shiva. Die Könige Kambodschas galten als Inkarnationen des Lokeshvara. In der Folge scheint das shivaistische Element ausgeschaltet worden zu sein, doch kam es am Ende des 13. Jh. zu einem Aufschwung des Shiva-Kultes, im Zuge dessen der buddhist. Sangha schweren Verfolgungen ausgesetzt war.
Aus Berichten chin. Pilger geht hervor, daß zu dieser Zeit der Theravāda mit zahlreichen Anhängern vertreten war, während das Mahāyāna an Einfluß verlor. Die erste Inschrift in Pali stammt aus dem Jahre 1309 und beweist, daß der Theravāda im Schutze des Königshauses stand. Er ist seitdem die in Kambodscha herrschende Form des Buddhismus. Gegen Ende des 19. Jh. faßte die thailänd. Schule der Dhammayut in Kambodscha Fuß.
Buddhismus in Korea. Der Buddhismus drang im 4. Jh. n. Chr. von China kommend in Korea ein. Er erlebte seine einzige Hochblüte zwischen dem 6. und 9. Jh. während der Drei Königreiche von Koguryo, Paekche und Silla und dem geeinigten Reich von

Groß-Silla (668–935). Zu dieser Zeit faßten die wichtigsten Schulen des chin. Buddhismus in Korea Fuß; von besonderer Bedeutung waren die Schulen des Ch'an (jap. → Zen), → Hua-yen und des esoterischen Buddhismus (→ Mi-tsung, → Shingon). Auch die Lehren des → *Prajñāpāramitā-Sūtra* waren schon früh in Korea bekannt. Aus dieser Zeit stammen die bedeutendsten buddhist. Kunstschätze Koreas.

Während der Yi-Dynastie (1392–1910) wurde der Konfuzianismus zur Staatsreligion erhoben, die buddhist. Mönche waren gezwungen, sich in die Berge zurückzuziehen. Damit verlor der Buddhismus an Einfluß im Volk. Erst nach dem Ende der jap. Herrschaft (1945) setzte eine Wiederbelebung des Buddhismus ein, und es kam zur Entstehung neuer Bewegungen innerhalb des Buddhismus (→ Won-Buddhismus).

Im heutigen Südkorea kennt man keine Unterscheidung der Lehren nach Schulen im eigentlichen Sinn. In den Klöstern werden nebeneinander die Meditation der Rinzai-Schule des Zen, das Rezitieren von Buddha Amitābhas Namen (→ Nembutsu, → Reines-Land-Schule) und Sūtra-Lesen praktiziert. Das Rezitieren von → Dhāranīs ist ebenfalls verbreitet; es geht auf den im Mittelalter vorherrschenden Tantrismus zurück. Unter den Intellektuellen ist die Zen-Meditation am beliebtesten, in ländlichen Gebieten herrscht die Praxis des Rezitierens von Buddhas Namen vor.

In Korea wurden ebenfalls Elemente der alten autochthonen Religion in den Buddhismus aufgenommen. Mythologische Gestalten wie Berggott, Tiger und die Gottheit des Siebengestirns finden sich auf dem Lande auch in den buddhist. Tempeln. Ihre Verehrung wird von den Gläubigen als Teil ihrer religiösen Praxis aufgefaßt.

Buddhismus in Thailand: Über die Anfänge des Buddhismus im Bereich des heutigen Thailand ist wenig bekannt. Archäologische Quellen lassen darauf schließen, daß er im 6. Jh. n. Chr. aus Burma nach Thailand kam. Der anfangs dort verbreitete Buddhismus gehörte dem Hīnayāna an. Zwischen dem 8. und 13. Jh. scheint das Mahāyāna vorherrschend gewesen zu sein, wie aus Buddha-Bildnissen dieser Zeit hervorgeht. Zwischen dem 11. und 14. Jh. waren weite Teile Thailands von den hinduist. Khmer beherrscht. Im 13. Jh. verbreiteten die Thai-Könige den Theravāda. Beziehungen zu Ceylon stärkten den Einfluß dieser Schule, die zur dominierenden Form des Buddhismus wurde. 1782 wurde vom König ein Konzil einberufen, bei dem das gesamte Tripitaka überprüft wurde. Im 19. Jh. war mit Mongkut (Rama IV.) ein König an der Macht, der bei seiner Thronbesteigung selbst Mönch war und die Grundlagen für den modernen Buddhismus legte, indem er eine Reformbewegung innerhalb des buddhist. Sangha initiierte. Er begründete die Richtung der Dhammayut, die besonderes Gewicht auf die Einhaltung der → Vinaya-Regeln legt. Die Dhammayuts zählen bis heute die meisten Anhänger. König Chulalangkorn (reg. 1868–1910) ließ eine Ausgabe des Pali-Kanons veröffentlichen, die eine der bedeutendsten und vollständigsten ist. Später kam es zu weiteren Reformen, und der Buddhismus wurde der Oberherrschaft des Kaisers unterstellt, der selbst den sog. Sangharāja, das Oberhaupt der buddhist. Gemeinde, nominiert. Heute gehören 95% der Bevölkerung dem Buddhismus an.

Bukkyô, jap., wörtl.: »Buddha-Lehre«; der Buddhismus, → Buddha-Dharma

Buppō, jap. für → Buddha-Dharma

Butsu, jap. für → Buddha

Butsuda, jap. für → Buddha

Byakue-Kannon, jap., wörtl.: »Kannon im weißen Gewand«; eine Manifestation des Bodhisattva → Avalokiteshvara, der in Japan K(w)annon oder Kanzeon genannt und hier oft als weiblich empfunden und verehrt wird. Byakue-Kannon ist ein beliebtes Thema in der Zen-Malerei.

C

Chaitika, Skrt. → Hīnayāna, → Mahāsānghika

Chaitya (Caitya), Skrt. (Pali: Cetiya), wörtl.: »Sakrales Objekt, Heiligtum«; Versammlungshalle der buddhist. Gemeinde zu Meditation und Lehrvorträgen.

Chakra (Cakra), Skrt., wörtl.: »Rad, Kreis«; 1. im Hinduismus ein Kreis von Gottesverehrern. 2. Bezeichnung für die Zentren subtiler oder »feinstofflicher« Energie (Prāna, Kundalinī) im Energieleib (Astralkörper) des Menschen. Sie sammeln, transformieren und verteilen die sie durchströmende Energie. Wenn die Chakras auch Entsprechungen auf der grobstofflichen, körperlichen Ebene haben (z. B. Herz oder *Solarplexus*), so sind sie mit diesen Entsprechungen jedoch nicht identisch, sondern gehören einer anderen Ebene der phänomenalen Wirklichkeit an. Die Chakras sind Punkte, an denen Seelisches und Körperliches ineinander übergehen und sich durchdringen. Die sieben Haupt-Chakras des ind. Kundalinī-Yoga (diese Zentren sind unter anderen Namen auch in anderen Kulturen bekannt) liegen entlang der Sushumnā, des durch die Wirbelsäule aufsteigenden Hauptkanals subtiler Energie, durch den die Kundalinī im Verlauf des geistigen Erwachens eines Menschen emporsteigt.
Die ersten sechs Chakras liegen innerhalb des grobstofflichen Körpers, das siebte Chakra außerhalb von diesem über dem Scheitelpunkt des Kopfes. Erwacht die Kundalinī, was i. allg. durch besondere Übungen eines auf diesem System aufbauenden Yoga herbeigeführt wird, so steigt sie vom ersten, untersten Haupt-Chakra, ein Chakra nach dem anderen aktivierend, zum siebten, obersten auf. In jedem Chakra, zu dem der Yogi die Kundalinī hinführt, erfährt er eine besondere Art von Glückseligkeit (Ānanda), erwirbt er besondere psychische Kräfte (Siddhi) und verwirklicht er eine besondere Form der Erkenntnis – weshalb die Chakras auch als Zentren des Bewußtseins (Chaitanya) bezeichnet werden. Von jedem Chakra strahlt eine bestimmte Zahl von Energiekanälen (Nādī) aus.
Medial begabte Menschen, die den Astralkörper des Menschen sehen können, beschreiben die Chakras als »Lotosblüten« mit

unterschiedlich vielen Blütenblättern, und so werden sie auf Abbildungen traditionellerweise dargestellt. Die Zahl der Blütenblätter entspricht der Zahl der von dem jeweiligen Chakra ausstrahlenden Nādīs. Diese »Lotosblüten« befinden sich in kreisender Bewegung, wodurch der Eindruck eines »Rades« (wie bei einem wirbelnden Feuerrad) entsteht; daher die Bezeichnung »Chakra«. Nach dem System des Kundalinī-Yoga entsprechen jedem Chakra bestimmte geistig-körperliche Eigenschaften, die durch verschiedene Symbole (Formen, Farben, mantrische Silben, Tiersymbole, Gottheiten usw.) ausgedrückt werden. Die sieben Haupt-Chakras und ihre wichtigsten Zuordnungen sind:
1. *Mūlādhāra-Chakra;* es liegt an der untersten Stelle der Sushumnā, zwischen der Wurzel des Zeugungsorgans und dem Anus. Im Mūlādhāra-Chakra ruht (im unerweckten Zustand) die Kundalinī, die als zusammengerollte Schlange dargestellt wird (weshalb man auch von »Schlangenkraft« spricht) und allen Chakras Macht und Energie verleiht. Vier Nādīs gehen von diesem Chakra aus und stellen die vier Blütenblätter dieses »Lotos« dar; die symbolische Form ist das Quadrat, seine Farbe ist Gelb, die zugeordnete »Keimsilbe« (→ Bīja) ist LAM, das Tiersymbol ein Elefant mit sieben Rüsseln, die Gottheiten sind Brahmā und Dākinī, die Brahmā als Shakti zugeordnet ist.
Der Yogi, der in das Mūlādhāra-Chakra durch geistige Übung eingedrungen ist, hat die Erd-Eigenschaft *(prithivī-tattva)* besiegt und hat keine Furcht mehr vor dem körperlichen Tod. Indem er sich auf dieses Chakra konzentriert und darüber meditiert, erlangt er »vollkommene Erkenntnis der Kundalinī und damit die Mittel, diese zu erwecken. Ist sie erwacht, empfängt er Darduri-Siddhi, die Kraft, sich vom Boden zu erheben und den Atem, das Bewußtsein und den Samen zu beherrschen. Sein Prāna tritt in die mittlere Brahma-Nādī ein. Seine Sünden werden ausgelöscht. Er erkennt Vergangenheit, Gegenwart und Zukunft und erfreut sich der natürlichen Glückseligkeit *(sahaja-ānanda)*.« (Zit. n. Sivananda, *Kundalinī-Yoga*, 1953, S. 71 f.)
2. *Svādhishthāna-Chakra;* es liegt im Energiekanal Sushumnā an der Wurzel der Genitalien. Es entspricht Bhuvarloka, und seine körperliche Entsprechung ist der *Plexus hypogastricus,* der die inneren Organe der Ausscheidung und Fortpflanzung beherrscht. Von seiner Mitte gehen sechs Nādīs (oder »Blütenblät-

ter«) aus. Die symbolische Form ist der Halbmond, seine Farbe ist Weiß, die Keimsilbe VAM, das Tiersymbol das Krokodil, die zugeordneten Gottheiten sind Vishnu und als Shakti die niedere Gottheit Rākinī.

»Wer sich auf dieses Chakra konzentriert und über die Devatā meditiert, hat keine Furcht vor dem Wasser und beherrscht das Wasserelement vollkommen. Er erwirbt verschiedene psychische Kräfte, intuitive Erkenntnis, vollkommene Beherrschung seiner Sinne und Erkenntnis der astralen Wesenheiten. Begierde, Zorn, Gier, Täuschung, Stolz und andere Unreinheiten sind ausgelöscht. Der Yogi wird zum Sieger über den Tod [Mrityuñjaya-Siddhi].« (Zit. n. Sivananda, 1953, S. 73 f.)

3. *Manipūra-Chakra;* es liegt im Energiekanal Sushumnā in der Nabelgegend. Das ihm entsprechende körperliche Zentrum, der *Solarplexus,* beherrscht Leber, Magen usw. Von diesem Chakra gehen zehn Nādīs aus, die die Blütenblätter dieses »Lotos« darstellen. Die symbolische Form ist das Dreieck, seine Farbe ist Rot, die Keimsilbe ist RAM, das Tiersymbol der Widder, die beherrschenden Gottheiten sind Rudra und Lākinī.

»Der Yogi, der sich auf dieses Chakra konzentriert, erlangt Satala-Siddhi und vermag verborgene Schätze zu finden. Er ist von allen Krankheiten befreit und kennt keine Furcht vor Feuer. Selbst wenn er in brennendes Feuer geworfen wird, bleibt er ohne Todesfurcht am Leben.« (Zit. n. Sivananda, 1953, S. 74 f.)

4. *Anāhata-Chakra;* es liegt in der Herzgegend innerhalb des Energiekanals Sushumnā. Das dem Anāhata-Chakra entsprechende körperliche Zentrum ist der *Plexus cardiacus*; er beherrscht das Herz. Von diesem Chakra strahlen fünfzehn Nādīs aus, die die Blütenblätter dieses »Lotos« darstellen. Die symbolische Form ist das Hexagramm, seine Farbe ist Graublau, die Keimsilbe ist YAM, das Tiersymbol die Gazelle, die beherrschenden Gottheiten sind Īsha und Kākinī.

»In diesem Zentrum wird der Klang Anāhat [Anāhata-Shabda], der Klang des Shabda-Brahman, offenbar. Man vernimmt ihn sehr deutlich, wenn man sich auf dieses Zentrum konzentriert . . . Wer über dieses Zentrum meditiert, beherrscht in vollkommener Weise Vāyu-Tattva (Luft-Eigenschaft), die voller Sattvas (harmonische Eigenschaften) ist. Er vermag durch die Luft zu fliegen und in den Körper anderer einzudringen *(Bhucha-*

ri-siddhi, kechari-siddhi, kaja-siddhi). Kosmische Liebe und andere göttliche Eigenschaften werden ihm zuteil.« (Zit. n. Sivananda, 1956, S. 76.)

5. *Vishuddha-Chakra;* es liegt in der Sushumnā-Nādī am unteren Ende des Halses und ist das Zentrum des Äther-Elements. Von diesem Chakra, dem als körperliches Zentrum der *Plexus laryngeus* entspricht, gehen sechzehn Nādīs aus, die den Blütenblättern des »Lotos« entsprechen. Die symbolische Form ist der Kreis, seine Farbe ist Weiß, die Keimsilbe ist HAM, das Tiersymbol ein Elefant mit sechs Stoßzähnen, die beherrschenden Gottheiten sind Sadā-Shiva und die Göttin Shākinī.

»Die Konzentration auf die Eigenschaften *(tattva)* dieses Chakra heißt Ākāshi-Dhāranā. Wer diese Konzentration übt, wird selbst beim Untergang des Kosmos (Pralaya) nicht vergehen, denn er erlangt die höchste und vollkommene Erkenntnis der vier Veden. Er wird zu einem Trikāla-Jñāni [Trikāla-Jñāna], der Vergangenheit, Gegenwart und Zukunft kennt.« (Zit. n. Sivananda, 1956, S. 77.)

6. *Ājñā-Chakra;* es liegt in der Sushumnā-Nādī und hat seine physische Entsprechung im Zwischenraum zwischen den beiden Augenbrauen. In westlichen esoterischen Systemen wird dieses Chakra als das »Dritte Auge« bezeichnet. Dieser »Lotos« hat zwei Blütenblätter, d. h. es strahlen zwei Nādīs von der Mitte des Chakra aus. Seine Farbe ist ein milchiges Weiß, die Keimsilbe ist das kurze A, die zugeordneten Gottheiten sind Parama-Shiva in der Form von Hamsa und die Göttin Hākinī. Dieses Chakra, dem als körperliches Zentrum der *Plexus cavernosus* entspricht, wird als Sitz des Bewußtseins angesehen.

»Wer sich auf dieses Chakra konzentriert, zerstört alles Karma aus vergangenen Leben. Deshalb sind die Wohltaten solcher Meditation, die den Yogi zum Jīvanmukti [Jīvanmukta], zu einem im Leben Befreiten macht, unbeschreiblich bedeutsam. Der Yogi erwirbt alle höheren und die zweiunddreißig niederen →Siddhis.« (Zit. n. Sivananda, 1953, S. 78.)

7. *Sahasrāra-Chakra;* dieses Chakra liegt über dem Scheitelpunkt des Kopfes, also außerhalb des grobstofflichen Körpers, über dem oberen Ende der Sushumnā. Wie der Name des Chakra besagt, hat dieser »Lotos« tausend Blätter, d. h. es strahlen tausend oder »unzählige« Nādīs von ihm aus. Die physische Ent-

sprechung des Sahasrāra-Chakra ist das Gehirn, seine Keimsilbe ist OM, der heilige Laut (Pranava). Die fünfzig Buchstaben des Sanskrit-Alphabets laufen auf den tausend Blütenblättern dieses Lotos zwanzigmal rundum, so daß diese Lotosblüte die Gesamtheit aller Keimsilben und Chakras darstellt, die das Sahasrāra-Chakra als allen anderen übergeordnetes Chakra umfaßt. Es strahlt ein Licht »wie zehn Millionen Sonnen« aus und gehört zu einer höheren Ebene der Wirklichkeit als die sechs anderen Haupt-Chakras, die als die Sechs Chakras *(shat-chakra)* die Chakras im engeren Sinn des Wortes ausmachen.

Das Sahasrāra-Chakra, das als die Behausung des Gottes → Shiva angesehen wird, entspricht dem kosmischen Bewußtsein. »Ist Kundalinī mit dem Gott Shiva im Sahasrāra-Chakra vereint, erfährt der Yogi höchste Glückseligkeit (Paramānanda), Überbewußtsein und höchste Erkenntnis. Er wird ein Brahmavid-Varishtha, ein vollkommener Jñāni.« (Zit. n. Sivananda, 1953, S. 78.)

Eine ausführliche Darstellung der Chakras und ihrer vielfältigen Aspekte nach der Lehre des Kundalinī-Yoga findet sich in: Arthur Avalon, *Die Schlangenkraft,* Bern 1982.

Im Hinduismus ausgebildet, spielt das System der Chakras jedoch auch im Buddhismus, vor allem im tantrischen Buddhismus (→ Tantra, → Vajrayāna, → Tibetischer Buddhismus) eine Rolle. Vom grundlegenden Entwurf her ist das System der Energiezentren (Chakras) und der sie verbindenden Energiekanäle (Nādīs) hier dasselbe wie im Kundalinī-Yoga. Die Symbolik, die sich damit verbindet, ist jedoch der buddhist. Ikonographie entnommen, und die darauf aufbauende meditative Praxis unterscheidet sich in vieler Hinsicht wesentlich von der des Kundalinī-Yoga. Eine Darstellung des buddhist. Chakra-Yoga findet sich in: Lama Anagarika Govinda, *Grundlagen tibetischer Mystik,* Bern 1985.

Chakravartin (Cakravartin), Skrt. wörtl.: »Rad-Herrscher«; ein Herrscher, von dem man sagt, daß »die Räder seines Wagens ohne Behinderung überallhin rollen«, ein Weltenherrscher. Man unterscheidet vier Arten von Chakravartin, die jeweils durch ein Rad aus Gold, Silber, Kupfer oder Eisen symbolisiert werden. Chakravartin wurde später eine Bezeichnung für einen Buddha, dessen Lehre universell ist und dessen Wahrheit den ganzen Kosmos enthält.

Ch'an, chin. für → Zen

Chandrakīrti → Mādhyamika

Chao-chou Ts'ung-shen, jap. Jōshū Jūshin, 778–897, einer der bedeutendsten Zen-Meister Chinas; ein Schüler und Dharma-Nachfolger (Hassu) von Nan-ch'üan P'u-yüan (jap. Nansen Fugan). Der große jap. Meister Dōgen Zenji, der äußerst strenge Maßstäbe bei der Einschätzung von Zen-Meistern anlegte, nannte ihn ehrerbietig »Jōshū, der alte Buddha«. Chao-chou hatte 13 Dharma-Nachfolger, aber da es wenige gab, die ihm an Tiefe der Erfahrung gleichkamen, geschweige denn, ihn übertrafen, starb seine Linie nach wenigen Generationen aus.
Die Lebensgeschichte von Chao-chou ist ein besonders gutes Beispiel dafür, daß – wie die Zen-Meister immer wieder betonen – Erleuchtung erst der *Anfang* wahrer Schulung auf dem Weg des Zen ist. Chao-chou erfuhr schon im Alter von 18 Jahren tiefe Erleuchtung; danach schulte er sich noch weitere 40 Jahre unter seinem Meister Nan-ch'üan. Nach dessen Tod ging er auf Wanderschaft, um seine Erfahrung in → Hossen mit anderen Zen-Meistern noch weiter zu vertiefen. Es heißt, er habe in dieser Zeit etwa 80 der Dharma-Nachfolger seines »Großvaters im Zen«, Ma-tsu Tao-i (jap. Baso Dōitsu), aufgesucht. Erst im Alter von 80 Jahren ließ er sich in einem kleinen Zen-Kloster in der Ortschaft Chao-chou nieder, und als sich dort schließlich Schüler um ihn sammelten, führte er sie bis zu seinem Tod im Alter von 120 Jahren auf dem Zen-Weg.

Chariyā-Pitaka, Skrt. → *Khuddaka-Nikāya*

Chatur-Yoni (Catur-Yoni), Skrt.; vier *(chatur)* Arten der Geburt, in denen die Wesen der sechs Existenzweisen (→ Gati) wiedergeboren werden können: 1. Jarāyuja: lebendgeboren (Säugetiere, Menschen); 2. Andaja: eigeboren (Vögel, Reptilien); 3. Samsvedaja: feuchtigkeits- oder wassergeboren (Fische, Würmer); 4. Aupapāduka: durch Metamorphose geboren, d. h. nicht durch eine »Mutter«, sondern allein durch die Kraft des → Karma. Auf diese Art und Weise werden → Devas, → Pretas, Höllenbewohner (→ Naraka) und Wesen einer neu entstandenen Welt geboren.

Chela, eigentlich Cheta (Ceṭa), Skrt., wörtl.: »Diener«; allgemein Schüler, insbes. aber ein spirituell Strebender, der von seinem Guru Belehrung erwartet und ihm deshalb dient.

Ch'eng-kuan → Hua-yen-Schule

Chenresi (sPyan-ras-gzigs), tibet., wörtl.: »Mit klaren Augen schauend«; die tibet. Form des → Avalokiteshvara, des Bodhisattva des Erbarmens. Er gilt in Tibet als Schutzpatron des »Schneelandes«, und die für den → Tibetischen Buddhismus zentralen Ereignisse und Persönlichkeiten werden mit dem Wirken des Chenresi in Zusammenhang gebracht. So sieht die Legende in ihm den Gründungsvater des tibet. Volkes, und auch der für die Einführung des Buddhismus verantwortliche König Songtsen Gampo (620–649) wird als Verkörperung des Chenresi angesehen. Zu den zahllosen Personen, die in den folgenden Jh. als Inkarnationen (→ Tulku) dieses Bodhisattva verehrt wurden, zählen auch der → Dalai Lama und der → Karmapa.
Die ihm zugeordnete Sanskrit-Formel (→ OM MANI PADME HUM, tibet. OM MANI PEME HUNG) wurde als erstes Mantra in Tibet eingeführt und ist dort bis heute das am weitesten verbreitete. In einer der wichtigsten ikonographischen Formen wird Chenresi stehend dargestellt, mit elf Köpfen und tausend Armen, und bildet den Mittelpunkt bestimmter Meditationsübungen (→ Sādhana), die mit Perioden des Fastens verbunden sind. In seiner bekanntesten Form besitzt er jedoch vier Arme, ruht auf einem Lotos, und es ist diese Erscheinung, der → Thangtong Gyelpo eine bedeutende Meditationsübung widmete.

Chetasika (Cetasika), Skrt., Pali; Bewußtseins- oder Geistesfaktoren bzw. die mit dem jeweiligen Bewußtsein verbundenen, gleichzeitig damit entstehenden und durch das Bewußtsein bedingten geistigen Begleiterscheinungen. Chetasika ist eine der Einteilungskategorien des → Abhidharma, der dazu Gefühl (→ Vedanā), Wahrnehmung und 50 Geistformationen (→ Samskāra) zählt.

Chien-chen, jap. Ganjin, 688–763, chin. Vinaya-Meister, der auf Einladung des jap. Kaisers nach Japan ging und dort die → Ritsu-Schule (Schule der Disziplin) begründete (754).

Chih-i, auch Chih-che genannt, jap. Chisha, 538–597, eigentlicher Begründer der → T'ien-t'ai-Schule des chin. Buddhismus, als deren 4. Patriarch er gilt.
Chih-i stellte erstmals in der Geschichte des chin. Buddhismus eine vollständige, kritische und systematische Klassifizierung der buddhist. Lehre auf, um die Entstehung der vielfältigen und einander teilweise widersprechenden Doktrinen des Buddhismus zu erklären. Was die buddhist. Praxis betrifft, so entwickelte er in seinen Werken die Übung des → Chih-kuan, die noch heute zu einer der verbreitetsten Meditationsübungen im chin. und jap. Buddhismus zählt. Seine wichtigsten Werke sind: *Mo-ho chih-kuan* (»Großes Shamatha-Vipashyanā), *Liu-miao fa-men* (»Die sechs wunderbaren Dharmatore«) und *T'ung-meng chih-kuan* (»Shamatha-Vipashyanā für Anfänger«); sie zählen in China zu den meistgelesenen Werken über Meditation.

Chih-kuan, chin. (Skrt. Shamatha-Vipashyanā, jap. Shikan); Gemütsruhe und Einsicht; spezielle Meditationsmethode der → T'ien-t'ai-Schule. *Chih* (bzw. *Shamatha*) bezeichnet die Beruhigung des ruhelosen Geistes und die Befreiung von Unterscheidungen, *kuan (Vipashyanā)* die Betrachtung, Prüfung und Einsicht in die buddhist. Wahrheiten.
In einigen Werken wird diese Methode, die in China und Japan eine sehr weit verbreitete Meditationspraxis darstellt, in allen Einzelheiten beschrieben, so z. B. in *T'ung-meng chih-kuan* (»Shamatha-Vipashyanā für Anfänger«) von → Chih-i.

Chih Tao-lin → Chih-tun

Chih-tun, auch als Chih Tao-lin bekannt, 314–366, einer der bedeutendsten Mönche des 4. Jh. und Begründer einer der sog. Prajñā-Schulen des frühen chin. Buddhismus, der Schule der »Erscheinungen als solche« (→ Sechs Häuser und Sieben Schulen).
Chih-tun war der erste, der einen zentralen Begriff der chin. Philosophie, Li, neu interpretierte: Nach klassischer Auffassung bedeutet Li die kosmische Ordnung; Chih-tun hingegen sah in Li die Höchste Wahrheit, das Letzte Prinzip, die »Soheit« (→ Tathatā). Diese Bedeutung von Li wurde im Laufe der Entwicklung des

Buddhismus in China von den anderen Schulen aufgegriffen (→ Hua-yen-Schule). Chih-tun war außerdem als Kenner des → *Chuang-tzu* bekannt und erfreute sich in neotaoist. Kreisen größter Beliebtheit.

Chih-yen → Hua-yen-Schule

Chintāmani (Cintāmaṇi), Skrt.; 1. das »wunscherfüllende Juwel«, Attribut verschiedener Buddhas und Bodhisattvas (→ Kshitigarbha, → Avalokiteshvara, → Ratnasambhava usw.); 2. das Symbol des freien Geistes.

Chisha, bekannt auch als Chisha Daishi, jap. für → Chih-i

Chi-tsang, 549–623, Vertreter der chin. → San-lun-Schule, Schüler von → Fa-lang. Chi-tsang schrieb berühmte Kommentare zu den drei grundlegenden Werken seiner Richtung, ein Kompendium der Lehren der San-lun-Schule sowie eine Abhandlung über die »Doppelte Wahrheit« (→ Mādhyamika) und Kommentare zu den wichtigsten Sūtras des Mahāyāna. Er gilt als derjenige Vertreter der San-lun-Schule, der diese zur Vollendung brachte.

Chitta (Citta), Skrt. 1. Als Synonym von → Manas (denkender Geist) und → Vijñāna (Bewußtsein) bezeichnet Chitta sämtliche geistigen Vorgänge und Erscheinungen und wird mit dem denkenden, unterscheidenden Geist gleichgesetzt. 2. Im → Abhidharma wird Chitta als getrennt von den Geistfaktoren (→ Chetasika) aufgefaßt, d. h. als eine Art geistiger Substanz, was zu einer substantialistischen Sicht der Phänomene führte. 3. In der Terminologie des → Yogāchāra ist Chitta gleichbedeutend mit dem Speicherbewußtsein (→ Ālaya-Vijñāna), der Quelle aller geistigen Aktivitäten. Dieser Auffassung nach ist das Universum nichts als Chitta, »reines Bewußtsein«. Hier wird das Wort als Synonym von »Letzte Wirklichkeit« oder »Soheit« (→ Tathatā), d. h. von Begriffen des Absoluten, gebraucht.

Chöd (Gcod), tibet., wörtl.: »abschneiden, durchtrennen«. Neben der Richtung des Shijed (»besänftigen«) der andere Zweig einer von dem ind. Asketen Phadampa Sangye (gest. 1117) begründeten Schule des Tibetischen Buddhismus. Ihre theoretischen Grundlagen knüpfen an die → Prajñāpāramitā-Lehren an, wurden aber durch bestimmte schamanistische Elemente erweitert. Die zentrale Praxis des Chöd besteht darin, die falsche Vorstellung eines »Ich« (Ātman) abzuschneiden, indem man den eigenen Körper den Dämonen opfert. Dieses Ritual wurde vor allem auf Leichenplätzen durchgeführt, den Wohnstätten der Dämonen, um auch noch das latenteste Anhaften an ein Ich zu durchtrennen. Die wichtigste Schülerin des Phadampa Sangye war Machig Labdrönme (1055–1145); über sie gelangte die Lehre des Chöd in die anderen tibet. Schulen.

Chörten, tibet. für → Stūpa

Chu-hung, 1535–1615, bedeutender chin. Mönch der Ming-Dynastie, der eine kombinierte Praxis von → Zen und → Reines-Land-Schule entwickelte und eine starke buddhist. Laienbewegung ins Leben rief.
Chu-hung ging davon aus, daß man sich beim Rezitieren von Buddhas Namen nicht nur auf den Namen, sondern vielmehr auf die dahinterliegende »Höchste Wirklichkeit« konzentrieren sollte. Außerhalb des Geistes, der den Namen des → Amitābha rezitiert, gibt es keinen Amitābha; und außerhalb des Amitābha gibt es keinen Geist. Dies ist für Chu-hung ein anderer Weg, die Auffassung des Zen, daß es außerhalb des Geistes keinen Buddha gibt, auszudrücken. Durch das Rezitieren von Buddhas Namen kann dieser absolute Geist verwirklicht werden. Demnach besteht für Chu-hung zwischen dieser Art der Meditation und der des Zen kein wesentlicher Unterschied.

Chulavamsa Skrt., → Mahāvamsa

D

Dākinī, Skrt.; nach der volkstümlichen Auffassung Indiens ein weibl. Dämonenwesen, das sich in der Gesellschaft von Göttern befindet, im → Vajrayāna-Buddhismus die inspiratorische Kraft des Bewußtseins, die ikonographisch zumeist als rasende nackte

Frauengestalt dargestellt wird (→ Erscheinungsformen). Als halbrasender oder rasender → Yidam hat die Dākinī die Aufgabe, die vom Übenden in der Visualisation (→ Sādhana) freigesetzten Kräfte zu integrieren. Im Tibetischen wird Dākinī mit »Khadroma« wiedergegeben: *kha* steht für Himmelsraum, die zum Bild gewordene Leerheit (→ Shūnyatā), *dro* hat die Bedeutung des Gehens und Fortbewegens, und *ma* zeigt das weibl. Geschlecht an. Die Khadroma ist also eine weibl. Gestalt, die sich auf der Ebene der Höchsten Wirklichkeit bewegt; ihre Nacktheit symbolisiert die Erkenntnis unverhüllter Wahrheit. Die Heimat der Dākinīs soll das mystische Reich → Orgyen sein.

Dalai Lama (Dalai bla-ma), mongol.-tibet., wörtl.: »Lehrer, dessen Weisheit so groß wie der Ozean ist«; ein 1578 von dem Mongolenfürst Altan Khan an das dritte Oberhaupt der → Gelugpa-Schule verliehener Ehrentitel. Diese enge Bindung an die Mongolei brachte die Schule des → Tsongkhapa in eine politische Vormachtstellung, die sich mit dem »Großen« 5. Dalai Lama (1617–1682) zur Herrschaft über ganz Tibet festigte. Seit diesem Zeitpunkt wird der Dalai Lama als Inkarnation des → Avalokiteshvara angesehen und der → Panchen Lama als sein geistiger Stellvertreter verehrt. Die einzelnen Dalai Lamas gelten als Wiedergeburten (→ Tulku) des jeweils vorausgegangenen Dalai Lama.

Die Dalai Lamas kamen nicht nur ihrer Rolle als Staatsoberhaupt nach, es finden sich unter ihnen auch große Gelehrte und lebensfrohe Poeten wie etwa der 6. Dalai Lama. Der jetzige 14. Dalai Lama, seit 1959 im Exil, vereint in seiner Person weiterhin die für das tibet. Volk verbindliche spirituelle und politische Autorität.

Dāna, Skrt., Pali, soviel wie »Gabe, Almosen, Spende«; das freiwillige Geben von Materiellem, Energie oder Weisheit an andere, das als eine der wichtigsten buddhist. Tugenden angesehen wird. Dāna ist eine der Sechs Vollkommenheiten (→ Pāramitā), eine der Zehn Betrachtungen (→ Anussati) und das wichtigste der verdienstvollen Werke (→ Punya).

Im Hīnayāna wird Dāna vor allem als Mittel angesehen, Habgier und Egoismus zu überwinden und Leiden in einem zukünftigen Leben zu vermeiden. Im Mahāyāna wird Dāna mit den Tugenden der Güte (→ Maitrī) und des Erbarmens (→ Karunā) verbunden und als wesentlicher Faktor aufgefaßt, um alle Wesen zur Erleuchtung zu führen.

Darshana (Darśana), auch Darshan, Skrt., wörtl.: 1. »Anblick, Anschauen«; 2. »System«. (Pali: Dassana); auf Vernunft gegründete Einsicht, die Leidenschaften (→ Klesha) intellektueller Natur sowie falsche Ansichten (→ Drishti), Zweifel (→ Vichikitsā) und das Hängen an Riten und Regeln ausschalten kann. – Der Weg des Schauens (Darshana-Mārga), der vom bloßen gläubigen Vertrauen in die → Vier Edlen Wahrheiten bis zum tatsächlichen Begreifen derselben führt, macht aus einem → Dharmānusārin oder → Shraddhānusārin einen »in den Strom Eingetretenen« (→ Shrota-Āpanna).

Daruma, jap. für → Bodhidharma

Dashabala (Daśabala), Skrt. (Pali: Dasabala) wörtl.: »Zehn Kräfte«; bezeichnet die zehn Fähigkeiten, die ein Buddha besitzt und die ihm folgendes Wissen verleihen: 1. Wissen um das Mögliche und Unmögliche in jeder Situation; 2. um das Reifen der Taten (→ Vipāka); 3. um die höheren und niederen Fähigkeiten der anderen Lebewesen; 4. um ihre Neigungen; 5. um die mannigfaltigen Bestandteile der Welt; 6. um die Pfade, die zu den verschiedensten Schicksalsbereichen führen; 7. um die Erzeugung der Reinheit und der Unreinheit; 8. um die Betrachtungen, Sammlungen (→ Samādhi), die → Drei Befreiungen und die Versenkungen (→ Dhyāna); 9. um die Todesfälle und Wiedergeburten und 10. um die Erschöpfung aller Befleckungen (→ Āsrava).

Dashabhūmika (Daśabhūmika), Skrt., wörtl.: »Über die zehn Länder«; selbständiger Teil des → *Buddhāvatamsaka-Sūtra,* in dem der Bodhisattva Vajragarbha im Paradies des Indra vor dem Buddha die Laufbahn eines Bodhisattva (→ Bhūmi) erklärt. Ein Kommentar zum *Dashabhūmika* von → Vasubandhu, in der Übersetzung von → Bodhiruchi, bildet die Lehrgrundlage der → Ti-lun-Richtung des frühen chin. Buddhismus.

Dengyō Daishi → Saichō

Deva, Skrt., Pali, wörtl.: »der Leuchtende«.
»Himmelswesen« oder »Götter«, Bezeichnung der Bewohner einer der »guten« Existenzweisen (→ Gati), die in glücklichen Sphären, den »Himmeln« leben, aber wie alle andere Wesen dem Kreislauf der Wiedergeburten unterliegen. Den Göttern ist ein sehr langes glückliches Leben als Lohn vergangener guter Taten (→ Karma) beschieden. Doch eben dieses Glück stellt das wesentliche Hindernis auf ihrem Weg zur Erlösung dar, da sie dadurch die Wahrheit des Leidens (→ Vier Edle Wahrheiten) nicht erkennen können.
Der Buddhismus kennt 28 göttliche Bereiche, davon 6 in der Sphäre der Begierde (Kāmaloka, Kāmadhātu), 18 in der Sphäre der begierdelosen Körperlichkeit (Rūpaloka, Rūpadhātu, auch Bereich der »reinen Form«) und 4 in der Sphäre des Körperlosen (Arūpaloka, Arūpadhātu, auch Bereich der Formlosigkeit); siehe dazu → Triloka.
In der Sphäre der Begierde leben: 1. die vier Himmelskönige, die die Hüter der vier Kardinalpunkte sind und an den Hängen des Berges → Meru wohnen; 2. die 33 Götter, die auf dem Gipfel des Meru leben und unmittelbar aus dem Brahmanismus übernommen wurden, mit dem Oberhaupt → Shakra (siehe auch → Indra); 3. die Yāma oder Suyāma, die sich in beständigem Glückszustand befinden; 4. die »Stillzufriedenen Götter« (→ Tushita); 5. Götter, die Freude an magischen Schöpfungen haben; 6. die selbstgewaltigen Götter, die von → Māra regiert werden.
Zur Sphäre der begierdelosen Körperlichkeit zählen jene Götter, die in den vier Dhyāna-Himmeln weilen, wohin sie durch die Praxis der vier → Dhyānas gelangt sind und die männlich und frei von sexueller Begierde sind, aber noch sichtbare Körper besitzen. Auf der untersten Stufe befindet sich → Brahmā.
Die Götter der Sphäre der Körperlosigkeit sind in die Betrachtung der → Vier Sphärenstufen versunken.

Devadatta, Skrt., wörtl.: »gottergeben«.
Cousin des Buddha → Shākyamuni, der dem → Sangha beitrat, nachdem er eine Lehrrede des Buddha gehört hatte. Er wurde ein hochgeschätztes Mitglied der buddhist. Gemeinde. Acht Jahre vor dem Tod des Buddha wollte er jedoch selbst das Oberhaupt des Ordens werden und plante, den Buddha zu ermorden. Der

Versuch schlug fehl. Daraufhin verursachte er unter den Mönchen von → Vaishālī ein Schisma.

Deva-Dūta, Skrt. für → Götterbote

Devarāja, Skrt. → Himmelskönige

Dhammapada, Pali → *Khuddaka-Nikāya*

Dhammapāla, Scholastiker des → Theravāda. Er wurde Mitte des 5. Jh. auf Ceylon geboren. Im Hauptkloster der Theravādin, im Mahāvihāra, schrieb er mehrere Kommentare zu Kapiteln des → *Khuddaka-Nikāya,* die unter dem Namen *Paramatthadīpanī* (»Leuchte des höchsten Sinnes«) bekannt sind.

Dhāranī, Skrt., wörtl.: »Trägerin«; kurze Sūtras, die Formeln magischen Wissens enthalten, welche aus Silben mit symbolischem Gehalt bestehen (→ Mantra). Sie können sowohl die Essenz einer Lehre als auch einen bestimmten Bewußtseinszustand repräsentieren, der durch die Wiederholung des Dhāranī jederzeit wieder zu erschaffen ist. Sie sind i. allg. kürzer als Mantras.

Dharma, Skrt., wörtl.: »tragen, halten« (Pali: Dhamma, chin. Fa, jap. Hō, auch Datsuma); zentraler Begriff des Buddhismus, der in verschiedenen Bedeutungen verwendet wird:
1. Das kosmische Gesetz, die »Große Ordnung«, der unsere Welt unterliegt, vor allem das Gesetz der karmisch gesteuerten Wiedergeburt;
2. die Lehre des → Buddha, der dieses »Gesetz« erkannt und formuliert hat, d. h. die Lehre, die die universelle Wahrheit ausdrückt. Der Dharma in diesem Sinn existierte schon vor der Geburt des historischen Buddha, der nichts als eine Manifestation desselben ist. Zu diesem Dharma nimmt der Buddhist Zuflucht (→ Trisharana);
3. Verhaltensnormen und ethische Regeln (→ Shīla, → Vinaya-Pitaka);
4. Manifestationen der Wirklichkeit, allg. Sachverhalte, Dinge, das Phänomenale;

5. Geistinhalte, Denkobjekte, Ideen, die Spiegelungen der Dinge im Geist des Menschen darstellen;
6. Bezeichnung für die sog. Daseinsfaktoren, die das → Hīnayāna als Bausteine der empirischen Persönlichkeit und ihrer Welt auffaßt.

Dharma-Chakra (Dharma-Cakra), Skrt. (Pali: Dhamma-Chakka), Rad der Lehre; im Buddhismus Symbol der vom Buddha verkündeten Lehre, d. h. der → Vier Edlen Wahrheiten, des → Achtfachen Pfades und des → Mittleren Weges. Das Dharma-Chakra wird meist mit acht Speichen, die den Achtfachen Pfad symbolisieren, dargestellt; siehe auch → Acht Kostbarkeiten.

Dharmachakra-Mudrā, Skrt. → Mudrā, 3.

Dharmadhātu, Skrt., wörtl.: »Bereich der Lehre«; nach der Auffassung des → Hīnayāna die Natur der Dinge im Sinne einer Regel, an die sie sich halten. Im → Māhayāna entwickelte sich daraus die Vorstellung eines Wahren-Wesens, das die Phänomene durchdringt und umfaßt. Als Raum oder Bereich ist die »Sphäre des Dharma« dann die unverursachte und unwandelbare Totalität, in der alle Erscheinungen entstehen, verweilen und sich wieder auflösen. Die Idee des Ausgangspunktes oder Zentrums wurde schließlich für die Symbolik des → Vajrayāna außerordentlich wirksam; so schuf z. B. die → Shingon-Schule ein spezielles Mandala unter diesem Namen (Vajradhātu).

Dharmaguptaka, Skrt. (Pali: Dhammaguttika), wörtl.: »Beschützer der Lehre«; buddhist. Schulrichtung, die zu der großen Gruppe der → Sthaviras zählt und aus der Schule der Mahīshāsakas hervorgegangen ist. Sie wurde von dem ceylones. Mönch Dharmagupta gegründet und war vor allem in Südindien ansässig. Ein wichtiger Punkt, in dem sich diese Schule von anderen unterscheidet, ist ihre Auffassung über die Natur des Gebens (→ Dāna): Die Dharmaguptakas behaupten, nicht das dem → Sangha, sondern nur das dem Buddha dargebrachte Opfer bringe eine »große Frucht«; der Buddha stelle ein dem Sangha weit überlegenes »Verdienstfeld« (→ Punya) dar.

Dharmakāya, Skrt. → Trikāya

Dharmakīrti, 1. einer der bedeutendsten buddhist. Philosophen, ein Hauptvertreter des → Yogāchara. Er stammte aus Südindien (7. Jh.), studierte bei → Dharmapāla an der buddhist. Klosteruniversität → Nālandā und war ein hervorragender Logiker. Seine Hauptwerke, *Pramānavārttika* (»Erklärung der Prüfsteine«) und *Pramānavinishchaya* (»Entschluß zu den Prüfsteinen«) behandeln die grundlegenden Fragen nach dem Wesen der Erkenntnis, ihren verschiedenen Formen und nach ihrem Verhältnis zur Außenwelt. Das *Nyāyabindu* ist ein vielgelesener knapper »Leitfaden der Logik«.
2. Devarakshita Jayabāhu Dharmakīrti, der um 1400 lebte, war das Oberhaupt der buddhist. Geistlichkeit auf seiner Heimatinsel Ceylon und verfaßte die beiden wichtigsten Werke über die Entwicklung des Buddhismus in diesem Bereich: *Nikāya-Sangrahaya* und *Saddharmālankāraya.* Sie gelten zugleich als die bedeutendsten Zeugnisse der singhales. Kunstprosa.

Dharmānusārin, Skrt. (Pali: Dhammānusārin); Anhänger der Lehre; eine der zwei Arten von Anwärtern auf den »Stromeintritt« (→ Shrota-Āpanna). Der Anhänger der Lehre betritt nicht wie der Anhänger des Glaubens (→ Shraddhānusārin) dank seines Vertrauens in die Lehre den überweltlichen Pfad, sondern aufgrund seines intellektuellen Verständnisses der buddhist. Lehre.

Dharmapāla, Skrt., wörtl.: »Schützer der Lehre«.
1. Zum Schutz seiner Lehre und seiner Institutionen gegen feindliche Kräfte wurde vom → Vajrayāna eine Gruppe von Gottheiten eingesetzt, unter deren Schutz sich auch der einzelne durch die Anrufung im → Sādhana stellen kann. Neben den eigentlichen Dharmapālas, wie etwa Mahākāla (»Der große Schwarze«), der rasende Aspekt (→ Erscheinungsformen) des → Avalokiteshvara, gibt es noch die sog. Lokapālas (Schützer der Region), die aus dem vorbuddhist. Volksglauben übernommen und durch einen Eid der buddhist. Lehre verpflichtet wurden.
2. Philosoph des → Yogāchāra, der im 6.–7. Jh. n. Chr. lebte. Er war Schüler von → Dignāga, dessen Nachfolger an der buddhist.

Universität → Nālandā er wurde, wo er das Amt des Abtes innehatte. Danach ging er nach → Bodh-Gayā und wurde Abt des Mahābodhi-Klosters. Dharmapāla starb mit 32 Jahren. Sein literarisches Werk ist fast vollständig verlorengegangen.
3. Ceylones. Mönch, 1865–1933, Gründer der → Mahābodhi Society (1891), deren Ziel es war, das Mahābodhi-Kloster in Bodh-Gayā zu restaurieren. Dharmapāla war der erste Mönch der modernen Zeit, der sich »Hausloser« (→ Anāgārika) nannte. 1925 gründete er die Britische Mahābodhi Society in London.

Dharmatā, Skrt.; Wesen der → Dharmas, die Essenz, die allem zugrundeliegt. Philosoph. Konzept des → Mahāyāna. Gleichbedeutend mit → Tathatā, → Buddha-Natur.

Dhātu, Skrt., Pali, wörtl.: »Region, Bereich, Element«; häufig in Zusammensetzungen auftauchender Begriff, der als Bezeichnung dient für:
1. eines der Vier Elemente (→ Mahābhūta);
2. eines der Sechs Elemente (d. h. die vier Mahābhūta, → Ākāsha, → Vijñāna);
3. eine der Drei Welten oder Drei Bereiche, d. h. die Welt der Begierde (Kāmadhātu), der begierdelosen Körperlichkeit oder »reinen Form« (Rūpadhātu) und der Formlosigkeit oder Unkörperlichkeit (Arūpadhātu). Siehe dazu auch → Triloka;
4. die 18 Elemente, die alle geistigen Vorgänge bedingen: 1. Sehorgan, 2. Hörorgan, 3. Riechorgan, 4. Schmeckorgan, 5. Körperorgan, 6. Sehobjekt, 7. Hörobjekt, 8. Riechobjekt, 9. Schmeckobjekt, 10. Körpereindruck, 11. Sehbewußtsein, 12. Hörbewußtsein, 13. Riechbewußtsein, 14. Schmeckbewußtsein, 15. Körperbewußtsein, 16. Geist-Element (Manodhātu), 17. Geistobjekt (Dharmadhātu), 18. Geistbewußtseins-Element (Manovijñānadhātu). Von diesen Elementen sind 1–10 physischer, 11–16 sowie 18 geistiger und 17 entweder geistiger oder physischer Natur. Siehe dazu auch: → Āyatana, → Shadāyatana, → Vijñāna.

Dhātu-Vavatthāna, Pali; Analyse der körperlichen Elemente; eine der im → *Visuddhi-Magga* beschriebenen 40 Meditationsübungen (→ Bhāvanā), bei der man den Körper gedanklich in seine Einzelteile zerlegt und erkennt, daß er aus nichts als aus den Vier Elementen (→ Dhātu) des Festen, Flüssigen, Erhitzenden und Windigen besteht. Dadurch verschwindet im Übenden die Vorstellung eines einheitlichen, beständigen Selbst. (Siehe dazu auch → Satipatthāna, → Körperbetrachtung, → Anātman.)

Dhūta, Skrt., Pali, wörtl.: »Abschütteln«; vom Buddha gestattete asketische Übungen, die man zur Entwicklung von Bedürfnislosigkeit und Willenskraft und zum »Abschütteln« von Leidenschaften für eine gewisse Zeitspanne als Gelübde auf sich nehmen kann.

Dhyāna, Skrt. Meditation, Versenkung (Pali: Jhāna, chin. Ch'an-na oder Ch'an, jap. Zenna oder Zen); i. allg. jeder durch Sammlung (→ Samādhi) hervorgerufene Versenkungszustand des Geistes, der dadurch erreicht wird, daß die gesammelte Aufmerksamkeit unablässig bei einem körperlichen oder geistigen Meditationsobjekt verweilt und der Geist dabei verschiedene Stufen durchläuft, in denen die Strömungen der Leidenschaften allmählich verebben. Insbes. bezeichnet Dhyāna die durch die Aufhebung der Fünf Hindernisse (→ Nīvarana) bedingten Vier Versenkungsstufen der feinkörperlichen Sphäre (Rūpadhātu, → Triloka), die das Erlangen übernatürlicher Kräfte (→ Abhijñā) und höchster Erkenntnis ermöglichen, da sie den Weg zum Erkennen früherer Geburten, des Entstehens und Vergehens der Wesen und des Schwindens der Befleckungen (→ Āsrava) bereiten, was die Erlösung bedeutet. Das Praktizieren der vier Dhyānas bewirkt außerdem eine Wiedergeburt in den entsprechenden Dhyāna-Himmeln (→ Deva).
Die erste Stufe der Versenkung ist gekennzeichnet durch Loslösung von Begierden und unheilsamen Gegebenheiten (→ Akushala) und wird durch Nachdenken *(vitarka)* und Überlegen *(vichāra)* erreicht; auf dieser Stufe herrscht Freude *(priti)* und Wohlbehagen *(sukha)*. – Die zweite Stufe ist charakterisiert durch das Zuruhekommen von Nachdenken und Überlegen sowie dem Erlangen innerer Beruhigung und der sog. Einspitzigkeit des Geistes, womit die Sammlung auf ein Meditationsobjekt gemeint ist. Man verharrt in Freude und Wohlbehagen. – Auf der dritten Stufe schwindet die Freude, und Gleichmut (→ Upekshā) stellt sich ein; man ist wachsam, bewußt und empfindet Wohlbehagen. – Auf

der vierten Stufe verharrt der Übende nur mehr in Gleichmut und Wachsamkeit.
Im chin. Buddhismus wird der Begriff Dhyāna in einem wesentlich weiteren Sinn gebraucht: Er umfaßt alle Meditationsübungen wie Ānāpānasati, Kasina-Übungen, Körperbetrachtung und ähnliche Techniken, die die Sammlung oder Einspitzigkeit des Geistes zum Ziel haben. Er umfaßt also auch alle für Dhyāna im ersteren Sinne notwendigen vorbereitenden Übungen. Aus dem → Dhyāna-Buddhismus, der u. a. von dem ind. Meister → Bodhidharma nach China gebracht wurde, entwickelte sich dort das Zen.

Dhyāna-Buddhismus, Sammelbezeichnung für alle Schulen des Buddhismus, die besonderen Wert auf die Praxis der Meditation (→ Dhyāna) als Weg zur Erleuchtung (Skrt. Bodhi, jap. Satori) legen. Die wesentlichen Lehren des Dhyāna-Buddhismus fanden ihren klarsten Ausdruck im → Zen, das im 6.–8. Jh. in China aus der Begegnung und gegenseitigen Befruchtung von Dhyāna-Buddhismus und Taoismus entstand.

Dhyāni-Buddha, Skrt., etwa »Meditations-Buddha«; fünf transzendente Buddhas (siehe auch → Buddha, 3.), die verschiedene Aspekte des erleuchteten Bewußtseins symbolisieren und zum Zweck der Meditation unterschieden werden, obwohl sie im Grunde Manifestationen des *einen* Buddha-Prinzips sind. Die fünf Dhyāni-Buddhas sind: → Amitābha, → Amoghasiddhi, → Akshobhya, → Ratnasambhava und → Vairochana.

Dhyāni-Mudrā, Skrt. → Mudrā, 1.

Diamant-Sūtra (Skrt. Vajrachchedikā-Prajñāpāramitā-Sūtra, wörtl.: »Sūtra vom Diamantschneider der Höchsten Weisheit«); selbständiger Teil des → *Prajñāpāramitā-Sūtra,* das vor allem in Ostasien große Bedeutung erlangt hat. Es zeigt, daß alle phänomenalen Erscheinungen nicht die Letzte Wirklichkeit, sondern Illusionen, Projektionen des eigenen Geistes sind. Jeder Meditation Praktizierende sollte in dieser Weise auf alle Phänomene und Tätigkeiten des Geistes blicken und ihn »leer, selbstlos und ruhig« halten. Das Werk heißt *Diamant-Sūtra,* weil es »scharf wie ein Diamant ist, welcher alle willkürlichen Begriffe wegschneiden und einen zum anderen Ufer der Erleuchtung bringen wird«.

Dīgha-Nikāya, Pali (Skrt. *Dīrghāgama*), wörtl.: »Lange Sammlung«; die erste der fünf → Nikāyas des Sūtra- bzw. Sutta-Pitaka (→ Tripitaka). Sie besteht in der Pali-Fassung aus 34 Suttas; die Mahāyāna-Fassung *(Dīrghāgama)*, die in chin. Übersetzung erhalten ist, umfaßt 30 Sūtras; 27 sind beiden Versionen gemeinsam. Der Titel (*dīgha:* lang) bezieht sich auf die relativ große Länge der einzelnen Suttas. (Dt. Übers. v. K. E. Neumann in: *Die Reden Gotamo Buddhos,* Bd. 2., Zürich 1957)

Dignāga, auch Dinnāga, ca. 480–540; Vertreter des → Yogāchāra, der eine logisch-erkenntnistheoretische Richtung dieser Schule entwickelt hat. Die meisten seiner nur in chin. oder tibet. Übersetzung erhaltenen Werke behandeln Themen der Logik. Das wichtigste ist das *Pramānasamuchchaya* (»Zusammenstellung der Mittel zur richtigen Erkenntnis«), das das Hauptwerk der neuen Richtung wurde. Außerdem verfaßte Dignāga einen wichtigen Kommentar zum → *Abhidharmakosha.* – Sein bedeutendster Schüler war → Dharmakīrti.

Dīpamkara (Dīpaṃkara), Skrt. (Pali: Dīpankara), wörtl.: »Anzünder der Leuchte«; legendärer Buddha, der vor unendlich langer Zeit gelebt haben soll. Dīpamkara gilt als der erste der 24 Buddhas vor dem historischen Buddha → Shākyamuni. Dieser soll in der Gestalt des Asketen Sumedha vor Dīpamkara gelobt haben, ein Buddha zu werden. Dank seiner übernatürlichen Fähigkeiten erkannte Dīpamkara, daß Sumedha nach Ablauf unendlich vieler Weltzeitalter ein Buddha namens Gautama werden würde, und verkündete der Menge die glorreiche Zukunft des Asketen.
Dīpamkara gilt als der wichtigste unter allen Vorgängern des Buddha Shākyamuni. Er symbolisiert alle Buddhas der Vergangenheit und wird vor allem in China oft gemeinsam mit Shākyamuni und → Maitreya, dem zukünftigen Buddha, als die Gruppe der »Buddhas der drei Zeiten« (Vergangenheit, Gegenwart und Zukunft) dargestellt.

Dīpavamsa (Dīpavaṃsa), Pali, wörtl.: »Geschichte der Insel«; Pali-Chronik aus dem 4. Jh. n. Chr., deren Verfasser unbekannt ist. Sie enthält Berichte aus der Zeit des historischen Buddha, der Kolonisierung Ceylons bis zur Herrschaft des Königs Mahāsena in der Mitte des 4. Jh. n. Chr. und liefert wertvolles Material zur Geschichte des Buddhismus dieser Periode.

Dīrghāgama, Skrt. → Āgama, → *Dīgha-Nikāya*

Dōgen Zenji, auch Dōgen Kigen oder Eihei Dōgen, 1200–1253, jap. Zen-Meister, der die Tradition der → Sōtō-Schule nach Japan übertrug; wohl der bedeutendste Zen-Meister Japans. Er gilt als eine der größten religiösen Persönlichkeiten Japans und wird dort von allen buddhist. Schulen wie ein Heiliger oder Bodhisattva verehrt. Außerdem wird er oft als Philosoph mißverstanden und als der »tiefgründigste und eigenwilligste Denker« bezeichnet, den Japan hervorgebracht hat. Dabei wird übersehen, daß seine Schriften, auch wenn darin die tiefsten existentiellen Fragen des Menschen angesprochen werden, nicht etwa eine Existenz*philosophie* darstellen. Was Dōgen schreibt, entspringt nicht philosoph. Spekulation, ist nicht das Ergebnis von Denkprozessen, sondern Ausdruck einer unmittelbaren inneren Erfahrung der lebendigen Wahrheit des Zen.
Dōgen ging 1223 nach China, wo er unter Meister T'ien-t'ung Ju-ching (jap. Tendō Nyojō) tiefe Erleuchtung erfuhr und von ihm das Siegel der Bestätigung (Inka-Shōmei) in der Traditionslinie des Sōtō-Zen erhielt. 1227 nach Japan zurückgekehrt, lebte er zehn Jahre in Kyōto, zuerst im Kloster Kennin-ji, dann im Kōshō(hōrin)-ji. Um seine Übertragungslinie vom Einfluß weltlicher Mächte, der in der Kaiserstadt oft allzu groß war, fernzuhalten, zog er sich dann in eine Einsiedelei in den Bergen der Provinz Echizen (heutige Provinz Fukui) zurück. Aus der Hütte, in der er dort lebte, entwickelte sich mit der Zeit ein großes Kloster, das zuerst Daibutsu-ji, später Eihei-ji genannt wurde. Es ist bis heute, neben dem Sōji-ji, das wichtigste Kloster des jap. Sōtō-Zen. Dōgens Hauptwerk, *Shōbō-genzō,* gilt als eine der tiefgründigsten Schriften der jap. Zen-Literatur und als das hervorragendste Werk der religiösen Literatur Japans.

Dölma, tibet. für → Tārā

Dorje (rDo-rje), tibet., wörtl.: »Herr der Steine«. Die urspr. als Blitzstrahl oder Donnerkeil (Vajra) dem hinduist. Gott Indra zugeordnete Waffe verlieh dem tantrischen Buddhismus seinen Namen (→ Vajrayāna) und wurde von diesem als unzerstörbarer Diamant interpretiert. Der Dorje ist Symbol der allem zugrundeliegenden, unveränderlichen, klaren Essenz der Wirklichkeit. Seine makellose Durchsichtigkeit, die trotzdem eine Fülle von Erscheinungen freisetzt, entspricht dem von → Nagārjuna betonten Begriff der → Shūnyatā. Siehe auch → Vajra. Im → Tibetischen Buddhismus ist der Dorje das männliche Symbol des Weges zur Erleuchtung und steht für den Aspekt von → Upāya (Methode). Drilbu, die Ritualglocke, wird als Symbol des Weiblichen aufgefaßt und ist → Prajñā (Weisheit). Beide zusammen spiegeln den Dualismus der phänomenalen Wirklichkeit, der in der Meditation aufgelöst wird.

Dōshō, 629–700, jap. buddhist. Mönch, der im 7. Jh. die → Hossō-Schule des Buddhismus in Japan begründete. Während eines Aufenthaltes in China wurde er von seinem chin. Meister → Hsüantsang (jap. Genjō), bei dem er die → Yogāchāra-Philosophie studierte, auch auf das Zen der → Südlichen Schule aufmerksam gemacht und suchte deshalb als erster jap. Mönch auch Meister dieser Tradition auf. In die Heimat zurückgekehrt, richtete er in einem Tempel der Hossō-Schule in Nara die erste Zen-Halle in Japan ein. Allerdings fand zu dieser Zeit noch keine echte Übertragung der Zen-Überlieferung durch einen Meister, der das »Geist-Siegel der Patriarchen« (Busshin-In, Inka-Shōmei) von einem in der Übertragungslinie des Zen stehenden erleuchteten Meister erhalten hätte, nach Japan statt.

Drei Befreiungen, auch: Drei Tore zum Nirvāna (Skrt. Vimoksha, Pali: Vimokkha); Meditationsübung, die durch das Erkennen der Leere (→ Shūnyatā), Formlosigkeit (→ Animitta) und Wunschlosigkeit den Weg zum Nirvāna bereitet.
Die Drei Befreiungen bestehen im Erkennen des Ich und aller Dharmas als leer; im Erkennen aller Dharmas als formlos und unterschiedslos; im Erkennen des Daseins als nicht wünschenswert, da es leidhaft ist.

Drei böse Pfade → Apāya

Dreifache Zuflucht → Trisharana

Drei Juwele → Triratna

Drei Kostbarkeiten → Triratna

Drei Wahrheiten → T'ien-t'ai-Schule

Drei Welten → Triloka

Drilbu, tibet.; Ritualglocke, wie sie im → Vajrayāna verwendet wird. Siehe dazu auch → Dorje.

Drishti (Dṛṣti), Skrt. (Pali: Diṭṭhi), wörtl.: »Sehen, Ansicht, Anschauung«; die sieben sog. falschen Ansichten: der Glaube an ein Ich oder Selbst (→ Anātman), die Verleugnung des Karma-Gesetzes (→ Karma), der Ewigkeitsglaube und Vernichtungsglaube, das Einhalten falscher → Shīlas, das Ansehen des durch falsche Taten geernteten Karma als richtig, und der Zweifel an den buddhist. Wahrheiten. Nach anderer Einteilung werden drei Arten von falschen Ansichten unterschieden: Glaube an die Ursachelosigkeit und Wirkungslosigkeit des Daseins sowie Nihilismus.

Drittes Auge → Chakra (6. Ājñā-Chakra)

Drugpa Künleg ('Brug-pa kun-legs), tibet., wörtl.: »Vollkommen guter Drache«; einer der bekanntesten »heiligen Narren« Tibets (1455–1570). Er erhielt eine religiöse Ausbildung gemäß der Überlieferung der Drugpa-Schule der → Kagyüpa, führte aber bald das unorthodoxe Leben eines umherziehenden Asketen. Drugpa Künleg gilt als Inkarnation der beiden indischen → Mahāsiddhas Saraha und Shavaripa und verfaßte in ihrer Nachfolge sog. spirituelle Lieder. Eine wichtige Rolle spielte er bei der Bekehrung Bhutans zur buddhist. Lehre, und seine Beliebtheit unter dem tibet. Volk verdankte er seiner großen Vorliebe für Mädchen und Bier.
»Ich heiße verrückter Drache, Künga Legpa.

Ich bin kein Vagabund, der um Speise oder Kleidung bettelt, sondern habe mein Heim und meine Familie hinter mir gelassen, um die Pilgerschaft anzutreten, die niemals endet.«
(Zit. n. K. Dowman, *Der Heilige Narr*, Bern 1982.)

Duhkha, Skrt. (Pali: Dukkha); Leiden, Leidhaftigkeit; zentraler Gedanke des Buddhismus, der den → Vier Edlen Wahrheiten zugrunde liegt. Leidhaftigkeit stellt eines der drei Merkmale des Daseins (→ Trilakshana) dar.
Duhkha bezeichnet nicht nur Leiden im Sinne von unangenehmen Empfindungen, sondern alles Bedingte, alles Materielle und Geistige, das Entstehen und Vergehen unterworfen ist, aus den fünf → Skandhas besteht und nicht im Zustand der Erlösung ist. Damit ist auch alles momentan Angenehme Leiden, da es dem Vergehen unterliegt. – Duhkha entsteht aus Gier und Begehren (→ Trishnā) und kann durch das Aufheben der Gier überwunden werden. Die Mittel, das Erlöschen des Leidens zu erreichen, zeigt der → Achtfache Pfad auf.

Dvātrimshadvara-Lakshana (Dvātriṃśadvara-Lakṣaṇa), Skrt.; die »Zweiunddreißig Merkmale der Vollkommenheit« eines → Chakravartin, insbesondere eines Buddha, der sich auch in seiner äußeren Erscheinung von gewöhnlichen Menschen unterscheidet. Außer diesen Hauptmerkmalen sind 80 Nebenmerkmale bekannt.
Die Zweiunddreißig Merkmale sind: auf gleichem Niveau befindliche Füße; Zeichen eines tausendspeichigen Rades auf den Fußsohlen; lange schlanke Finger; breite Fersen; gekrümmte Zehen und Finger; weiche, geschmeidige Hände und Füße; gewölbte Fußrücken; Oberkörper gleich dem einer Antilope; bis an die Knie reichende Arme; männliches Glied ohne Vorhautverengung; kräftiger Körper; behaarter Körper; dichte krause Körperbehaarung; goldfarbener Körper; zehn Fuß weit in alle Richtungen Strahlen sendender Körper; weiche Haut; gerundete Hände, Schultern und Kopf; gut geformte Achseln; Oberkörper gleich dem eines Löwen; aufgerichteter Körper; kräftige muskulöse Schultern; 40 Zähne; ebenmäßige Zähne; weiße Zähne; Kiefer wie die eines Löwen; den Geschmack aller Speisen verbessernder Speichel; breite Zunge; Stimme gleich der des Brahmā; klare

blaue Augen; Wimpern wie die eines Stiers; Haarlocke zwischen den Augenbrauen; kegelförmige Erhöhung auf dem Scheitel. Die sich auf der Stirn zwischen den Augenbrauen befindende rechtsgedrehte Haarlocke (Ūrnā), aus der das Licht der Weisheit, das alle Wesen erleuchtet, strömt, wird meist durch einen goldenen Punkt, einen Kristall oder Halbedelstein dargestellt. Die kegelförmige Erhöhung auf dem Scheitel (Ushnīsha) wird in der → Gandhāra-Kunst und in China halbrund, in Kambodscha konisch und in Thailand spitz oder in Form einer Flamme gestaltet.

Dzogchen (rDzogs-chen), tibet., wörtl.: »Große Vollendung«; die Hauptlehre der → Nyingmapa-Schule des Tibetischen Buddhismus. Diese auch als Ati-Yoga (Außergewöhnlicher Yoga) bekannte Lehre wird von ihren Anhängern als die endgültige und geheimste Unterweisung des → Shākyamuni Buddha angesehen. Sie wird als »groß« bezeichnet, weil es nichts Erhabeneres gibt, und es wird von »Vollendung« gesprochen, da keine weiteren Hilfsmittel nötig sind. Die Reinheit des Geistes ist nach ihrer Erfahrung ständig gegeben und braucht nur erkannt zu werden. Die Überlieferung des Dzogchen wurde im 8. Jh. von → Padmasambhava und Vimalamitra nach Tibet gebracht und schließlich von → Longchenpa im 14. Jh. zu einem einheitlichen System zusammengefaßt. Die Kondensierung dieses Systems durch Jigme Lingpa (1730–1798) stellt die bis zum heutigen Tag verbindliche Tradition der Großen Vollendung dar.

E

Einspitzigkeit des Geistes (Skrt. Ekāgrata, Pali: Ekāgattā); das Gerichtetsein (Sammlung) des Geistes auf ein einziges Objekt. (Siehe dazu auch → Samādhi.)

Eisai Zenji, auch Myōan Eisai (Yōsai), ebenfalls bekannt als Senkō (Zenkō) Kokushi (→ Kokushi), 1141–1215; jap. Zen-Meister der Ōryō-Linie des Rinzai-Zen (Ōryō-Schule), der als erster die Zen-Tradition erfolgreich nach Japan übertrug. Obwohl seine Linie nicht lange überdauerte, gilt Eisai als der Begründer der jap. Zen-Tradition. Er reiste zweimal (1168 und 1187) nach China.

Während seines zweiten Aufenthaltes dort empfing er das Siegel der Bestätigung (Inka-Shōmei) von dem chin. Meister Hsü-an Huai-ch'ang (jap. Kian Eshō) der Ōryō-Linie und gründete nach seiner Rückkehr nach Japan das Shōfuku-ji bei Hakata auf Kyūshu, das erste buddhist. Kloster in Japan, in dem Rinzai-Zen praktiziert wurde. Später wurde er zum ersten Abt des Kennin-ji in Kyōto berufen, wo er Zen, aber auch die Lehren der Tendai- und der Shingon-Schule (→ Mikkyō) lehrte. Später verlegte Eisai den Schwerpunkt seines Wirkens nach Kamakura, in die »Gegenhauptstadt« der Shōgune, wo er 1215 das Kloster Jufuku-ji gründete. Kamakura wurde neben Kyōto zum wichtigsten Zentrum des Zen in Japan. – Als erster Zen-Meister von → Dōgen Zenji, der später das Zen der → Sōtō-Schule nach Japan übertrug, ist Eisai auch für diese Linie des jap. Zen von Bedeutung.

Ekāgattā, Pali → Einspitzigkeit des Geistes

Ekāgra, auch Ekāgrata, Skrt.; einzig auf einen Gegenstand oder allein *(eka)* auf einen Punkt gerichtete Aufmerksamkeit; Situation, in der alle geistigen Kräfte nur auf *ein* Objekt konzentriert werden.

Ekāgrata, Skrt. → Ekāgra, → Einspitzigkeit des Geistes

Ekavyāvahārika, Skrt., → Hīnayāna, → Mahāsānghika

Ekayāna, auch Buddhayāna, Skrt., wörtl.: »das Eine Fahrzeug«; das Buddha-Fahrzeug, die eine Lehre, die zur höchsten Erleuchtung und Erlangung der Buddhaschaft führt. Der Terminus birgt zwei Aspekte: Relativ gesehen bezeichnet Ekayāna das Bodhisattva- oder Buddha-Fahrzeug im Gegensatz zum → Shrāvaka- oder → Pratyekabuddha-Fahrzeug; diese drei werden als die »Drei Fahrzeuge« (→ Triyāna) aufgefaßt, deren Lehren sich nach den Fähigkeiten der Schüler richten. Im absoluten Sinn bezeichnet Ekayāna die Letzte Wahrheit, die alle behelfsmäßigen und temporären Lehren des → Hīnayāna und → Mahāyāna umfaßt und transzendiert.

Ekottarikāgama, Skrt. → *Anguttara-Nikāya*

Endgültige Wahrheit, → Paramārtha-Satya

Ennin, gen. Jikaku Daishi, 793–864, bedeutender Vertreter der jap. → Tendai-Schule; Schüler von → Saichō. Er verbrachte neun Jahre in China, wo er die Lehren der verschiedenen buddhist. Schulen studierte. Seine Erfahrungen beschreibt er in einem berühmten Reisebericht.

Erleuchtung, damit wird in Ermangelung eines geeigneteren Ausdrucks der Sanskrit-Terminus → Bodhi (wörtl. »Erwachen«) und das jap. Satori oder Kenshō übersetzt; es hat allerdings nichts mit einer optischen Lichterfahrung zu tun. Vielmehr wird der Mensch dabei in einem Nu der Leere (jap. *ku;* → Shūnyatā) inne, die er selbst ist – ebenso wie das gesamte Weltall Leere ist –, und die allein es ihm ermöglicht, das Wahre-Wesen aller Dinge zu begreifen. Da »Erleuchtung« immer wieder als »Lichterfahrung« mißverstanden wird und Lichterfahrungen fälschlich für »Erleuchtung« gehalten werden, ist der deutsche Terminus »Erwachen« vorzuziehen, der die Erfahrung treffender umschreibt. Bei der hier erfahrenen »Leere« handelt es sich nicht um eine nichtige Leerheit, sondern um das Unwahrnehmbare, Undenkbare, Unfühlbare, Unendliche jenseits von Sein und Nicht-Sein. Die Leere ist kein Objekt, das ein Subjekt erführe, geht das Subjekt selbst doch in dieser Leere auf.
Die Vollkommene Erleuchtung von → Shākyamuni Buddha ist der Beginn des → Buddha-Dharma, also dessen, was »Buddhismus« genannt wird. Der Buddhismus ist eine Religion der Erleuchtung schlechthin; ohne diese Erfahrung gäbe es keinen Buddhismus.
Wenn Erleuchtung (Satori, Kenshō) ihrem Wesen nach auch stets gleich ist, so gibt es doch höchst verschiedene Grade dieser Erfahrung. Vergleichen wir den Vorgang mit dem Durchbruch durch eine Wand, so kann die Erfahrung zwischen einem winzigen Loch (einem kleinen Kenshō) und dem völligen Zunichtewerden dieser Wand wie bei der vollen Erleuchtung des Shākyamuni Buddha und allen Graden dazwischen schwanken. Die Unterschiede an Klarheit und Genauigkeit der Sicht sind enorm, auch wenn in beiden Fällen die gleiche Welt geschaut wird.
Dieses Beispiel macht zwar die Unterschiede deutlich, es hinkt

jedoch insofern, als es die Welt der Erleuchtung wie ein Objekt erscheinen läßt, das man selbst als Subjekt wahrnimmt. Und weiterhin erweckt es den irrigen Eindruck, als sei die Welt der Erleuchtung, der Leere, des Absoluten, von der Welt der Phänomene geschieden. Das aber ist nicht der Fall. Bei einer tiefen Erfahrung wird klar, daß Leere/Phänomene, Absolutes/Relatives, völlig eins sind. Das Erleben der Wahren-Wirklichkeit ist eben das Erleben dieses Einsseins. »Form ist nichts als Leere, Leere ist nichts als Form«, heißt es im *Mahāprajñāpāramitā-Hridaya-Sūtra* (→ *Herz-Sūtra*) – da sind nicht zwei Welten. Durch tiefe Erleuchtung wird das Ego zunichte, es stirbt. Deshalb heißt es auch im Zen: »Du mußt einmal auf dem Kissen sterben.« Die Folge dieses »Sterbens«, des »Großen Todes«, ist das »Große Leben«, ein Leben in Freiheit und Frieden.

Erscheinungsformen (der buddhist. Gottheiten), im → Tibetischen Buddhismus ist die Unterscheidung eines friedvollen und eines zornvollen oder rasenden Aspekts grundsätzlich bei jeder Gottheit des Pantheons möglich - so z. B. → Avalokiteshvara (friedvoll) und → Mahākāla (rasend). Als → Sādhana symbolisieren die Gottheiten die friedfertigen und die aggressiven oder zerstörerischen Anlagen im Bewußtsein des Übenden. Wie der moderne tibet. Meditationsmeister Chögyam Trungpa betont, ist »Zorn« hier nicht im Sinne einer ichhaften Emotion und »aggressiv oder zerstörerisch« nicht im üblichen negativen Sinn zu verstehen. Die durch die rasenden Gottheiten symbolisierten Energien sind zur Verwirklichung der Erleuchtung ebenso notwendig und hilfreich wie die friedvollen. Was hier zerstört wird, das sind die der geistigen Entwicklung hinderlichen Illusionen, und was sich angegriffen fühlt und in Schrecken versetzt wird, das ist das illusionäre Ego des Übenden.
Die gleichberechtigte Anerkennung der rasenden Energien und die große Rolle, die die in schrecklicher Erscheinungsform dargestellten rasenden Gottheiten im Tibetischen Buddhismus spielen, haben im Westen oft zu der irrigen Ansicht geführt, im Tibetischen Buddhismus würden »Dämonen verehrt«.

F

Fa-hsiang-Schule, chin. (jap. → Hossō), wörtl.: »Schule der Merkmale des Daseins«; bedeutende Schule des chin. Buddhismus, die die Lehren des → Yogāchāra weiterführt und auf den Schriften von → Vasubandhu und → Asanga basiert. Sie wurde von → Hsüan-tsang (600–664) und seinem Schüler K'uei-chi (632–682) begründet, die die Lehren systematisierten. Das wichtigste Werk der Schule ist das *Vijñaptimātratā-Siddhi* (chin. *Ch'eng wei-shih lun,* »Beweis des Nichts-als-Erkenntnis«) von Hsüan-tsang, ein Sammelwerk, in dem die Lehre der Schule im einzelnen dargestellt wird.
Der zentrale Gedanke der Fa-hsiang-Schule ist »Alles ist nur Ideation«, d. h., daß die äußere Welt nur das Produkt unseres Bewußtseins ist und keine »Wirklichkeit« besitzt. Die Welt ist reiner Geist. Die Dinge sind nur insofern existent, als sie Inhalt des Bewußtseins sind. Die Fa-hsiang-Schule entwickelte eine Lehre von acht Arten des Bewußtseins, um den Prozeß der Ideation zu erklären (→ Ālaya-Vijñāna). – Diese Schule erlebt heute einen großen Aufschwung und wird in China und Japan eingehend studiert.

Fa-hsien, ca. 337–422, chin. Mönch und Pilger, der 399 China verließ und über → Tun-huang, Khotan und den Himālaya nach Indien gelangte, wo er buddhist. Schriften, vor allem verschiedene Fassungen des → Vinaya-Pitaka, sammelte. Auf dem Seeweg kehrte er 414 nach China zurück, wo er gemeinsam mit → Buddhabhadra das → *Mahāparinirvāna-Sūtra* und das Vinaya-Pitaka der → Mahāsānghikas ins Chinesische übertrug und seinen berühmten Reisebericht *Fo-kuo chi* verfaßte, der eine der wichtigsten Informationsquellen über Geschichte und Kultur Indiens sowie den Zustand des Buddhismus im 4.–5. Jh. darstellt (engl. Ausgabe 1957 u. ö.).

Fa-lang, 507–581; bedeutender Vertreter der → San-lun-Schule des chin. Buddhismus. Er trat 528 in den buddhist. Orden ein und widmete sich zuerst der Praxis des → Dhyāna und dem Studium von → Vinaya-Texten. Später beschäftigte er sich mit den Schriften der San-lun-Schule. 558 kam er in die damalige Hauptstadt (heute Nanking), wo er Tausende von Schülern um sich sammelte und der San-lun-Schule zu großer Popularität verhalf. Sein Schüler → Chi-tsang führte nach Fa-langs Tod die Tradition fort.

Fang yen-k'ou, chin. → Freilassen der Brennenden Münder

Fa-shun → Tu-shun

Fa-tsang → Hua-yen-Schule

Fo T'u-teng, 232–348, buddhist. Mönch zentralasiat. Abstammung, der 310 nach Lo-yang kam, um dort ein religiöses Zentrum zu errichten. Aufgrund seiner magischen Fähigkeiten (u. a. Voraussehen des Ausgangs von militärischen Operationen, Regenzauber) erwarb er sich das Vertrauen des Herrschers, als dessen Berater er mehr als 20 Jahre lang fungierte.
Er betonte unermüdlich die Wichtigkeit der Menschlichkeit, des Abstehens vom Töten und von der Tyrannei, womit er einen positiven Einfluß auf den Regierungsstil der Herrscher seiner Zeit hatte. Fo T'u-teng setzte sich für die Verbreitung des Buddhismus in seiner elementarsten Form und mit einfachsten Mitteln im chin. Volk ein. Unter seinem Einfluß wurde es Chinesen erstmals offiziell gestattet, dem buddhist. → Sangha beizutreten und sich zu Mönchen ordinieren zu lassen. Er soll auch für die Gründung des chin. Nonnenordens (→ Bhikshunī) gesorgt haben.

Freilassen der Brennenden Münder (chin. Fang yen-k'ou); Zeremonie für Verstorbene. Die »Brennenden Münder« bezeichnen eine Art von »Hungrigen Geistern« (→ Gati, → Preta). Dieses Ritual, das tantrischen Ursprungs ist (→ Mi-tsung), will die Hungrigen Geister von ihren Qualen erlösen und ihnen eine Wiedergeburt als Mensch oder sogar im Westlichen Paradies (→ Sukhāvatī) ermöglichen. Es ist eine der populärsten Zeremonien, die von Verwandten für das Wohl ihrer verstorbenen Angehörigen abgehalten und auch im Rahmen des → Ullambana-Festes durchgeführt wird. Diese Tradition ist heute nicht mehr an eine bestimmte Schule gebunden.

Fugen, jap. für → Samantabhadra

Fünf Hemmnisse → Nīvarana

Fünf Höllische Taten, auch Fünf Todsünden; fünf unverzeihliche, nach traditioneller Auffassung den Täter unmittelbar in die Tiefen der Höllen (→ Naraka) stürzende Taten: Vatermord, Muttermord, Ermordung eines → Arhat, Verwundung eines → Buddha sowie der Versuch, eine Spaltung der buddhist. Mönchsgemeinde (→ Sangha) herbeizuführen.

Fünf Perioden und Acht Lehren → T'ien-t'ai-Schule

G

Gampopa (sGam-po-pa), tibet., wörtl.: »Mann aus Gampo«, 1079–1153, auch bekannt als Dvagpo Lhaje, »Arzt von Dvagpo«; eine der zentralen Persönlichkeiten in der Tradition der → Kagyüpa-Schule. Nach dem frühen Tod seiner Frau wurde Gampopa im Alter von 26 Jahren Mönch und folgte den Lehren der → Kadampa-Schule. Auf der Suche nach weiteren Unterweisungen hörte er den Namen → Milarepa, suchte diesen auf und erhielt schließlich von ihm die Überlieferung der → Mahāmudrā-Lehren. Nach dem Tod des Milarepa begründete Gampopa die monastische Tradition der Kagyüpa. In seinem wichtigsten Werk, dem *Juwelenschmuck der Befreiung* (→ Lamrim), brachte er die Lehren der Kagyüpa und Kadampa zusammen, »so wie sich zwei Ströme vereinigen«.

Ganda-Vyūha (Gaṇḍa-Vyūha), Skrt., wörtl.: »Erscheinung der Protuberanz (am Kopf des Buddha)«; längster, in sich abgeschlossener Teil des → *Buddhāvatamsaka-Sūtra.* Es soll vom Buddha → Shākyamuni in Shrāvastī gepredigt worden sein und berichtet von der Pilgerschaft des jungen Sudhana, der auf seinem Weg zur Erleuchtung vom Bodhisattva → Mañjushrī geführt wird und insgesamt 53 Personen, u. a. auch den zukünftigen Buddha → Maitreya um Rat für seine religiöse Praxis bittet. Schließlich begegnet er → Samantabhadra, durch dessen Belehrungen er die Erleuchtung erlangt und die Wahre-Wirklichkeit erlebt. – Das letzte Kapitel behandelt die zehn Gelübde des Samantabhadra, die die Grundlage des Lebens eines → Bodhisattva bilden und ein grundlegender Text des → Hua-yen (auch → Kegon-Schule) sind.

Gandhāra, die Region im äußersten Nordwesten Indiens, die heute Südafghanistan und Teile von Pakistan umfaßt, war eines der größten Zentren buddhist. Kunst und Kultur. Während der 1. Hälfte des 2. Jh. n. Chr. traten hier die ersten Darstellungen des Buddha auf, die die mahayanist. Auffassung des Buddha als Verkörperung des absoluten Weltprinzips, als Personifizierung von Weisheit und Güte widerspiegeln.
Die Kunst von Gandhāra, die stark von der oströmischen Kunst beeinflußt war, erlebte ihren Höhepunkt zwischen 130–150 und 430–450 n. Chr. Sie ist charakterisiert durch die idealisierte Darstellung der menschlichen Gestalt. Im Lauf der Entwicklung ist eine fortschreitende Vergeistigung und formale Abstrahierung festzustellen.
Von den zahlreichen Klöstern, die auf eine tiefe Verwurzelung des Buddhismus in der Bevölkerung schließen lassen, sind meist nur die Fundamente erhalten. Der Großteil der Klöster muß bei Invasionen von Fremdvölkern im 5. Jh. zerstört worden sein. Im 7. Jh. war der Buddhismus in Gandhāra nach den Berichten des chin. Pilgers → Hsüan-tsang praktisch erloschen.

Gandharva, Skrt.; der himmlische Gandharva aus den hinduist. Veden ist eine Gottheit, die die Geheimnisse des Himmels und der göttlichen Wahrheit kennt und offenbart. Er ist eine Personifizierung des Lichts der Sonne. Seine Aufgabe ist es, den himmlischen Soma-Trank für die Götter zu bereiten. In den späteren Vorstellungen wurden die Gandharvas (ein Halbgöttergeschlecht) Sänger und Musiker, die an den Banketten der Götter teilnahmen; in diesem Sinn wird der Begriff auch im Buddhismus verwendet.

Ganjin, jap. für → Chien-chen

Garuda (Garuḍa), Skrt.; ein mythischer Vogel, halb Mensch, halb Vogel.
Im Buddhismus wird Garuda gelegentlich als Synonym für

»Buddha« verwendet oder in Darstellungen des Dhyāni-Buddha → Amoghasiddhi als dessen Reittier abgebildet.

Gāthā → Sūtra

Gati, Skrt., Pali, wörtl.: »Existenzweise«; bezeichnet die verschiedenen Daseinsformen, innerhalb derer die Wiedergeburten stattfinden und die das → Samsāra bilden. Man unterscheidet drei »gute« oder »höhere« sowie drei »schlechte« oder »niedere« Existenzweisen. Zu den »guten« zählen Menschen, Götter (→ Deva) und die → Asuras; zu den »schlechten« Tiere, die Hungrigen Geister (→ Preta) und Höllenbewohner (→ Naraka). Diese sechs Existenzweisen haben als Schauplatz die drei Welten oder Sphären (→ Triloka).

Gautama Siddharta → Siddharta Gautama

Geierberg (Skrt. Gridhrakūṭa); in der Nähe der Stadt Rājagriha gelegener Berg, der ein beliebter Aufenthaltsort des → Shākyamuni Buddha war. Der Überlieferung nach soll der Buddha das → *Lotos-Sūtra* auf dem Geierberg gepredigt haben.

Gelugpa (dGe-lugs-pa), tibet., etwa: »Schule der Tugendhaften«; als letzte der vier Hauptschulen des Tibetischen Buddhismus von → Tsongkhapa begründet, legt diese Lehrtradition in der Nachfolge der → Kadampa-Schule besonderen Wert auf die Einhaltung der Mönchsregeln (→ Vinaya) und ein gründliches Studium der autoritativen Texte. Maßgeblich sind dabei vor allem die Literatur zu den Stufen des Weges (→ Lamrim) und die systematischen Werke über die verschiedenen buddhist. Lehrmeinungen (→ Siddhānta). Mit der Institution der Dalai Lamas hat die Gelugpa-Schule seit dem 17. Jh. die politische Führung inne.

Gesar (Ge-sar), tibet., wörtl.: »Lotosstempel«. Name eines mythischen Helden, dessen Gestalt das größte Epos des Tibetischen Buddhismus inspirierte. Dieses Epos breitete sich in Form von Volkserzählungen bis in die Mongolei aus und wurde von professionellen Sängern oder Barden überliefert. Als Heimat des Gesar wird das im Osten Tibets liegende Königreich Ling angegeben, und die ihm gewidmeten Legenden sind im 11. Jh. entstanden. Zu dieser Zeit setzte sich auch in der Volksmeinung der Buddhismus gegen den → Bön-Glauben durch, und das Hauptthema des Epos bilden eben die Kämpfe Gesars gegen das Böse (= Bön). In diesen Auseinandersetzungen für die Qualitäten des Buddhismus gilt Gesar als Verkörperung des → Avalokiteshvara und des → Padmasambhava, seine Helden werden als Inkarnationen der → Mahāsiddhas angesehen. Heute wird Gesar als Kriegs- und Reichtumsgott verehrt und seine Gattin als → Dākinī.

Gō, jap. für → Karma

Gokulika, Skrt. → Hīnayāna, → Mahāsānghika

Götterbote (Skrt. Deva-Dūta); im Buddhismus werden Alter, Krankheit und Tod als »Götterboten« bezeichnet. Sie sollen den Menschen die Leidhaftigkeit und Vergänglichkeit des Daseins bewußt machen und sie auf den Weg zur Erlösung bringen.

Göttliche Verweilungszustände → Brahma-Vihāra

Govinda, Lama Anāgārika, 1898–1985; deutschstämmiger buddhist. Gelehrter, der sich in Theorie und Praxis besonders mit dem Tibetischen Buddhismus (→ Vajrayāna) befaßte. Seine in viele westl. Sprachen übersetzten Bücher trugen dazu bei, die Gedanken des Buddhismus im Abendland zu verbreiten. Zu seinen bekanntesten Veröffentlichungen gehören ein Erlebnisbericht über seine Reisen in Tibet (*Der Weg der weißen Wolken*, 8. Auflage, Bern 1983) und eine Einführung in die Lehren des Vajrayāna (*Grundlagen tibetischer Mystik*, 6. Auflage, Bern 1985). Lama Govinda gründete im Westen den buddhist. Orden »Ārya Maitreya Mandala« (AMM).

Gridhrakūta, Skrt. → Geierberg

Großes Fahrzeug → Mahāyāna

Guru, Skrt.; Lehrer, insbesondere der spirituelle Meister. Die Hindu-Tradition spricht von vier Guru-Stufen: 1. die Eltern, die uns zu diesem Körper verhelfen und uns mit dem Leben und seinen Problemen bekannt machen; 2. die weltlichen Lehrer der Schule und Universität, die Handwerksmeister und alle anderen, die sich um unsere Ausbildung kümmern; 3. der spirituelle Meister, der den Weg kennt, uns den Sinn und Zweck des Lebens erklärt und den Weg zur Selbstverwirklichung, aber auch seine Gefahren und Hindernisse zeigt. Er kann uns auf diesem Weg führen und leiten, aber gehen müssen wir ihn selbst, es gibt keinen spirituellen »Huckepackverkehr«; 4. der kosmische Guru (Avatāra), zu dem uns der spirituelle Meister führt und der als göttliche Inkarnation vollkommen und erleuchtet ist. Für die Christen ist Jesus Christus der kosmische Guru.

Guru Rimpoche, → Padmasambhava

Gyulü (sGyu lus), tibet., wörtl.: »Illusionskörper«; im → Vajrayāna die Vorstellung eines feinstofflichen Körpers, der jenseits der fünf Körperkonstituenten (→ Skandha) existiert, zur gleichen Zeit aber auch in sie eingelagert ist. Als Teil des → Nāro Chödrug und anderer Überlieferungen der Tantra-Lehren wird darunter vor allem eine bestimmte Meditationstechnik zusammengefaßt, mit deren Hilfe der gewöhnliche Körper zum Zustand der → Buddhaschaft geläutert wird.

H

Hakuin Zenji, auch Hakuin Ekaku, 1686–1769, einer der bedeutendsten jap. Zen-Meister der → Rinzai-Schule. Er wird oft als der Vater des modernen Rinzai-Zen bezeichnet, da er der Rinzai-Linie, die seit dem 14. Jh. allmählich verfallen war, neue Impulse gab und sie reformierte. Er systematisierte die Kōan-Schulung und betonte wieder die Wichtigkeit des → Zazen, dessen Praxis mehr und mehr von einer intellektuellen Beschäftigung mit den Schriften des Zen verdrängt worden war. In seinem berühmten Preisgesang des Zazen *(Hakuin Zenji Zazen-wasan)* besingt er die grundlegende Bedeutung des »Sitzens in Versunkenheit« für die Verwirklichung der → Erleuchtung, die das Ziel des Zen-Weges ist. Hakuins Sekishu, »Was ist der Ton des Klatschens

einer Hand?«, ist das bekannteste Kōan, das von einem jap. Meister stammt. Der geniale Hakuin Zenji war nicht nur ein hervorragender Zen-Meister, sondern auch ein bedeutender Maler, Schriftmeister und Bildhauer; seine Tuschebilder gehören zu den berühmtesten Werken der Zen-Malerei (siehe dazu K. Tanahashi: *Der Zen-Meister Hakuin Ekaku*, Köln 1989).
Hakuins Weise der Zen-Schulung, die von seinem Schüler und Dharma-Nachfolger Tōrei Enji (1721–1792) und von dessen Dharma-Erben Inzan Ien (1751–1814) und auch Takuju Kōsen (1760–1833) in Einzelheiten noch weiter ausgeformt wurde, ist bis heute maßgeblich für die Schulung im jap. Rinzai-Zen. Nach Hakuin gibt es drei wesentliche Voraussetzungen für die Übung des Zazen: den »großen Glauben« (Dai-Shinkon), den »großen Zweifel« (Dai-Gidan) und die »große Entschlossenheit« (Dai-Funshi). Er betonte die Bedeutung der Kōan-Praxis und ordnete die überlieferten Kōan zu einem System, in dem der Zen-Übende nach Schwierigkeitsgraden abgestufte Kōan in einer bestimmten Reihenfolge lösen muß. Das »Kōan Mu« und später sein »Sekishu« betrachtete er als die besten Hosshin-Kōan (→ Kōan). Auf den erfolgreichen Abschluß der Kōan-Schulung, durch das Empfangen des Siegels der Bestätigung markiert, sollte – wie Meister des Rinzai-Zen in der Tradition von Hakuin betonen – eine mehrjährige Periode des Lebens in Einsamkeit folgen, die der Vertiefung und Klärung der Erfahrung eines so Bestätigten dient, bevor dieser als Meister in Erscheinung tritt.
Hakuin betonte außerdem die Bedeutung eines streng geregelten Klosterlebens und – in der Tradition von Pai-chang Huai-hai (jap. Hyakujō Ekai) – der täglichen körperlichen Arbeit. Er betrachtete diese Arbeit (Samu) als Teil der meditativen Übung, die während der alltäglichen Verrichtungen im Kloster und außerhalb des Klosters weitergehen sollte.
Hakuin leitete mehrere Zen-Klöster als Abt, darunter das Ryūtaku-ji in der Provinz Shizuoka, das bis in die Gegenwart eines der wichtigsten Zen-Klöster Japans blieb und heute eines der wenigen Klöster in Japan ist, in denen noch echtes Zen im Sinne Hakuins lebendig ist. Seine umfangreichen Schriften gehören zu den inspirierendsten der jap. Zen-Literatur. (Ausgewählte Teile aus seinem Werk in engl. Übersetzung liegen vor in: *The Zen-Master Hakuin. Selected Writings,* übers. v. Ph. B. Yampolsky,

New York/London 1971; *The Embossed Tea Kettle. Orategama and Other Works of Hakuin Zenji,* übers. v. R. D. M. Shaw, London 1963.)

Han Chung-li → Pa-hsien

Han Hsiang-tzu → Pa-hsien

Harivarman, 4. Jh., buddhist. Gelehrter aus Mittelindien, der sich nach seinem Eintritt in den → Sangha den Lehren der Schule des → Sarvāstivāda zuwandte, aber bald damit unzufrieden wurde. Während einiger Jahre vertiefte er sich in den buddhist. Kanon und ging nach → Pātaliputra, wo er mit Mönchen der Schule der → Mahāsānghikas mahayanist. Texte studierte. Zu dieser Zeit entstand sein Werk *Satyasiddhi* (»Vervollkommnung der Wahrheit«), in dem er den Gedanken der Leere (→ Shūnyatā) entwikkelte und das die Grundlage der chin. → Satyasiddhi- und der jap. → Jōjitsu-Schule wurde.

Hauslosigkeit (Skrt. Pravrajyā, Pali: Pabbajjā); das »Ziehen in die Hauslosigkeit«, d. h. das Verlassen der Familie und Aufgeben aller sozialen Bindungen, stellt den ersten Schritt im Leben eines hinayanist. Mönches dar, der sich von der Welt abwenden muß, um in der Abgeschiedenheit den Weg zur Erlösung beschreiten zu können. Mit diesem Schritt, der durch das Scheren von Kopf- und Barthaaren und das Anlegen der gelben Robe symbolisiert wird, tritt man dem Stand der Novizen (→ Shrāmanera) bei.

Hayagrīva, Skrt., wörtl.: »Pferdenacken«. (tibet. Tamdrin [rtamgrin]); zur Padma-Familie (→ Buddhakula) gehörende rasende Schutzgottheit (→ Erscheinungsformen) des → Vajrayāna; sie ist in dieser Tradition ein oft verwendeter → Yidam.

Herz-Sūtra (Skrt. *Mahāprajñāpāramitā-Hridaya-Sūtra,* jap. *Maka Hannyaharamita Shingyō,* etwa »Herzstück des → *Prajñāpāramitā-Sūtra*«); kürzestes der 40 Sūtras, die das *Prajñāpāramitā-Sūtra* bilden. Es ist eines der bedeutendsten Sūtras des Mahāyāna-Buddhismus und wird vor allem in China und Japan von den Mönchen und Nonnen fast aller Schulen rezitiert. Besondere

Wichtigkeit erlangte das Sūtra im Zen, da es die Lehre von → Shūnyatā – der »Leere«, um deren unmittelbare Erfahrung sich der Zen-Übende bemüht – besonders klar und konzis formuliert.
Der Kernsatz des *Herz-Sūtra* lautet: »Form ist nichts als Leere, Leere ist nichts als Form« – eine Aussage, die im Zen immer wieder zitiert wird.

Hieizan, jap., wörtl.: »Berg Hiei«; Berg bei Kyōto, auf dem → Saichō (auch Dengyō Daishi, 767–822) Anfang des 9. Jh. das Stammkloster der von ihm begründeten jap. Linie des → T'ien-t'ai-Buddhismus (siehe auch → Tendai) erbaute. Der große Klosterkomplex wurde zu einem der bedeutendsten Zentren des Buddhismus im mittelalterlichen Japan; er beherbergte auch Meister aus anderen buddhist. Schulen, vor allem der → Shingon-Schule und dem → Zen.

Himmelskönige (chin. T'ien-wang, jap. Shi-Tennō, Skrt. Devarāja), auch Weltenhüter genannt; vier dämonisch anmutende Gestalten, deren Statuen sich in jedem chin. und jap. Kloster befinden. Die Himmelskönige, die nach mythologischen Vorstellungen auf dem Weltenberg → Meru leben, sind die Hüter der vier Weltteile und der buddhist. Lehre. Sie bekämpfen das Schlechte und schützen jene Orte, an denen das Gute gelehrt wird. Ihre Körper sind durch Rüstungen geschützt, auf dem Kopf tragen sie Helme oder Kronen.

Hīnayāna, Skrt,. »Kleines Fahrzeug«; urspr. abfällige Bezeichnung seitens der Vertreter des → Mahāyāna (»Großes Fahrzeug«) für den »alten Buddhismus«. Die Anhänger des Hīnayāna selbst bezeichnen ihre Lehre meist als → Theravāda (Lehre der Ordensältesten), obwohl diese Schule nur *eine* Richtung innerhalb des Hīnayāna darstellt; sie ist jedoch die einzige noch heute existierende. Das Hīnayāna wird auch »Südlicher Buddhismus« genannt, da es vor allem in den südl. Ländern Asiens (Ceylon, Thailand, Burma, Kambodscha, Laos) verbreitet ist.
Das Hīnayāna zählt der Überlieferung nach 18 verschiedene Schulen, die sich aus der Urgemeinde entwickelt haben; in den Texten sind aber weitaus mehr angeführt.

Beim 3. buddhist. → Konzil erfolgte das erste Schisma, das die Urgemeinde in → Sthavira (Pali: Thera) und → Mahāsānghika spaltete. Die Mahāsānghikas teilten sich zwischen 280 und 240 v. Chr. in sechs Schulen: in die Ekavyāvahārikas, aus denen die Lokottaravādins hervorgingen, und in die Gokulikas, die sich in Bahushrutīyas, Prajñaptivādins und Chaitikas spalteten.
Von den Sthaviras lösten sich um 240 v. Chr. die → Vātsīputrīyas (auch Pudgalavādins genannt), die vier Untergruppen bildeten: Dharmottarīya, Bhadrayānīya, Sammatīya und Sannagarika (oder Sandagiriya). Zwei weitere von den Sthaviras ausgehende Schulen sind der → Sarvāstivāda, aus dem ca. 150 v. Chr. die → Sautrāntikas hervorgingen, und die → Vibhajyavādins, die sich als orthodoxe Sthaviras verstehen. Aus diesen entstanden die Schulen des Theravāda, der → Mahīshāsakas und Kāshyapīyas; aus den Mahīshāsakas gingen die → Dharmaguptakas hervor.
Das Hīnayāna, dessen Schulen sich in der Zeit zwischen dem Tod des Buddha und dem Beginn unserer Zeitrechnung entwickelten, stellt nach Ansicht seiner Anhänger die ursprüngliche, reine Lehre, wie sie der Buddha gepredigt hat, dar. Seine Doktrinen basieren im wesentlichen auf den Sūtras, die aus dem Munde des Buddha selbst stammen sollen. Die für die Mönche verbindlichen Disziplinregeln sind im → Vinaya-Pitaka enthalten. Im → Abhidharma, dem dritten Teil des Kanons (→ Tripitaka) werden die in den Sūtras enthaltenen Lehren analysiert und systematisiert.
Das Hīnayāna zeigt in erster Linie den Weg zur Erlösung auf. Philosoph. Spekulationen spielen dabei keine Rolle, sie gelten als hinderlich auf dem Weg. Es liefert eine Analyse der menschlichen Situation, der Natur des Daseins, der Struktur der Persönlichkeit und zeigt Methoden, die zur Aufhebung des Leidens (→ Duhkha) führen können.
Allen Schulen des Hīnayāna ist eine realistische Sicht des Daseins gemeinsam. Das Leiden, aus dem es sich zu befreien gilt, wird als real angesehen. Die Befreiung aus dem leidhaften Kreislauf (→ Samsāra) der Wiedergeburten und das Erlangen des Nirvāna werden als höchstes Ziel angesehen, das nur durch eigene Kraft, durch eine Abkehr von der Welt und ihre Überwindung erreicht werden kann. Dazu muß der Anhänger des Hīnayāna in die → Hauslosigkeit ziehen, d. h. ein mönchisches Leben führen; Laien ist das Erlangen des Nirvāna nicht möglich. Das diesen

Grundsätzen entsprechende Ideal des Hīnayāna ist der → Arhat, der aus eigener Kraft die Erlösung für sich selbst erlangt hat.
Das Hīnayāna vermeidet es, über das letzte Ziel spirituellen Strebens, das Nirvāna, etwas auszusagen, das über die Erfahrungstatsache der Erleuchtung und damit des Verlöschens der Ich-Illusion mit ihrem Begehren (→ Trishnā) hinausgeht.
Der Buddha wird von diesen Schulen als historische Persönlichkeit, als irdischer Mensch und Lehrer angesehen, nicht aber als transzendentes Wesen.
Das Wesentliche der Lehre kommt in den → Vier Edlen Wahrheiten, dem Lehrsatz vom Abhängigen Entstehen (→ Pratītya-Samutpāda), der → Anātman-Doktrin und dem Gesetz des → Karma zum Ausdruck. Die Praxis des Hīnayāna ist in Grundzügen im → Achtfachen Pfad enthalten.
Aus mahayanist. Sicht wird das Hīnayāna als »Kleines Fahrzeug« deswegen bezeichnet, weil es im Gegensatz zum Mahāyāna, das *alle* Wesen zur Erlösung führen will, nur die *eigene* Befreiung zum Ziel hat. Es wird als die erste Stufe der Lehrdarlegung des Buddha angesehen, in der nur ein kleiner Teil der buddhist. Lehre aufgezeigt wird. Erst später predigte der Buddha die vollkommene Lehre, das Mahāyāna. (Siehe dazu auch → Ekayāna, → Triyāna, → Buddhismus.)

Hō, jap. für → Dharma

Ho Hsien-ku → Pa-hsien

Hokke-kyō, jap. für → *Lotos-Sūtra*

Hōnen → Jōdo-shū

Honganji, jap. → Jōdo-shin-shū

Hossen, jap., wörtl.: »Dharma-Gefecht«; die für das Zen typische Methode, die lebendige Wahrheit ohne Rückgriff auf diskursives Denken und philosophische oder religiöse Lehrmeinungen unmittelbar zu demonstrieren. Das Hossen besteht aus einem Wortwechsel, Frage und Antwort, Geste und Erwiderung zwischen zwei erleuchteten Menschen. Während das Mondō i. allg.

nur aus einer Frage und einer Antwort besteht, kann sich das Hossen zu einem ausgedehnten Treffen entwickeln. Die meisten → Kōan bestehen aus überlieferten Hossen oder Mondō.
Anders als das Wort »Dharma-Gefecht« vermuten läßt, handelt es sich beim Hossen nicht um ein »Streitgespräch«; es geht hier nicht etwa darum, einen Gegner in einer Diskussion zu besiegen oder festzustellen, welcher der Partner in einem Hossen der »bessere« ist. Die Teilnehmer an einem Hossen sprechen aus ihrer Zen-Erfahrung, die keinen Antagonismus, keine Ich-Du-Spaltung kennt. Sie benutzen diese Gelegenheit einzig, um im Zusammentreffen mit einem Menschen von großer Geisteskraft die Tiefe ihrer eigenen Erfahrung auszuloten und sich daran zu schulen.

Hossō-Schule, jap. (chin. → Fa-hsiang-Schule), wörtl.: »Schule der Merkmale der Dharmas«; Schule des jap. Buddhismus, die eine Fortsetzung der chin. Fa-hsiang-Schule (die ihrerseits im ind. → Yogāchāra fußt) darstellt.

Hotei, jap. für → Pu-tai

Hotoke, jap. für → Buddha

Hsüan-tsang, auch San-tsang, Sentsang, »Tripitaka« oder T'ang-seng genannt, 600–664, bedeutender chin. Mönch und Pilger; einer der vier großen Übersetzer von Sanskrit-Texten im chin. Buddhismus und Mitbegründer der → Fa-hsiang-Schule, der chin. Form des → Yogāchāra.
Hsüan-tsang verbrachte 16 Jahre (629–645) auf einer Pilgerfahrt nach Indien, wo er u. a. in Nālandā studierte und alle wichtigen buddhist. Stätten besuchte. Seine Erlebnisse und Erfahrungen faßte er in seinem berühmten Reisebericht *(Ta-t'ang hsi-yu chi)* zusammen, der wichtige Daten für die Erforschung der Geschichte und Archäologie Indiens sowie der Situation des Buddhismus im 7. Jh. liefert.
Nach seiner Rückkehr nach China übersetzte Hsüan-tsang die grundlegenden Werke des Yogāchāra ins Chinesische, z. B. das → *Prajñāpāramitā-Sūtra* in 600 Bänden; das → *Yogāchārabhūmi-Shāstra,* das → *Abhidharmakosha,* das *Mahāyāna-Samparigraha* des → Asanga, das *Trimshikā* und *Vimshatikā* des → Vasuban-

dhu. Außerdem schrieb er das *Vijñaptimātratā-Siddhi* (chin. *Ch'eng wei-shih lun*), in dem er die Lehren von zehn berühmten Meistern des Yogāchāra zusammenfaßte und kommentierte. Es ist eine vollständige Darstellung des Yogāchāra.

Hua-yen-Schule, chin. (jap. → Kegon-Schule, Skrt. Avatamsaka), wörtl.: »Blumengirlande-Schule«; bedeutende Schule des chin. Buddhismus, die ihren Namen vom Titel der chin. Übersetzung des → *Buddhāvatamsaka-Sūtra* herleitet. Sie wurde von Fa-tsang (643–712) begründet; ihre Anfänge gehen aber schon auf die Mönche → Tu-shun (557–640) und Chih-yen (602–668) zurück, die als die beiden ersten Patriarchen der Hua-yen-Schule gelten. Weitere bedeutende Vertreter waren Ch'eng-kuan (737–820), unter dem die Schule großen Einfluß gewann und der von seinen Nachfolgern als eine Inkarnation des → Mañjushrī angesehen wurde. Der 5. Patriarch der Schule war → Tsung-mi (780–841), der als einer der hervorragenden Meister dieser Schule gilt. – Die Hua-yen-Schule wurde im Jahre 740 von Shen-hsiang (jap. Shinshō) nach Japan gebracht, wo sie unter dem Namen »Kegon« verbreitet ist.

Diese Schule lehrt die Gleichheit aller Dinge und die Abhängigkeit aller Dinge voneinander. Ihre Lehre wird als »Lehre der Totalität« bezeichnet, da nach Hua-yen-Auffassung alle Dinge in Einem münden und dieses Eine sich in Vieles spaltet, so daß alles Vielfältige in dem Einen vereint ist. Die Grundlehre des Hua-yen besteht im Gedanken der »Universellen Ursächlichkeit des → Dharmadhātu«, d. h. darin, daß alles im Universum gleichzeitig aus sich heraus entsteht. Alle → Dharmas besitzen die sechs Merkmale Universalität, Besonderheit, Ähnlichkeit, Unterschiedlichkeit, Integrierung und Differenzierung. Sie befinden sich im Zustand der »Soheit« (→ Tathatā), dessen statischer Aspekt die Leere (→ Shūnyatā) oder der Bereich des »Prinzips« (Li) ist und dessen dynamischer Aspekt der Bereich der Phänomene (Shih). Diese beiden Bereiche sind so miteinander verflochten und voneinander abhängig, daß das gesamte Universum durch gegenseitiges Bedingen entsteht. Eine gute Einführung in die Lehre des Hua-yen mit Auszügen aus seinen wichtigsten Schriften ist Garma C. C. Chang: *Die buddhistische Lehre von der Ganzheit des Seins*, Bern u. a. 1989.

Hui-neng, jap. E'nō, auch Wei-lang genannt, 638–713, der 6. Patriarch des Zen in China; ein Schüler und der Dharma-Nachfolger (Hassu) von Hung-jen. Hui-neng, einer der bedeutendsten Zen-Meister Chinas, gab dem bis dahin noch stark vom traditionellen ind. Buddhismus geprägten Zen seine typische chin. Prägung und wird deshalb als der eigentliche Vater des chin. Zen angesehen. Er hat das Patriarchat niemals in aller Form an einen Nachfolger weitergegeben, und so ist es erloschen. Hui-neng hatte allerdings mehrere Meisterschüler und Dharma-Nachfolger. Auf zwei von ihnen, Nan-yüeh Huai-jang (jap. Nangaku Ejō) und Ch'ing-yüan Hsing-ssu (jap. Seigen Gyōshi) gehen alle großen Übertragungslinien des Zen in China zurück.
Hui-neng gilt als der Autor des einzigen originär chin. Werks, dem später der Status eines Sūtra zugesprochen wurde, des »Sūtra (gesprochen) vom Hohen Sitz des Dharma-Schatzes« *(Liu-tsu-ta-shih fa-pao-t'an-ching)*, das einige der tiefgründigsten Passagen in der Zen-Literatur enthält (dt. Hui-neng: *Das Sutra des Sechsten Patriarchen*, Bern u. a. 1989). Außerdem erfahren wir aus diesem kurz *T'an-ching* (jap. *Dan-gyō*) genannten Werk Einzelheiten aus dem Leben des 6. Patriarchen. Hui-neng stammte danach aus ärmlichen Verhältnissen, hatte kaum Schulbildung genossen und mußte seine verwitwete Mutter durch das Sammeln und Verkaufen von Brennholz unterstützen. Dabei hörte er eines Tages, wie ein Mann vor dem Haus, das er gerade beliefert hatte, das → *Diamant-Sūtra* rezitierte, und bei dem Satz »Laß deinen Geist frei fließen, ohne bei irgend etwas zu verweilen« hatte Hui-neng eine Erleuchtungserfahrung. Er erfuhr von dem Mann, daß er von Hung-jen kam, und beschloß, jenen aufzusuchen. Als er in das von Hung-jen geleitete Kloster auf dem Berg Huang-mei gelangte, erkannte dieser sofort seine Begabung, ließ Hui-neng aber erst einmal als Gehilfe in der Klosterküche arbeiten, wo er Feuerholz spaltete und die Reismühle trat. Die berühmteste Episode aus seinem Leben, die die Übertragung des Patriarchats und die Spaltung des Zen in eine Nördliche Schule und eine Südliche Schule betrifft, ist in groben Umrissen folgende:
Als der betagte 5. Patriarch die Zeit kommen sah, das Patriarchat einem Nachfolger zu übertragen, forderte er die Mönche seines Klosters auf, ihrer Zen-Erfahrung in einem Gedicht Ausdruck zu geben. Nur Shen-hsiu, der intellektuell brillanteste seiner Schüler

und von allen Mönchen des Klosters hochgeschätzte Mönchsälteste, schrieb ein solches Gedicht. Er verglich darin den Körper des Menschen mit dem → Bodhi-Baum (unter dem Shākyamuni Buddha Vollkommene Erleuchtung erfahren hatte) und den Geist mit einem Spiegel auf dem Gestell, den man ständig putzen müsse, um ihn von allem Staub freizuhalten. Als der in der Küche arbeitende Hui-neng von diesem Gedicht hörte, verfaßte er als Antwort darauf die folgenden Verse:

Im Grund ist Bodhi gar kein Baum,
noch ist der klare Spiegel ein Gestell.
Da alles Leere ist von Anbeginn,
wo heftete sich Staub denn hin?

Hung-jen, der in Hui-nengs Zeilen eine der Einsicht von Shen-hsiu weit überlegene Tiefe der Erfahrung erkannte, rief Hui-neng, da er Shen-hsius Eifersucht fürchtete, während der Nacht insgeheim zu sich und übergab ihm Gewand und Schale als Zeichen der Bestätigung. Damit setzte er Hui-neng, der im Gegensatz zu Shen-hsiu nicht nach diesem Auftrag strebte, als den 6. Patriarchen ein, wohl wissend um die Schwierigkeiten, die sich aus diesem Schritt für die Überlieferung seines Dharma ergeben würden. Gleichzeitig trug er ihm auf, sofort das Kloster zu verlassen und im Süden Chinas unterzutauchen, um vor den zu erwartenden Nachstellungen Shen-hsius und seiner Anhänger sicher zu sein.

Mit Hui-neng, dem als »ungebildetem Laien« und entgegen allen Konventionen des religiösen Establishments das Patriarchat übertragen worden war, war ein entscheidender Schritt zur Assimilierung des ind. → Dhyāna-Buddhismus in den chin. Geist und zur Ausformung eines mindestens ebenso stark vom Taoismus wie vom Buddhismus geprägten, bodenständigen chin. Zen getan. In seiner – schon seit Jahrhunderten von den taoist. Weisen exemplifizierten – radikalen Absage an bloße Schriftgelehrtheit und seiner für den chin. Volkscharakter typischen, mit einem derben Humor gepaarten praktischen Diesseitigkeit war es dieses Zen der Südlichen Schule, aus dem alle großen Schulen des Zen in China hervorgingen. Mit Hui-neng und seinen Schülern und Dharma-Nachfolgern begann das »Goldene Zeitalter« des Zen in China, das während der T'ang- und der darauffolgenden Sung-Zeit zahlreiche überragende Zen-Meister hervorbrachte, deren

Taten und Aussprüche bis heute Inspiration und (als → Kōan) wichtige Mittel der Schulung für Übende auf dem Zen-Weg sind.

Hui-yüan, 334–416, bedeutender chin. Mönch; Schüler von → Tao-an, Begründer des → Amitābha-Kultes und der Weißer-Lotos-Gesellschaft, 1. Patriarch der → Reines-Land-Schule. Zu seinen wichtigsten Werken zählt eine Abhandlung über das → Karma *(San-pao-lun),* in der er sich mit dem Problem des Reifens der Taten (→ Vipāka) und der Unsterblichkeit der »Seele« auseinandersetzt. Für den chin. → Sangha ist von Bedeutung, daß auf Hui-yüans Betreiben die Mönche von ihren weltlichen Pflichten dem Herrscher gegenüber befreit wurden.

Hungrige Geister → Preta

I

Ichchantika (Iccantika) Skrt., wörtl.: »Glaubensloser«; bezeichnet einen Menschen, der alle heilsamen Wurzeln (→ Kushala) in sich abgeschnitten hat und ohne Wunsch nach Erlangung der Buddhaschaft ist. Die Frage, ob ein Ichchantika → Buddha-Natur besitzt oder nicht, hat vor allem unter den Schulen des chin. Buddhismus zu Meinungsverschiedenheiten geführt. – Seltener bezeichnet Ichchantika einen → Bodhisattva, der das Gelübde abgelegt hat, nicht eher Buddhaschaft zu erlangen, als alle Wesen Erlösung gefunden haben.

I-ching, 635–713, einer der bedeutendsten Übersetzer buddhist. Texte aus dem Sanskrit ins Chinesische und berühmter Pilger, der 671 auf dem Seeweg nach Indien reiste, wo er mehr als 20 Jahre verbrachte. An der Klosteruniversität → Nālandā studierte er die Lehren des Hīnayāna- und Mahāyāna-Buddhismus und begann mit der Übersetzung von wichtigen religiösen Werken in seine Muttersprache. 695 kehrte I-ching in seine Heimat zurück und brachte über 400 buddhist. Texte mit. Gemeinsam mit Shikshananda übertrug er u. a. das → *Buddhāvatamsaka-Sūtra* und das → Vinaya-Pitaka der Mulasarvāstivāda-Schule. Insgesamt übersetzte I-ching 56 Werke in 230 Bänden. Außer einem Reisebericht verfaßte er auch eine Sammlung von Biographien von 56 Mönchen, die vorwiegend auf dem Seeweg nach Indien gepilgert waren.

Indriya, auch Jñānendriya und Buddhīndriya, Skrt., wörtl.: »Sinnesorgan«.
22 psychische und physische Vermögen oder Fähigkeiten: die Sechs Grundlagen (→ Āyatana, → Shadāyatana); die männliche und weibliche Potenz, die die Geschlechter unterscheidet; die vitale Fähigkeit, die alle physiologischen Phänomene bestimmt; die Fähigkeiten der Lust und des Schmerzes, der Freude, der Traurigkeit und der Indifferenz; die fünf geistigen Wurzeln, die die Grundlage der Entwicklung der Fünf Kräfte (→ Bala) bilden, nämlich die Wurzel des Glaubens (→ Shraddhā), der Energie (→ Vīrya), der Wachsamkeit, der Sammlung (→ Samādhi) und der Weisheit (→ Prajñā); drei überweltliche Fähigkeiten: die Gewißheit, das noch nicht Erkannte erkennen zu können, die am Anfang des überweltlichen Pfades (→ Ārya-Mārga) steht; höchstes Wissen, das im Moment der Verwirklichung der → Shrota-Āpanna-Schaft erreicht wird und schließlich das Vermögen desjenigen, der die vollkommene Erkenntnis besitzt, welche den → Arhat ausmacht.

Indriyasamvara (Indriyasaṃvara), Skrt., wörtl.: »Behütung der Sinnesorgane«; Meditationstechnik, die zum objektiven reinen Beobachten erzieht und verhindern soll, daß aus Wahrnehmungsreizen Emotionen wie Sympathie, Antipathie, Begehren, Haß usw. entstehen. Die Behütung der Sinnesorgane dient auch dazu, Sammlung (→ Samādhi) zu ermöglichen.
Indriyasamvara ist eine der Vorübungen zu den eigentlichen Meditationsübungen und muß auch außerhalb reiner Meditationsperioden während alltäglicher Verrichtungen geübt werden. Es stellt eine für Mönche verbindliche, in Reinheit bestehende Sittlichkeit (→ Shīla) dar.

J

Jamgon Kongtrul ('Jam-mgon Koṅ-sprul), 1813–1899, »Sanfter Beschützer, Inkarnation von Kong«; einer der wichtigsten Gelehrten des → Tibetischen Buddhismus im 19. Jh. Als Kind mit den Lehren der → Bön-Schule vertraut, wurde er sowohl von der → Nyingmapa- als auch von der → Karma-Kagyü-Schule zum Mönch ordiniert. Gemeinsam mit dem → Sakyapa-Lehrer Jamyang Khyentse Wangpo (1820–1892) schuf er in Osttibet eine Atmosphäre allgemeiner religiöser Toleranz (→ Rime) und übte auch politischen Einfluß aus. Seine fünf wichtigsten Schriften werden ehrerbietig die »Fünf Schätze« genannt. Sein *Nges-don sgron-me,* ein Meditationshandbuch, erschien in dt. Übersetzung u. d. T. *Das Licht der Gewißheit,* Freiburg 1979.

Jarāyuja, Skrt. → Chatur-Yoni

Jātaka, Pali, wörtl.: »Geburtsgeschichte(n)«; ein Teil des → *Khuddaka-Nikāya.* Die 547 Jātakas bilden für sich allein den umfangreichsten Teil des → Sūtra-Pitaka. Diese Geburtsgeschichten erzählen von den früheren Leben des Buddha, seiner Anhänger und Gegner, und sie zeigen auf, wie das Verhalten während früherer Leben die Umstände der gegenwärtigen Existenz dem Gesetz des → Karma gemäß beeinflußt.

Jetavana, Kloster in Shrāvastī (Indien), das der reiche Kaufmann → Anāthapindika dem historischen Buddha gestiftet hat und das der bevorzugte Aufenthaltsort des Buddha wurde, der dort 19 Regenzeiten verbrachte. – Das älteste Kloster Chinas, das → Pai-ma-ssu, ist nach dem Muster des Jetavana-Klosters errichtet worden.

Jigme Lingpa → Dzogchen

Jiriki, jap., wörtl.: »eigene Kraft«; ein Ausdruck, der die Bemühung bezeichnet, → Erleuchtung durch eigene Anstrengungen (z. B. → Zazen) zu verwirklichen. Jiriki wird gewöhnlich im Gegensatz zu → Tariki gebraucht, was so viel bedeutet wie »Kraft des Anderen«. Es heißt, daß die Anhänger einiger buddhist.

Schulen darauf vertrauen, daß der bloße Glaube an Buddha (i. allg. in seiner Manifestation als → Amitābha) und die Anrufung seines Namens zu einer Wiedergeburt in einem »Buddha-Paradies« (→ Reines Land) und damit zur Erlösung des Gläubigen führt (→ Amidismus). Dies ist eine Haltung, die die Kraft des Buddha-Prinzips, den Menschen zu erlösen, in den Vordergrund stellt und deshalb als Tariki, »Kraft des Anderen«, bezeichnet wird. Im Gegensatz dazu setzen andere Schulen des Buddhismus, wie z. B. das Zen, auf das Vermögen, durch eigene Anstrengungen, d. h. durch meditative Schulung (Zazen) die Erleuchtung zu verwirklichen und damit Befreiung zu finden – was man als Jiriki bezeichnet.
In einem tieferen Verständnis ist jedoch, wie das Zen betont, jedes Lebewesen und Ding von Anbeginn mit Buddha-Wesen (Busshō) begabt. Aus dieser Sicht ist die Gegenüberstellung von Jiriki und Tariki als eine künstliche anzusehen, die zwar auf eine Akzentverschiebung in der religiösen Praxis hinweist, letztlich jedoch hinfällig ist. Einerseits bedarf es nämlich auch auf einem Tariki-Weg eigener Anstrengung, um sich für die »Erlösungskraft« des vermeintlich »Anderen« zu öffnen, andererseits ist die »eigene Anstrengung« des Übenden auf einem Jiriki-Weg nichts anderes als eine Manifestation der »Kraft des Anderen«.

Jizō, jap. für → Kshitigarbha

Jñāna, Skrt., von der Wurzel *jñā:* »wissen«. (Pali: Ñāna); das intellektuelle Wissen um die Phänomene und ihre Gesetze, um die richtige Definition aller → Dharmas. Jñāna stellt eine Komponente von → Prajñā (Weisheit) dar.
Der Mahāyāna-Buddhismus versteht unter Jñāna die Beherrschung aller rationalen Lehrinhalte, wie sie in den Schriften des Hīnayāna dargelegt sind. Jñāna wird auf der 10. Stufe der Laufbahn eines Bodhisattva (→ Bhūmi) verwirklicht.

Jōdo-Schule → Jōdo-shū

Jōdo-shin-shū, jap., wörtl.: »Wahre Schule des Reinen Landes«, kurz Shin-shū (Shin-Schule) genannt; Schule des jap. Buddhismus, die von → Shinran (1173–1262) begründet, aber erst

von Rennyo (1415–1499) als Schule organisiert wurde. Sie basiert auf dem → *Sukhāvatī-Vyūha,* dessen Kern die 48 Gelübde des Buddha Amitābha (jap. Amida) bilden. Die Essenz der Lehre des Jōdo-shin-shū ist in der Verehrungsformel für Amida (→ Nembutsu) enthalten, die alle Tugenden des Buddha in sich vereint. Das Rezitieren dieser Formel erlaubt dem Gläubigen, im → Reinen Land des Amida wiedergeboren zu werden und Buddhaschaft zu verwirklichen, selbst wenn er schlechtes Karma angesammelt hat. Dies ist auf die tätige Hilfe des Amida zurückzuführen. Das wichtigste Element in der Praxis ist daher der unerschütterliche Glaube an die Macht des Buddha Amida.
Das Jōdo-shin-shū kennt kein mönchisches Leben, es ist eine reine Laiengemeinschaft. Eine Besonderheit der Schule besteht darin, daß das Amt des Abtes des Haupttempels und damit die Funktion als Oberhaupt der Schule erblich sind.
Heute ist das Jōdo-shin-shū die bedeutendste Schule des Buddhismus in Japan und besteht aus zwei Richtungen: Ōtani und Honganji, deren Haupttempel sich beide in Kyōto befinden. Diese Teilung geht ins 17. Jh. zurück; die Trennung beruht auf der unterschiedlichen Durchführung der Rituale. Beide Richtungen unterhalten große Universitäten.

Jōdo-shū, jap., wörtl.: »Schule des Reinen Landes«; Schule des jap. Buddhismus, die auf die → Reines-Land-Schule in China zurückgeht. Das Jōdo-shū wurde neben anderen buddhist. Schulen von dem Mönch → Ennin (793–864), der in China die Lehren des → T'ien-t'ai, der → Mi-tsung und der Reines-Land-Schule studierte, nach Japan gebracht. Ennin verbreitete die Praxis des Rezitierens von Amidas Namen (→ Nembutsu). Bedeutende Vertreter in der Anfangszeit dieser Schule waren Kūya (903–972), genannt »der Weise von der Straße«, und Genshin (942–1017). Zu ihrer Zeit war das Rezitieren von Amidas Namen Bestandteil der Praxis aller buddhist. Richtungen, besonders der → Tendai- und der → Shingon-Schule.
Im 12. Jh. begründete Hōnen (1133–1212) die eigentliche Jōdo-Schule. Er wollte damit den notleidenden Menschen der »Endzeit« einen »leichten Weg« eröffnen. Es gelang ihm, eine große Schar von Anhängern um sich zu sammeln und sie zu einer mächtigen Organisation zusammenzuschließen. Da er seine Lehre als

die höchste ansah, wurde er von den Vertretern anderer buddhist. Richtungen angefeindet und im Alter von 74 Jahren zum Exil in einer entlegenen Gegend verurteilt.
Lehrgrundlage seiner Schule sind die drei wichtigsten Texte der Reines-Land-Schule: → *Sukhāvatī-Vyūha*, → *Amitābha-Sūtra*, → *Amitāyurdhyāna-Sūtra*. Die Praxis des Jōdo-shū besteht ausschließlich im Rezitieren von Amidas Namen in der Formel »Namu Amida Butsu« (»Verehrung dem Buddha Amida«). Dies ist wesentlich, um das Vertrauen in Amida zu stärken, ohne das eine Wiedergeburt im Reinen Land des Amida (→ Sukhāvatī), die das Ziel der Praxis darstellt, nicht möglich ist. – Die Anhänger des Jōdo-shū führen im Gegensatz zu denen des → Jōdo-shin-shū ein mönchisches Leben.

Jōjitsu-Schule, jap., wörtl.: »Schule der Vervollkommnung der Wahrheit«; Bezeichnung für die jap. Form der → Satyasiddhi-Schule. Sie wurde im Jahr 625 von Ekwan, einem korean. Mönch, der die Lehren dieser Schule in China studiert hatte, nach Japan gebracht. Seitdem wurde sie von Vertretern vieler buddhist. Richtungen studiert, aber nie als eigenständige Schule, sondern nur als Teil der → Sanron-Schule (Skrt. → Mādhyamika, chin. → San-lun-Schule) betrachtet.

Ju-i, chin. (jap. Nyoi), wörtl.: »wie man will«; Bezeichnung für das »wunscherfüllende Zepter«, ein häufiges Attribut taoist. oder buddhist. Heiliger oder Meister.

K

Kadampa (bKa'-gdams-pa), tibet., wörtl.: »Mündliche Unterweisung«; auf → Atīsha zurückgehende Schulrichtung des → Tibetischen Buddhismus. Sie sah nach dem Verfall des Buddhismus in Tibet im 10. Jh. ihre Hauptaufgabe darin, die richtige Auslegung der Schriften zu gewährleisten. Die wichtigsten Lehren der Kadampas wurden unter dem Namen Lo-jong (»Läuterung des Geistes«) bekannt. Ohne daß sie im Rahmen einer eigenständigen Schule überlebten, wurden die Überlieferungen der Kadampas von den anderen Schulen absorbiert, vor allem von der → Gelugpa-Schule.

Kagyüpa (bKa'-brgyud-pa), tibet., wörtl.: »Mündliche Übertragungslinie«; eine der vier Hauptschulen des → Tibetischen Buddhismus. Im Zentrum dieser Schule stehen die Lehren des Großen Siegels (→ Mahāmudrā) und die dem → Nāropa zugeschriebenen Sechs Doktrinen (→ Nāro Chödrug). Von → Marpa wurden die Unterweisungen im 11. Jh. von Indien nach Tibet gebracht und → Gampopa, ein Schüler des → Milarepa, organisierte diese Überlieferung zur Schule der Kagyüpas. Daraus leiten sich u. a. die → Karma-Kagyüs ab. Besonderen Wert legt diese Schule auf die direkte Übertragung der Unterweisungen von Lehrer auf Schüler.

Kailāsa, auch Kailāsh oder Rajatādri, Skrt., wörtl.: »silberner Berg«; ein vom Mythos umwobener Berg im Himālaya. Das Paradies Shivas soll sich dort befinden. Er ist für die Hindus der heiligste Berg und das Ziel vieler Pilgerfahrten. Zahllose Hymnen und Legenden sind ihm gewidmet.
Auch im Buddhismus wird der Kailāsh als heiliger Berg verehrt.

Kālachakra (Kālacakra), Skrt., wörtl.: »Rad der Zeit«; das letzte und komplexeste buddhist. → Tantra (10. Jh.), dessen Niederschrift auf den mythischen König Suchandra von → Shambhala zurückgehen soll. In der Kālachakra-Lehre spielen Zeitrechnung und Astronomie eine große Rolle, und die Einführung des Kālachakra-Tantra in Tibet (1027 n. Chr.) gilt als Grundlage des tibet. Kalenders. Eine Besonderheit des Meditationssystems des Kālachakra-Tantra ist der Ausbau der Lehre von einem Ādi-Buddha (Ur-Buddha), der die Zahl der fünf Buddha-Familien (→ Buddhakula) auf sechs erhöht. Das »Zehnfache machtvolle → Mantra« symbolisiert die Lehre des Kālachakra.

Kalpa, Skrt.; Weltenzyklus, Weltperiode. (Pali: Kappa); Bezeichnung für einen unendlich großen Zeitraum, der die Grundlage der buddhist. Zeitrechnung darstellt. Die Länge eines Kalpa wird durch folgendes Gleichnis veranschaulicht: Angenommen, alle hundert Jahre streicht ein Seidenschal einmal über einen Felsblock von einer Kubikmeile, so vergeht ein Kalpa, bis der Felsen von diesem Windhauch abgetragen ist.
Ein Kalpa wird in vier Abschnitte eingeteilt: Weltentstehung,

Fortdauer der entstandenen Welten, Weltuntergang, Fortdauer des Chaos.
In der Periode der Weltentstehung bilden sich die einzelnen Welten mit ihren Lebewesen. In der zweiten Periode entstehen Sonne und Mond, differenzieren sich die Geschlechter und entwickelt sich das soziale Leben. In der Phase des Weltuntergangs zerstören Feuer, Wasser und Wind alles außer dem vierten → Dhyāna. Das Chaos stellt die totale Vernichtung dar.

Kalyānamitra (Kalyāṇamitra), Skrt. (Pali: Kalyāna-Mitta), wörtl.: »edler Freund«; ein über reiche Erfahrung in der buddhist. Lehre und Meditation verfügender Freund, der einem anderen auf dem Weg zur Erleuchtung hilfreich zur Seite steht.

Kāma, Skrt., Pali; Sinnesverlangen, Wünsche, geschlechtliche Lust.
Eines der Charakteristika des Daseins in der untersten der drei das Universum bildenden Sphären (→ Triloka), der Sphäre sinnlichen Begehrens (Kāmaloka). Kāma bezeichnet das Begehren nach Objekten sinnlicher Befriedigung und die Freude an diesen Dingen. Im Buddhismus wird Kāma als eines der Haupthindernisse auf dem spirituellen Weg angesehen. Es werden fünf Arten von sinnlichem Begehren unterschieden, die den Objekten der fünf Sinnesorgane entsprechen: Begehren nach Form, Klang, Geruch, Geschmack, Körperempfindung.
Kāma stellt eine der drei Arten von Durst (→ Trishnā), eines der Fünf Hemmnisse (→ Nīvarana) und eine der Befleckungen (→ Āsrava) dar.

Kāmadhātu, Skrt. → Triloka

Kamalashīla → Mādhyamika

Kāmaloka, Skrt. → Triloka

Kangyur/Tengyur (bKa'-'gyur/bsTan-'gyur), tibet., wörtl.: »Übersetzung der Verkündigung des Buddha/Übersetzung der Lehre des Buddha«. Der über 300 Bände umfassende Kanon des → Tibetischen Buddhismus. Er enthält alle nach einem Sanskrit-

Original ins Tibetische übersetzten buddhist. Werke und ist in verschiedenen Editionen überliefert, die sich in der Anordnung der Texte unterscheiden. Der Kangyur, die Sammlung der Unterweisungen des Buddha → Shākyamuni, besteht aus 92 Bänden mit 1055 Texten, während der Tengyur, die ind. Kommentarwerke, 224 Bände füllt und 3626 Texte umfaßt.

Kannon, auch Kanzeon oder Kwannon, jap. für → Avalokiteshvara

Kanzeon, auch Kannon oder Kwannon, jap. für → Avalokiteshvara

Kapilavastu, Skrt. (Pali: Kapilavatthu), Vaterstadt des historischen Buddha, → Siddhartha Gautama, am Fuße des Himālaya im heutigen Nepal gelegen. Kapilavastu war die Hauptstadt des Reiches der → Shākya. Der Buddha wurde in Lumbinī nahe Kapilavastu geboren und verbrachte Kindheit und Jugend in Kapilavastu.

Karma, Skrt., wörtl.: »Tat«. (Pali: Kamma). Universelles Gesetz von Ursache und Wirkung, das nach buddhist. Auffassung auf folgende Weise wirksam wird: »Die Tat (Karma) erzeugt unter gewissen Umständen eine Frucht (Phala); ist sie reif, dann fällt sie auf den Verantwortlichen nieder. Damit eine Tat Frucht bringt, muß sie moralisch gut (→ Kushala) oder schlecht (→ Akushala) und durch eine Willensregung bedingt sein, die, indem sie in der Psyche des Täters eine Spur hinterläßt, sein Geschick in die durch die Vergeltung der Tat bestimmte Richtung lenkt. Da die Dauer des Reifens gewöhnlich die der Existenz überschreitet, hat die Vergeltung der Taten notwendigerweise eine oder mehrere Wiedergeburten zur Folge, die zusammen den Daseinskreislauf (→ Samsāra) ausmachen.« (Zit. n. A. Bareau, 1964, S. 41.)

Karma-Kagyü (Kar-ma bKa'-brgyud), tibet., wörtl.: »Mündliche Übertragungslinie der Karmapas«; eine Unterschule der → Kagyüpas, die im 12. Jh. von Düsum Khyenpa (1. → Karmapa) ins Leben gerufen wurde. Die Lehrtradition der Karma-Kagyüs ist aufs engste mit der Linie der Karmapas verbunden. Ihren Namen verdankt diese Schule einer Schwarzen Krone, die aus den Haaren von → Dākinīs gefertigt wurde und die Heilsaktivität (Karma) aller Buddhas vereint. Die Karma-Kagyüs leisteten einen wesentlichen Beitrag zum Erstarken der → Rime-Bewegung und sind heute eine der erfolgreichsten buddhist. Schulen im Westen.

Karmapa, Skrt.-tibet., etwa: »Mann der Buddha-Aktivität«; die spirituelle Autorität der → Karma-Kagyü-Schule und älteste → Tulku-Linie des Tibetischen Buddhismus. Als Verkörperung des Erbarmens wurde das Auftreten seiner Person sowohl von → Shākyamuni Buddha als auch von → Padmasambhava prophezeit. In 16 Inkarnationen wirkte er bisher »zum Wohle aller Lebewesen« – seit dem 15. Jh. vor allem durch eine besondere Zeremonie, in der er sich durch das Tragen der Schwarzen Krone als Verkörperung des → Avalokiteshvara zu erkennen gibt.
Die Biographien seiner einzelnen Inkarnationen zeigen den Karmapa als Gelehrten, Asketen, Künstler und Poeten. Die wichtigste Funktion des Karmapa ist die ungebrochene Überlieferung der → Vajrayāna-Lehren. Die Linie der Inkarnationen des Karmapa erstreckt sich über einen Zeitraum von mehr als 800 Jahren:

1. Karmapa Düsum Khyenpa	(1110–1193)
2. Karmapa Karma Pakshi	(1204–1283)
3. Karmapa Rangjung Dorje	(1284–1339)
4. Karmapa Rölpe Dorje	(1340–1383)
5. Karmapa Deshin Shegpa	(1384–1415)
6. Karmapa Tongwa Dönden	(1416–1453)
7. Karmapa Chödrag Gyatsho	(1454–1506)
8. Karmapa Mikyo Dorje	(1507–1554)
9. Karmapa Wangchuk Dorje	(1556–1603)
10. Karmapa Chöying Dorje	(1604–1674)
11. Karmapa Yeshe Dorje	(1676–1702)
12. Karmapa Changchub Dorje	(1703–1732)
13. Karmapa Düdül Dorje	(1733–1797)
14. Karmapa Thegchog Dorje	(1798–1868)
15. Karmapa Khachab Dorje	(1871–1922)
16. Karmapa Rigpe Dorje	(1924–1982)

Karunā (Karuṇā), Skrt., Pali; Erbarmen, tätiges Mitgefühl, zärtliche Zuneigung.
Die hervorragende Eigenschaft aller Bodhisattvas und Buddhas; einer der vier → Brahma-Vihāras. Das Erbarmen erstreckt sich unterschiedslos auf alle Lebewesen und gründet auf der Erfahrung der Einheit alles Seienden in der Erleuchtung (→ Bodhi). Karunā muß von Weisheit (→ Prajñā) begleitet sein, um in der rechten Weise wirksam werden zu können. Die Tugend des Erbarmens ist im Bodhisattva → Avalokiteshvara verkörpert.
Karunā wird oft auch mit »Mitleid« oder »Mitgefühl« übersetzt; da diese Begriffe aber eher passive Einstellungen bezeichnen, die den für Karunā wesentlichen Aspekt der tätigen Hilfe nicht beinhalten, ist der Begriff »Erbarmen« besser geeignet.

Kāshyapa, 1. Der Buddha des dem jetzigen vorausgegangenen Weltzeitalters, siehe auch → Buddha, 1.
2. → Mahākāshyapa.

Kasina, Pali, wörtl.: »Gesamtbereich«; Bezeichnung für die zehn »Gesamtbereiche«, die als Meditationsobjekte, d. h. als Hilfsmittel zur Sammlung des Geistes dienen, wobei dieser ausschließlich und mit voller Deutlichkeit nur von diesem einen Objekt erfüllt ist und schließlich damit eins wird (→ Samādhi). Fährt man in der Übung fort, wird jegliche Sinnestätigkeit ausgeschaltet, und man tritt in den Zustand der ersten Versunkenheit (→ Dhyāna) ein. Die zehn Kasina sind: Erde, Wasser, Feuer, Wind, Blau, Gelb, Rot, Weiß, Raum (→ Ākāsha), Bewußtsein (→ Vijñāna), die man in Form einer Erdscheibe, einer Wasserschüssel, eines brennenden Stabes, einer farbigen Scheibe usw. als Meditationsobjekte benutzt.

Kassapa, Pali → Mahākāshyapa

Katyāyana → Zehn Große Jünger des Buddha

Kāyagatā-Sati, Pali → Körperbetrachtung

Kegon-kyō, jap. für → *Buddhāvatamsaka-Sūtra*

Kegon-Schule, jap., wörtl.: »Schule der Blumengirlande«; Schule des jap. Buddhismus, die der chin. → Hua-yen-Schule entspricht. Sie wurde um 740 von Shen-hsiang (jap. Shinshō) von China nach Japan gebracht. Erster jap. Vertreter der Kegon-Schule war Roben (689–772).
Kaiser Shōmu (724–748) wollte Japan nach den Prinzipien des Kegon regieren. Er ließ das Tōdai-ji (»Großes östliches Kloster«) in Nara errichten, worin sich eine riesige Statue des Buddha → Vairochana (jap. Birushana) befindet. Dieses Kloster ist noch heute das Zentrum der Kegon-Schule.
Die Kegon-Schule war für die philosoph. Entwicklung des jap. Buddhismus von außerordentlicher Bedeutung. Das grundlegende Sūtra dieser Schule, das → *Buddhāvatamsaka-Sūtra* (jap. *Kegon-kyō*), wurde politisch gedeutet und als Bestätigung des Einheitsideals des Staatswesens und der dem jap. Buddhismus eigenen national-politischen Färbung aufgefaßt.
Über die Lehren der Kegon-Schule → Hua-yen-Schule.

Khadroma, tibet. für → Dākinī

Khuddaka-Nikāya, Pali, wörtl.: »Kurze Sammlung«; fünfter Teil des Sutta- bzw. → Sūtra-Pitaka, bestehend aus 15 »kurzen« Abschnitten: 1. *Khuddaka-Pātha:* Sammlung von Regeln und Vorschriften für Zeremonien u. ä. 2. *Dhammapada:* Besteht aus 426 Versen über die Grundlagen der buddhist. Lehre und erfreut sich in den Ländern des → Theravāda-Buddhismus großer Beliebtheit. Es ist in 26 Kapiteln angeordnet. 3. *Udāna:* Enthält 80 feierliche Aussprüche des Buddha. 4. *Itivuttaka* (wörtl.: »So ist gesagt worden«): Besteht aus Abhandlungen über moralische Fragen, die dem Buddha zugeschrieben werden. 5. *Sutta-Nipāta:* Einer der ältesten Teile der kanonischen Literatur, weist hohen literarischen Wert auf. 6. *Vimāna-Vatthu:* Sammlung von 83 Legenden, die zeigen, wie man durch ein tugendhaftes Leben eine Wiedergeburt als Gott (→ Deva) erlangen kann. 7. *Peta-Vatthu:* Über die Wiedergeburt als Hungriger Geist (→ Preta) nach einem Leben in Untugend. 8. *Thera-Gāthā:* Sammlung von 107 Liedern *(Gāthā),* die den »ältesten« Mönchen (→ Thera) zugeschrieben werden; sie stammen aus der frühen Zeit des Buddhismus. 9. *Therī-Gāthā:* 73 Lieder der weiblichen »Ältesten«

(→ Therī), die durch ihre Tugenden berühmt wurden. 10. → *Jātaka.* 11. *Niddesa:* Kommentar zum *Sutta-Nipāta* (s. Nr. 5). 12. *Patisambhidā-Magga:* Analytische Abhandlungen im Stil des → Abhidharma. 13. *Apadāna:* Enthält Geschichten über die früheren Existenzen von Mönchen, Nonnen und Heiligen, die für ihre Wohltätigkeit berühmt waren. 14. *Buddhavamsa:* Verserzählungen über die 24 Buddhas, die dem Buddha → Shākyamuni vorausgegangen sind. 15. *Chariyā-Pitaka:* Sammlung von Erzählungen, die Themen des *Jātaka* aufgreifen. Sie zeigen, wie der Buddha in seinen früheren Existenzen die Zehn Vollkommenheiten (→ Pāramitā) verwirklicht hat.

Dhammapada, Sutta-Nipāta, Thera-Gāthā und *Therī-Gāthā* wurden von K. E. Neumann ins Deutsche übertragen (*Die Reden Gotamo Buddhos,* Zürich 1957).

Kleines Fahrzeug → Hīnayāna

Klesha (Kleśa), Skrt., wörtl.: »Plage, Befleckung, Leidenschaft«. (Pali: Kilesa); bezeichnet alle den Geist trübenden Eigenschaften, die die Grundlage aller unheilsamen (→ Akushala) Handlungen bilden und den Menschen so an den Kreislauf der Wiedergeburten (→ Samsāra) binden. Die Erlangung der Arhatschaft (→ Arhat) bedeutet die Auslöschung aller Kleshas.

Kōan, jap., wörtl.: »öffentlicher Aushang«; im Chinesischen *(kung-an)* bedeutet es ursprünglich einen juristischen Präzedenzfall. Im Zen ist es eine Formulierung aus einem → Sūtra oder einer Darlegung der Zen-Erfahrung (Teishō), eine Episode aus dem Leben alter Meister, ein → Mondō oder → Hossen, die alle jeweils auf die Letzte-Wahrheit hindeuten. Das Wesentliche eines jeden Kōan ist das Paradoxon, also das, was »jenseits (griech. *para*) des Denkens (griech. *dokein*)« ist, was logisches, begriffliches Verstehen transzendiert. Das Kōan ist also kein »Rätsel«, da es nicht mit dem Verstand zu lösen ist; zu seiner »Lösung« bedarf es eines Sprunges auf eine andere Ebene des Begreifens.

Etwa seit Mitte des 10. Jh. wurden Kōan im Zen systematisch als Mittel der Schulung eingesetzt. Da sich das Kōan jeder Lösung mit den Mitteln des Verstandes entzieht, macht es dem Zen-Schüler die Grenzen des Denkens deutlich und zwingt ihn schließlich, sie in

einem intuitiven Sprung zu transzendieren, durch den er sich in der Welt jenseits aller logischen Widersprüche und dualistischen Denkweisen wiederfindet. Aus dieser Erfahrung heraus kann der Schüler dem Meister im Dokusan seine eigene Lösung des Kōan spontan und ohne Rückgriff auf Hörensagen demonstrieren.
Das Wort oder der Ausdruck, in das sich das Kōan auflöst, wenn man damit als einem geistigen Schulungsmittel ringt, wird Wato (chin. *hua-tou*) genannt; es ist die »Pointe« des Kōan. In dem berühmten Kōan »Chao-chou, Hund« ist z. B. das Mu das Wato; manche längeren Kōan haben mehrere Wato.
Im allgemeinen wird die Kōan-Praxis mit der → Rinzai-Schule in Verbindung gebracht, doch wurden Kōan in China wie in Japan auch in der → Sōtō-Schule verwendet.

Kōbō-Daishi → Kūkai

Kokushi, jap., wörtl.: »Lehrer der Nation« oder »Landesmeister«; Ehrentitel für den buddhist. Lehrer eines jap. Kaisers. Das jap. Äquivalent für den chin. → Kuo-shih.

Konagāmana, Skrt.; Buddha eines früheren Weltzeitalters, siehe auch → Buddha, 1.

Konventionelle Wahrheit → Samvriti-Satya

Konzile, buddhistische (Skrt. Samgīti); in der Entwicklung des Buddhismus sind vier Konzile bekannt, deren Geschichte zum Teil noch im dunkeln liegt. Diese Konzile waren urspr. wahrscheinlich örtliche Versammlungen einzelner Mönchsgemeinden, denen erst von der späteren Überlieferung der Anstrich von allgemeinen Konzilen verliehen wurde.
Das erste Konzil ist das von Rājagriha, das unmittelbar nach dem Parinirvāna, d. h. nach dem Tode des Buddha, stattgefunden haben soll. Das 2. Konzil wurde in Vaishālī ungefähr ein Jahrhundert nach dem von Rājagriha um 386 v. Chr. abgehalten. Das 3. fand in Pātaliputra, dem heutigen Patna, während des 2. Jh. nach dem Parinirvāna des Buddha statt. Dieses Konzil wird vom → Theravāda nicht anerkannt; das 3. Konzil in der Tradition dieser Schule ist die sog. Synode der Pali-Schule, die während der Regierungszeit des Königs → Ashoka abgehalten wurde. Das

4. Konzil hat in Kaschmir stattgefunden. Auch darüber gibt es in den Texten verschiedene Meinungen: Die einen sehen es als allgemeines Konzil an, das von König Kanishka einberufen wurde, andere als Synode der → Sarvāstivāda-Schule.
Ziel und Zweck der Konzile war i. allg. die Beilegung von Meinungsverschiedenheiten innerhalb der Gemeinden, das Vortragen, Umgestalten und Festlegen der kanonischen Schriften u. ä.

Körperbetrachtung (Pali: Kāyagatā-Sati); auf den Körper gerichtete Achtsamkeit. Eine Teilübung der Vier Grundlagen der Achtsamkeit (→ Satipatthāna), bestehend aus: Achtsamkeit auf das Ein- und Ausatmen (→ Ānāpānasati) sowie auf die vier Körperhaltungen (Sitzen, Liegen, Gehen, Stehen); Bewußtseinsklarheit über alle Aktivitäten; Betrachtung der 32 Körperteile; Analyse der körperlichen Elemente (→ Dhātu-Vavatthāna); → Leichenfeldbetrachtung.
Vielfach bezeichnet der Begriff »Körperbetrachtung« nur die Betrachtung der 32 Körperteile.

Körper, Rede, Geist. Schon im alten Buddhismus (→ Hīnayāna) wurden die Handlungen, die → Karma erzeugen, unter die Kategorien Körper, Rede und Geist subsumiert. Die Lehren des → Vajrayāna gaben dieser Dreiteilung des Individuums einen neuen Sinn, indem sie die verschiedenen meditativen Übungsmethoden als eine Sublimierung dieser drei Aspekte betrachteten. Das Ziel der durch das → Sādhana zu vollziehenden Verwandlung besteht in der Verwirklichung der drei »Buddha-Körper« (→ Trikāya). Durch bestimmte Körperhaltungen und Gesten (→ Mudrā), geistige Sammlung (→ Samādhi) und das Rezitieren heiliger Silben (→ Mantra) wird dieses Ziel erreicht. Diese Zusammenhänge und die Mittlerrolle der Rede bzw. des Mantra lassen sich wie folgt darstellen:

Vordergründige Wirklichkeit		Methode		Höchste Wirklichkeit
Körper	-----------	Mudrā	-------→	Nirmānakāya
↑				↑
Rede	-----------	Mantra	-------→	Sambhogakāya
↓				↓
Geist	-----------	Samādhi	-------→	Dharmakāya

Die eigentliche Verwandlung von Körper, Rede und Geist wird in den Lehren der → Mahāmudrā und des → Dzogchen durch vier spezielle Übungen (Ngöndro) eingeleitet, deren ritualisierte Ausführung in den Meditationshandbüchern der jeweiligen Überlieferung genau vorgeschrieben ist: 1. Akt der Zufluchtnahme (→ Kyabdro) und die Erzeugung des Erleuchtungsgeistes (→ Bodhichitta), 2. die Praxis des → Vajrasattva zur Reinigung von Körper, Rede und Geist, 3. Ansammeln weiteren Verdienstes durch das symbolische Opfer von → Mandalas, 4. Integration der Persönlichkeit des Übenden in die vom Meister (→ Guru) repräsentierte Tradition.

Koshala (Kośala), ind. Staat zur Zeit des historischen Buddha → Shākyamuni, der sich im Gebiet des heutigen Nepal befand. Die Hauptstadt war Shrāvastī. Koshala war der mächtigste Staat in Nordindien, bis er im 3. Jh. von Magadha absorbiert wurde. Der Buddha hielt sich oft in der Hauptstadt von Koshala, vor allem im Kloster Jetavana auf.

Kosha-Schule, von Skrt. Kosha (chin. Chü-she, jap. Kusha), eig.: »Schule des → *Abhidharmakosha*«; Schule des chin. Buddhismus, die auf dem *Abhidharmakosha* des → Vasubandhu basiert, der von → Paramārtha und → Hsüan-tsang ins Chinesische übersetzt wurde. Die Kosha-Schule zählt ihrer Lehre nach zu den »realistischen« Schulen des Hīnayāna, da sie von der Existenz aller → Dharmas in Vergangenheit, Gegenwart und Zukunft ausgeht.
Die Schule existierte als solche nur während der T'ang-Dynastie, 793 wurde sie in einem offiziellen Dokument nur mehr als Teil der idealistischen → Fa-hsiang-Schule angeführt, da niemand ausschließlich dieser Richtung angehörte.
Im 7. und 8. Jh. wurde diese Richtung nach Japan gebracht.

Krakuchchanda, Skrt.; Buddha eines früheren Weltzeitalters, siehe auch → Buddha 1.

Kshānti (Kṣānti), Skrt., wörtl.: »Geduld«. (Pali: Khanti); eine der Zehn Vollkommenheiten (→ Pāramitā). Kshānti umfaßt Geduld im Ertragen von Haß und Schädigung durch andere Wesen, im Ertragen von Widrigkeiten, ohne dadurch vom spirituellen Streben abzukommen, und Geduld bei der Ergründung schwieriger Punkte der buddhist. Lehre.

Kshitigarbha (Kṣitigarbha), Skrt., wörtl.: »Mutterschoß der Erde«; ein → Bodhisattva, der volkstümlich als der Erretter aus den Höllenqualen und Helfer verstorbener Kinder verehrt wird. Manchmal wird er auch als Beschützer der Reisenden angesehen. Er ist der einzige Bodhisattva, der als Mönch, aber mit einer Ūrnā, einem der Zweiunddreißig Merkmale der Vollkommenheit (→ Dvātrimshadvara-Lakshana), auf der Stirn dargestellt wird. Seine Attribute sind das Wunscherfüllende Juwel → Chintāmani und der Mönchsstab mit sechs Ringen, die symbolisieren, daß Kshitigarbha allen Wesen in den sechs Daseinsbereichen (→ Gati) beisteht. – In China ist Kshitigarbha als → Ti-ts'ang, in Japan als Jizō bekannt.

Kū, jap. für → Shūnyatā

Kuan-yin, auch Kuan-shi-yin, chin., wörtl.: »den (flehenden) Ton der Welt betrachtend«; chin. Ausprägung des Bodhisattva → Avalokiteshvara. Kuan-yin zählt neben → Samantabhadra, → Kshitigarbha (→ Ti-ts'ang) und → Mañjushrī (→ Wen-shu) zu den vier großen Bodhisattvas des chin. Buddhismus, denen besondere Verehrung zukommt.
Kuan-yin manifestiert sich in allen erdenklichen Formen dort, wo ein Wesen seiner Hilfe bedarf, vor allem wenn jemand von Wasser, Dämonen, Feuer und Schwert bedroht ist. Außerdem ist Kuan-yin derjenige Bodhisattva, an den sich kinderlose Frauen um Hilfe wenden. Im → *Sukhāvatī-Vyūha* ist Kuan-yin einer der Begleiter des Buddha → Amitābha.
In jüngeren Darstellungen wird Kuan-yin oft mit weiblichen Zügen dargestellt, was auf taoist. und tantrische Einflüsse zurückzuführen ist.

K'uei-chi, auch Kui Ji, 632–682; bedeutender Mönch des chin. Buddhismus; Schüler von → Hsüan-tsang und Mitbegründer der → Fa-hsiang-Schule.
K'uei-chi wurde mit 17 Jahren Mönch und mit 25 Mitglied des

Übersetzungsbüros von Hsüan-tsang, wo er an der Übersetzung des *Vijñapti-Mātratā-Siddhi,* dem Basiswerk der Fa-hsiang-Schule, mitarbeitete und einen Kommentar dazu verfaßte. Darin und in anderen Werken systematisierte er die Lehren seines Meisters.

Kūkai, genannt Kōbō Daishi, 774–835; Begründer der → Shingon-Schule des jap. Buddhismus. Kūkai studierte die esoterische Lehre (→ Mi-tsung) unter Hui-kuo in China. Nach seiner Rückkehr nach Japan gründete er ein Kloster auf dem Berg Kōya, das zum Zentrum der Shingon-Schule wurde. Seine wichtigsten Werke sind eine Abhandlung über Konfuzianismus, Taoismus und Buddhismus, die er im Alter von 17 Jahren verfaßte und sechs Jahre später überarbeitete, sowie die »Zehn Stufen des religiösen Bewußtseins«, urspr. auf Befehl des Kaisers geschrieben, worin er die Grundzüge der Lehre der Shingon-Schule darlegt.
Kūkai gründete außerdem eine Schule für Kunst und Wissenschaft, die Angehörigen aller sozialen Schichten offenstand und religiöse und weltliche Studien umfaßte. Neben Buddhismus wurden auch Konfuzianismus und Taoismus gelehrt. Er ist auch berühmt als Maler, Bildschnitzer und Ingenieur.
Kūkai legte besonderen Wert auf das Studium des Sanskrit, da seiner Meinung nach nur in dieser Sprache die wahre Bedeutung der im Shingon so wichtigen → Mantras und → Dhāranīs zum Ausdruck gebracht werden kann. Er war außerdem der erste, der shintoist. Gottheiten als Bodhisattvas in den Buddhismus einführte. Später entwickelten seine Nachfolger das System des Ryobu-Shintō, in dem Buddhismus und → Shintoismus kombiniert sind.

Kumārajīva, 344–413, bedeutendster Übersetzer buddhist. Sanskrit-Texte Chinas. Kumārajīva, der aus einer adeligen Familie aus Kucha (im heutigen Sinkiang) stammte, studierte zuerst die Lehren des Hīnayāna und wurde später Anhänger des Mahāyāna. 401 kam er nach Ch'ang-an (heute Xi'an), wo er mit der Unterstützung von Tausenden von Mönchen seiner Übersetzungstätigkeit nachging. 402 wurde ihm der Titel »Lehrer der Nation« (→ Kuo-shih) verliehen.
Die wichtigsten von Kumārajīva übersetzten Werke sind: das → *Amitābha-Sūtra* (402), das → *Lotos-Sūtra* (406), das → *Vima-*

lakīrtinirdesha-Sūtra (406), das *Shata-Shāstra* des → Āryadeva (404) sowie die *Mādhyamaka-Kārikā* (409), das *Mahāprajñāpāramitā-Shāstra* (412), das *Dvādashadva-Shāstra* (409), die von dem Begründer des Mādhyamaka, → Nāgārjuna, stammen. Mit der Übersetzung der drei letzteren Werke war Kumārajīva wesentlich an der Verbreitung der Schule der → Mādhyamikas in China (→ San-lun) beteiligt.

Kuo-shih, chin. (jap. → Kokushi), wörtl.: »Lehrer der Nation« oder »Landesmeister«; Ehrentitel, der hervorragenden buddhist. Meistern, vor allem solchen, als deren Schüler sich ein Kaiser betrachtete, vom chin. Kaiserhaus verliehen wurde.

Kushala (Kuśala), Skrt. (Pali: Kusala), wörtl.: »heilsam«; jedes mit den Wurzeln des Heilsamen (Skrt. Kushala-Mūla, Pali: Kusala-Mūla), d. h. mit Gier-, Haß- und Wahnlosigkeit verbundene Wirken. Der Gegensatz dazu ist → Akushala.

Kushinagara (Kuśinagara), auch Kushinara, heute Kasia im ind. Staat Uttar Pradesh; eine der vier Heiligen Stätten des Buddhismus. Hier ging der Buddha → Shākyamuni ins → Parinirvāna ein. Nach seinem Tod wurden die sterblichen Überreste außerhalb von Kushinagara verbrannt. Der Überlieferung nach wurde ein Teil der Reliquien in einem → Stūpa in Kushinagara aufbewahrt. Die Stadt wurde so zu einem der wichtigsten Pilgerorte der Buddhisten, war aber schon im 7. Jh., als der chin. Pilger → Hsüantsang Kushinagara besuchte, verfallen.

Kūya → Jōdo-shū

Kwannon, auch Kannon oder Kanzeon, jap. für → Avalokiteshvara

Kyabdro (sKyabs-'gro), tibet., etwa: »Zuflucht nehmen«. Für alle Schulen des → Tibetischen Buddhismus ist der ritualisierte Akt der Zufluchtnahme die unerläßliche Voraussetzung für jede Art der Beschäftigung mit der buddhist. Lehre (→ Dharma). Im → Hīnayāna und → Mahāyāna sind die drei Objekte der Zuflucht: 1. der → Buddha; 2. die Lehre (Dharma); 3. die spirituelle

Gemeinschaft (→ Sangha). Diese gewähren dem geistig Suchenden Schutz und werden auch als Drei Kostbarkeiten (→ Triratna) bezeichnet. Die ungeteilte Anerkennung der und Hingabe an diese drei Prinzipien wird durch die formelle Zufluchtnahme ausgedrückt. Das »Diamantfahrzeug« (→ Vajrayāna) erweiterte die Objekte der Zuflucht durch Hinzufügung des Meisters (→ Lama), und in bestimmten Schulen gibt es eine sechsfache Zuflucht. Dabei werden den Drei Kostbarkeiten die »Drei Wurzeln« hinzugefügt: 4. Lama; 5. Persönliche Gottheit (→ Yidam); 6. Inspirationskräfte (→ Dākinī).

Kyō, jap. für → Sūtra

L

Lachender Buddha (chin. Mi-lo-fo); chin. Darstellungsform des Buddha → Maitreya, die auf das 10. Jh. zurückgeht. Die Statue des Lachenden Buddha befindet sich in der Halle der vier → Himmelskönige in chin. Klöstern. Er wird meist sitzend, das rechte Bein aufgestellt (die für Maitreya charakteristische Sitzhaltung), mit dickem, nacktem Bauch, gerunzelter Stirn und breit lachend dargestellt. Meist ist er von einer Kinderschar umgeben. Der Überlieferung nach ist diese Gestalt der Mönch → Pu-tai, der als Inkarnation des zukünftigen Buddha Maitreya gilt.

Lalitavistara, Skrt., wörtl.: »Ausführliche Darstellung des Spiels« (d. i. des Lebens von Buddha); Text aus der Übergangszeit zwischen → Hīnayāna und → Mahāyāna, der die letzten beiden Existenzen des Buddha → Shākyamuni bis zu seiner ersten Lehrrede beschreibt. Diese zwischen dem 2. Jh. v. Chr. und dem 2. Jh. n. Chr. entstandene Buddha-Biographie mehrerer Verfasser geht wahrscheinlich auf die Schule des → Sarvāstivāda zurück und wurde später nach mahayanist. Gesichtspunkten überarbeitet. (Dt. Teilübersetzung von S. Lefman, Berlin 1874.)

Lama (Bla-ma), tibet., wörtl.: »Höherstehender«; im → Tibetischen Buddhismus ein religiöser Meister, dem vom Schüler Verehrung entgegengebracht wird, da sich in seiner Gestalt die bud-

dhist. Lehre unverfälscht verkörpert. Die Bezeichnung »Lama« wird für → Guru im traditionellen ind. Sinne verwendet, umfaßt aber noch weitere Bedeutungen. Für das → Vajrayāna ist der Lama besonders wichtig, da es nicht nur in seiner Kompetenz liegt, Rituale zu lehren, sondern auch, sie auszuführen. Als geistige Autorität kann er einem oder mehreren Klöstern vorstehen und politischen Einfluß besitzen (→ Tulku). Auf den spirituellen »Wert« des Lama weist der besonders qualifizierten Meistern verliehene Ehrentitel Rimpoche (»Außerordentlich Kostbarer«) hin. Heute wird »Lama« allerdings als höfliche Anrede für jeden tibet. Mönch verwendet, ungeachtet des Standes seiner geistigen Entwicklung.
Die traditionelle Ausbildung eines Lama umfaßte ein jahrelanges Studium in den verschiedenen Disziplinen der buddhist. Philosophie und der Meditation. Erst nach Ableistung einer sog. Zurückgezogenheit für die Dauer von über drei Jahren war der Lama schließlich berechtigt, sich als solcher zu bezeichnen und sein Wissen weiterzugeben.

Lamaismus, der in Tibet, China und der Mongolei verbreitete Buddhismus tibet. Prägung (→ Tibetischer Buddhismus, → Vajrayāna).

Lamdre (Lam-'bras), tibet., wörtl.: »Weg (und) Ziel«; ein Zyklus von → Vajrayāna-Lehren, der vor allem von der → Sakyapa-Schule überliefert wurde. Die für das Vajrayāna spezifische Tendenz, das Ziel des Weges im Weg selbst zu sehen, kommt in dieser Lehre klar zum Ausdruck. Der Grundtext des Lamdre-Systems basiert auf einem der ältesten buddhist. → Tantras und wurde im 11. Jh. von dem Übersetzer Drogmi nach Tibet gebracht. Der 1. Hierarch der Sakyapa verfaßte verschiedene Kommentare dazu und schuf somit die Grundlage für die Sakyapa-Tradition des Lamdre.

Lamrim (Lam-rim), tibet., wörtl.: »Stufen des Weges«; Bezeichnung für eine Gruppe von Lehrbüchern, die eine komplette Darstellung der einzelnen Stufen des spirituellen Weges geben. Als ältestes Lamrim-Werk gilt im → Tibetischen Buddhismus der *Juwelenschmuck der Befreiung* des Kagyüpa-Lehrers → Gampopa

(1079–1153), der von den Lehren der → Kadampa-Schule maßgeblich beeinflußt war. Nach dem Vorbild dieser Lehren verfaßte im 14. Jh. auch → Tsongkhapa, der Gründer der → Gelugpa-Schule, seinen *Stufenweg zur Erleuchtung*. In den anderen Schulen erfreute sich diese Gattung religiöser Literatur der gleichen Beliebtheit, wie z. B. die »Unterweisungen des allumfassend guten Lehrers« des → Nyingmapa-Meisters Pältrül Rimpoche (geb. 1809) zeigen. Gemeinsam ist diesen Werken ihre praktische Einführung in alle Aspekte der buddhist. Lehre.

Landesmeister → Kokushi, → Kuo-shih

Lankāvatāra-Sūtra (Laṅkāvatāra-Sūtra), Skrt., wörtl.: »Sūtra über das Herabsteigen nach Ceylon«; mahayanist. Sūtra, das die Lehre der »inneren Erleuchtung« betont, die alle Dualität aufhebt und über alle Unterscheidungen erhaben ist. Diese Erfahrung wird durch die Verwirklichung des → Tathāgata-Garbha (siehe auch → Busshō), das jedem Wesen immanent ist, möglich. In diesem Sūtra findet man auch die Auffassung, daß Worte nicht wesentlich für das Übertragen der Lehre seien. Hier kommt die Verwandtschaft zur Lehre des → Zen klar zum Ausdruck; es ist daher neben dem → *Diamant-Sūtra* und dem → *Mahāyānashraddhotpāda-Shāstra* einer der wenigen traditionellen Mahāyāna-Texte, die großen Einfluß auf diese Schule ausgeübt haben. Es soll von → Bodhidharma, dem 1. chin. Patriarchen des Zen, an seinen Schüler Hui-k'o weitergegeben worden sein. Auch die Lehre der »allmählichen Erleuchtung« (Zengo) des Shen-hsiu kann auf das *Lankāvatāra-Sūtra* zurückverfolgt werden.

Leere (auch übersetzt mit »Leerheit«) → Shūnyatā

Leichenfeldbetrachtung (Pali: Sīvathikā), ein Teil der Übung der → Körperbetrachtung im Rahmen der Vier Grundlagen der Achtsamkeit (→ Satipatthāna).

Leichter Weg → Jōdo-shū, → Reines-Land-Schule

Leiden im Buddhismus → Duhkha

Li, chin., etwa: »Prinzip, das Absolute, die kosmische Ordnung« → Chih-tun, → Hua-yen-Schule

Lin-chi I-hsüan, jap. Rinzai Gigen, gest. 866/67, chin. Zen-Meister; ein Schüler und Dharma-Nachfolger (Hassu) des großen Meisters Huang-po Hsi-yün (jap. Ōbaku Kiun) und der Meister von Hsing-hua Ts'ung-chiang (jap. Kōke Zonshō) und Pao-chou Yen-chao (jap. Hōju Enshō). Zur Zeit der großen Buddhistenverfolgung von 842–845 begründete er die nach ihm benannte Lin-chi-Schule (jap. → Rinzai-Schule) des Zen, die während der folgenden Jahrhunderte nicht nur die einflußreichste Schule des Zen, sondern die vitalste aller Schulen des Buddhismus in China war. Sie gehört neben der → Sōtō-Schule zu den beiden Schulen des Zen, die in Japan noch heute lebendig sind. In der Tradition von → Ma-tsu Tao-i (jap. Baso Dōitsu), seinem »Urgroßvater im Zen«, bediente sich Lin-chi solcher Hilfsmittel der Schulung wie des plötzlichen Schreis »Ho!« (jap. Katsu!) und unerwarteter Schläge mit dem Stock (Shippei, Kyosaku) oder dem Fliegenwedel (Hossu), wobei er vor allem für seinen Gebrauch des Schreis berühmt war.
In Lin-chis Weise der Zen-Schulung, die in vieler Hinsicht eine Synthese der Formen der Schulung seiner Vorgänger im Dharma darstellt, ist die Entwicklung, der → Hui-neng, der 6. Patriarch des Zen in China, entscheidende Anstöße gab, praktisch abgeschlossen: Aus der chin. Form des → Dhyāna-Buddhismus ist das sich deutlich von den orthodoxen buddhist. Schulen abhebende, unverwechselbare chin. → Zen geworden. Das einzige neue Element, das nach Rinzai noch als wichtiges Hilfsmittel in die Zen-Schulung Eingang fand, war der Gebrauch des → Kōan, und es ist vor allem die Rinzai-Schule, die alle diese Elemente bewahrt hat.

Liu-chia ch'i-tsung, chin. → Sechs Häuser (und) Sieben Schulen

Lobha, Skrt. → Akushala

Lo-han, chin. (Skrt. Arhat, jap. Rakan); Heiliger, das Ideal des → Hīnayāna. Der → Arhat hat bei der Übertragung des Buddhismus nach China eine besondere Entwicklung durchgemacht und ist zu einer der wichtigsten Figuren im chin. Buddhismus, auch der Mahāyāna-Richtung, geworden. Die Darstellung des Arhat ist in China seit dem 7. Jh. bekannt, wurde aber erst im 9. oder 10. Jh. wirklich populär. Träger der Verehrung dieser Heiligen war das → Zen, damals die in China bedeutendste Schule des Buddhismus. Es sah aufgrund seiner Betonung des Menschlichen und Abneigung gegen jegliche Götterverehrung in diesen Heiligen, die die Erlösung aus eigener Kraft erlangt hatten, dem Geist des Zen entsprechende Wesen.

Den Lo-hans werden als Frucht ihrer Weisheit magische Fähigkeiten (→ Abhijñā) zugeschrieben. Im Laufe der Entwicklung ihrer Ikonographie nahmen sie zum Teil das Aussehen dämonischer Zauberer und verschrobener Gestalten an und wurden ins Übermenschliche gesteigert. Daneben existiert aber auch eine Darstellungsform, die die Lo-hans menschlicher und schlichter auffaßt.

In chin. und jap. Klöstern findet man Gruppen von 500 Lo-han-Standbildern, die in speziellen Hallen aufgestellt sind, und solche von urspr. 16, jetzt meist 18, die sich rechts und links an den Schmalwänden der Haupthalle des Klosters befinden. Jedes einzelne von ihnen weist typische unverwechselbare Züge von höchster Ausdruckskraft auf.

Lokapāla, Skrt., wörtl.: »Welthüter«.

Die Beschützer der vier Kardinal-Himmelsrichtungen; sie sind Hüter der Welt und des buddhist. Glaubens. Standbilder der Lokapālas sind oft als Schützer am Tor zu einem buddhist. Kloster aufgestellt.

Lokeshvara (Lokeśvara), Skrt., wörtl.: »Herr der Welt«; Bezeichnung für einen Buddha und für → Avalokiteshvara.

In Kambodscha gilt Lokeshvara als die Verkörperung des höchsten Weltprinzips und ist im Herrscher inkarniert.

Lokeshvararāja (Lokeśvararāja), Skrt., etwa: »König der Welt«; ein früherer Buddha, vor dem → Amitābha in einer seiner Existenzen 48 Gelübde, ein Buddha zu werden, abgelegt hat.

Lokottara, Skrt., (Pali: Lokuttara), etwa: »überweltlich«; als überweltlich wird alles, was mit dem Weg zur Erlösung verbun-

den und auf das Erlangen des → Nirvāna gerichtet ist, betrachtet. Im besonderen bezeichnet Lokottara die einzelnen Stufen des »überweltlichen Pfades« (→ Ārya-Mārga), d. h. Pfad und Frucht des Stromeintritts (→ Shrota-Āpanna), der Einmalwiederkehr (→ Sakridāgāmin), der Niewiederkehr (→ Anāgāmin), der Heiligkeit (→ Arhat) und das Nirvāna.
Im → Mahāyāna wird der Buddha als überweltliches Wesen angesehen, das körperlich und geistig absolut rein ist und über ewiges Leben sowie unendliche Macht verfügt.

Lokottaravādin, Skrt. → Mahāsānghika, → Hīnayāna

Longchenpa (Kloṅ-chen-pa), 1308–1364; mit dem Ehrentitel »Allwissender« bezeichneter tibet. Meister und Gelehrter der → Nyingmapa-Schule. Eine besondere Rolle spielt Longchenpa in der Überlieferung der → Dzogchen-Lehren, da er die Traditionen des → Padmasambhava und des Vimalamitra zu einem kohärenten System zusammenfaßte. In seinem relativ kurzen Leben verfaßte er 270 Werke, deren wichtigste als die »Sieben Schätze« bezeichnet werden. Seine Werke zeichnen sich durch ungewöhnliche Tiefe und bestechende Klarheit aus und prägen bis in die Gegenwart die Lehrtradition der Nyingmapa-Schule.

Lotos (Skrt. Padma); Pflanze aus der Familie der Seerosengewächse (lat. *Nelumbo nucifera,* auch *Nelumbium speciosum*).
Im Buddhismus ist der Lotos Symbol für das durch den Schlamm der Welt des → Samsāra und durch das Nichtwissen (→ Avidyā) im Grunde unbefleckt bleibende Wahre-Wesen des Menschen, das durch die Erleuchtung (→ Bodhi) verwirklicht wird. Oft ist die Lotosblüte ein Symbol der Welt mit dem Stengel als Weltachse. Ikonographisch ist sie eine Form des → Thronsitzes des Buddha. – Die Lotosblüte ist auch ein Kennzeichen des → Avalokiteshvara. In der → Reines-Land-Schule ist sie Sinnbild der Lehre des Buddha.

Lotos-Schule → T'ien-t'ai-Schule

Lotos-Sūtra (Skrt. Saddharmapuṇḍarīka-Sūtra, d. h. »Sūtra des Lotos des guten Gesetzes«); eines der bedeutendsten Sūtras des

Mahāyāna-Buddhismus, besonders populär in China und Japan. Die Schulen des → T'ien-t'ai (bzw. → Tendai) und → Nichiren basieren auf seiner Lehre, es wird aber auch von allen anderen Schulen anerkannt, da es die wesentlichen Gedanken des Mahāyāna enthält: die Lehre vom transzendenten Wesen des Buddha und die Möglichkeit universeller Erlösung. Es wird im Mahāyāna als das Sūtra angesehen, das die vollständige Lehre des Buddha enthält, im Gegensatz zu den Sūtras des Hīnayāna, die nur Teilaspekte enthalten. Es soll vom Buddha am Ende seiner Lehrtätigkeit verkündet worden sein. Aufgezeichnet wurde es erst um das Jahr 200.

Lumbinī, einer der vier heiligen Orte des Buddhismus (→ Sārnāth, → Bodh-Gayā, → Kushinagara), der als der Geburtsort des historischen Buddha → Shākyamuni gilt. Lumbinī liegt in der Nähe der Hauptstadt des → Shākya-Reiches, Kapilavastu, im heutigen Nepal.

Lung-Gom (rLung-sgom), tibet., etwa: »Beherrschung der Energieströme«; eine in Zusammenhang mit der Kontrolle des Atems im Yoga (Prānāyāma) und der Beobachtung des Atemvorgangs im frühen Buddhismus (→ Satipatthāna) stehende meditative Praxis des Tibetischen Buddhismus. Wie der Übende sich in den Praktiken der »Inneren Hitze« (→ Nāro Chödrug) auf das Element des Feuers im entsprechenden psychischen Zentrum (Chakra) konzentriert, so spielt für den Ausübenden des Lung-Gom (Lung-Gom-Pa) das Element der Luft die wichtigste Rolle. In der Terminologie des → Vajrayāna steht Luft (tibet. *lung*) für bestimmte Energieströme, die die Körperfunktionen regulieren. Unter den besonderen geographischen Gegebenheiten Tibets wurde die Beherrschung der Energieströme u. a. auch dazu eingesetzt, in kürzester Zeit weite Strecken mühelos zu Fuß zurückzulegen.

Lung-men, chin., wörtl.: »Drachentor«; buddhist. Grotten, 13 km südlich von Lo-yang in der chin. Provinz Honan. Die Grotten von Lung-men zählen gemeinsam mit denen von → Yünkang und → Tun-huang zu den drei großen buddhist. Grottenheiligtümern Chinas.

Die Arbeiten an diesen Höhlen begannen 494 nach der Verlegung der Hauptstadt nach Lo-yang und dauerten bis in die Sung-Dynastie. Es sind über 2100 Höhlen, 750 Nischen, über 40 gemeißelte Pagoden und ungefähr 100 000 Statuen erhalten. Die Statuen stellen – in der Reihenfolge ihrer Häufigkeit – → Amitābha, → Avalokiteshvara, → Shākyamuni, → Maitreya, → Ti-tsang und andere Buddhas und Bodhisattvas dar. Die meisten der Amitābha-Darstellungen stammen aus der T'ang-Dynastie, während der der Amitābha-Kult der → Reines-Land-Schule seinen Höhepunkt erreichte.

Lu-shan, chin., wörtl.: »Berg Lu«; Zentrum des Buddhismus in der heutigen Provinz Kiangsi, das seine Blüte in der Zeit nach 380 hatte. Unter den berühmten Mönchen, die auf dem Lu-shan lebten, befanden sich auch → Hui-yüan und → Tao-sheng. Hui-yüan gründete auf dem Lu-shan die Weißer-Lotos-Gesellschaft und setzte den Anfang des → Amitābha-Kultes.

Lü-tsung, chin., etwa: »Schule der Disziplin«; Schule des chin. Buddhismus, die auf Tao-hsüan (596–667) zurückgeht. Grundlage dieser Schule ist der Disziplinkodex der → Dharmaguptakas, enthalten im »Vinaya in vier Teilen« (chin. *Ssu-fen-lü*).
Der Schwerpunkt der Praxis dieser Schule liegt auf dem strikten Einhalten der Vinaya-Regeln, die nach dem *Dharmaguptaka-Vinaya* 250 Regeln für Mönche und 348 für Nonnen umfassen. Obwohl dieses Vinaya hinayanist. Ursprungs ist, wird es auch von den mahayanist. Schulen Chinas als verbindlich angesehen. Diese Schule wurde 745 von → Chien-chen nach Japan gebracht (→ Ritsu-Schule).

M

Madhyamaka, Skrt.; die von den → Mādhyamikas vertretene »Lehre vom → Mittleren Weg«.

Mādhyamika, Skrt., Vertreter des »Mittleren Weges« (von *madhyama:* »das Mittlere«); von → Nāgārjuna und → Āryadeva begründete Schule des → Mahāyāna-Buddhismus, die in Indien, Tibet, China und Japan große Bedeutung erlangt hat (→ San-lun-Schule, → Sanron-Schule). Die bedeutendsten Vertreter waren, neben den Begründern, Buddhapālita (5. Jh.), → Bhāvaviveka (6. Jh.), Chandrakīrti, Shāntirakshita und Kamalashīla (8. Jh.), die vor allem auf die Entwicklung des Mādhyamaka in Tibet großen Einfluß ausübten.

Der Name der Schule bezieht sich auf den → »Mittleren Weg«, den diese in Hinsicht auf das Sein oder Nicht-Sein der Dinge vertritt. Mit Hilfe von Acht Verneinungen (→ Nāgārjuna) wird jede Aussage über das Wesen der Dinge als nicht zutreffend abgelehnt und so der illusionäre Charakter und die Relativität aller Erscheinungen aufgezeigt. Da alle Phänomene in Abhängigkeit von bestimmten Bedingungen entstehen (→ Pratītya-Samutpāda), haben sie kein eigenes Sein und sind leer von einem unvergänglichen Selbst (→ Svabhāva).

Die Leere (→ Shūnyatā) hat in der Mādhyamika-Schule doppelten Charakter: Einerseits ist sie die Leerheit von einem Selbst (auch »Selbst-Losigkeit«), andererseits bedeutet sie Erlöstheit, denn die Leere ist identisch mit dem Absoluten. Die Leere zu verwirklichen heißt, Befreiung zu erlangen. Dies wird durch die Reinigung des Geistes von Zustimmung und Verneinung erreicht. Shūnyatā gilt den Mādhyamikas als das letzte Prinzip und wird oft mit dem Dharmakāya (→ Trikāya) identifiziert. Aufgrund dieser Annahme einer radikalen Leerheit aller Dinge wird die Mādhyamika-Lehre auch als Shūnyatāvāda (Lehre von der Leerheit) bezeichnet.

Das Absolute kann aber nur dadurch verwirklicht werden, daß man durch die »relative Wahrheit« hindurchgeht, um zur »Absoluten« oder »Höchsten Wahrheit« zu gelangen. Das stellt den dieser Schule eigenen Gedanken der »Doppelten Wahrheit« dar: Die relative, »verhüllte« Wahrheit (→ Samvriti-Satya) ist die Realität des alltäglichen Lebens. Aus ihrer Sicht gelten konventionelle Begriffe und sind die Erscheinungen real; sie ist charakterisiert durch Dualität. Die Wahrheit im höchsten Sinn (→ Paramārtha-Satya) ist frei von Vielheit, da alle Gegensätzlichkeiten aufgehoben sind. Durch den Intellekt aufgefaßte »Wirklichkeiten« sind zwar nicht letztgültig, haben aber auch ihren Wert. Daher bedeutet das Akzeptieren der Nicht-Realität, der Leerheit aller Dinge, nicht, alle menschlichen Erfahrungen zu entwerten,

wie es sich im Leben eines Mādhyamika zeigt: Nach außen hin scheint es, als nähme er die Welt mit ihrem Leiden als wirklich an; er befolgt z. B. die Sittlichkeitsregeln (→ Shīla) und bemüht sich, anderen Wesen auf dem Weg zur Erlösung beizustehen. Andererseits weiß er aber, daß dieses Handeln im Grunde nur ein Kunstgriff ist.
Eine Weiterentwicklung dieser Grundgedanken, die sich in Nāgārjunas Werk finden, erfolgte durch den Fortschritt auf dem Gebiet der Logik und unter dem Einfluß der zweiten großen Strömung des ind. Mahāyāna, dem → Yogāchāra. Die Perfektionierung der Logik zwang die Mādhyamikas, haltbarere Beweise ihrer Lehre zu liefern; die Vertreter des Yogāchāra beantworteten in ihrer Lehre einige Punkte, die das Mādhyamaka offengelassen hatte, wie z. B. die Frage nach der Entstehung der Erscheinungswelt.

Madhyamaka-Kārikā, Skrt. → Nāgārjuna

Magadha, Königreich im Norden Indiens zu Zeiten des historischen Buddha → Shākyamuni. Die Hauptstädte waren nacheinander → Rājagriha und → Pātaliputra. Könige von Magadha waren u. a. → Bimbisāra und sein Sohn → Ajātasattu, ferner → Ashoka. – Magadha war das Ursprungsland des Buddhismus, von wo aus er sich nach dem 3. → Konzil über andere Teile Indiens ausbreitete.

Mahābhūta, Skrt., wörtl. *mahā:* »groß«, *bhūta:* »Element«. Synonym für → Dhātu; bezeichnet die vier Elemente, die jede Körperlichkeit konstituieren: das feste, flüssige, erhitzende und bewegliche Element. Die Analyse des Körpers, die deutlich macht, daß er aus den Mahābhūtas zusammengesetzt ist, bildet eine Meditationsübung, deren Ziel es ist, die Vorstellung eines »Ich« zu überwinden und alles Körperliche als vergänglich, nichtwirklich und leidvoll zu erkennen.

Mahābodhi-Kloster → Bodh-Gayā, → Dharmapāla, 2 u. 3, → Mahābodhi Society

Mahābodhi Society, wörtl.: »Gesellschaft der Großen Erleuchtung«; von dem ceylones. Mönch → Dharmapāla im Jahr 1891 gegründete Gesellschaft, die entscheidend zur Wiederbelebung des Buddhismus in Indien beitrug. Ziel der Mahābodhi Society war es, → Bodh-Gayā aus der Hand der Hindus wiederzugewinnen, es wieder zu einem Zentrum des Buddhismus zu machen und dort eine buddhist. Universität und ein Kloster für Mönche aus der ganzen Welt zu errichten.

Mahādeva → Konzile

Mahākāla, Skrt., wörtl.: »die große Zeit«. → Dharmapāla, 1.

Mahākāshyapa (Mahākāśyapa), Skrt. (Pali: Mahākassapa), kurz: Kāshyapa (Kassapa); hervorragender Schüler des Buddha → Shākyamuni. Er war berühmt für seine asketische Selbstdisziplin und Sittenstrenge und konnte dank dieser Eigenschaften nach dem Tod des Buddha die Führung des → Sangha übernehmen. – Mahākāshyapa gilt als 1. Patriarch des → Zen.

Mahāmaudgalyāyana, Skrt. (Pali: Mahāmoggalana), kurz: Maudgalyāyana (Moggalana); einer der bedeutendsten Jünger des Buddha → Shākyamuni. Mahāmaudgalyāyana, der aus einer Brahmanen-Familie stammte, trat gemeinsam mit seinem Jugendfreund → Shāriputra in die buddhist. Gemeinde ein und wurde schnell wegen seiner übernatürlichen Fähigkeiten (u. a. Hellsehen und Magie) berühmt. Die Statuen von Mahāmaudgalyāyana und Shāriputra stehen in buddhist. Klöstern oft neben denen des Buddha. Beide wurden kurz vor dem Tod ihres Meisters von Gegnern des Buddhismus ermordet. – Mahāmaudgalyāyana zählt zu den → Zehn Großen Jüngern des Buddha.

Mahāmudrā, Skrt., wörtl.: »Großes Siegel«; eine der höchsten Lehren des → Vajrayāna, die in Tibet besonders in der Schule der → Kagyüpa überliefert wurde. Der tibet. Terminus für Mahāmudrā, *Phyag-rgya chen-po,* wird kommentiert als das Wissen um die Leere (→ Shūnyatā), die Freiheit vom → Samsāra und die Untrennbarkeit dieser beiden Zustände. Als Meditationssystem wurde die Lehre der Mahāmudrā von → Samantabhadra einer

Verkörperung des Dharmakāya (→ Trikāya), dem Mahāsiddha → Tilopa geoffenbart und gelangte über → Nāropa, → Marpa und → Milarepa nach Tibet. Die »gewöhnliche« Übung der Mahāmudrā beginnt mit dem »Ruhigen Verweilen« (→ Shamatha) und führt zur Verwandlung jeglicher Erfahrung in die Qualitäten von Leerheit und Klarheit; sie wird gelegentlich als das »tibetische Zen« bezeichnet. Die »außergewöhnliche« Übung der Mahāmudrā stellt eine Erweiterung dieser Methode durch die → Nāro Chödrug dar.

Mahāparinibbāna-Sutta, Pali, wörtl.: »Sūtra über das → Parinirvāna«; Teil des → *Dīgha-Nikāya.* Dieses in Pali verfaßte Sūtra des Hīnayāna-Buddhismus behandelt die letzten Lebensjahre des historischen Buddha (→ Siddhārtha Gautama), seinen Tod sowie die Verbrennung des Leichnams und die Verteilung der Reliquien. Das Werk, an dem ab ca. 480 v. Chr. über einen großen Zeitraum mehrere Autoren arbeiteten, liegt in mehreren dt. Übersetzungen vor. Es ist nicht zu verwechseln mit dem → *Mahāparinirvāna-Sūtra.*

Mahāparinirvāna-Sūtra, Skrt., wörtl.: »Sūtra über das → Parinirvāna«; Sammlung mahayanist. Sūtras, die ihren Namen dem ersten darin enthaltenen Sūtra verdankt und nur in chin. Übersetzung überliefert ist. Das Werk behandelt vor allem die Lehre von der → Buddha-Natur, die allen Wesen immanent ist, aber auch andere zentrale Gedanken des Mahāyāna-Buddhismus. – Im chin. Kanon (→ Tripitaka) zählt es zu den → Vaipulya-Sūtras. Es ist nicht zu verwechseln mit dem → *Mahāparinibbāna-Sutta.*

Mahāprajñāpāramitā-Hridaya-Sūtra, Skrt. → *Herz-Sūtra*

Mahāprajñāpāramitā-Sūtra, Skrt. → *Prajñāpāramitā-Sūtra*

Mahāprajāpatī Gautamī, Stiefmutter des historischen Buddha (→ Siddhārtha Gautama), von der er nach dem Tod seiner Mutter Māyādevi, die einige Tage nach seiner Geburt starb, aufgezogen wurde. Nach dem Tod ihres Mannes bat Mahāprajāpatī den Buddha um seine Einwilligung zur Gründung eines Nonnenordens (→ Bhikshunī). Der Buddha war angeblich dagegen, da er um die Ordensdisziplin fürchtete. Erst auf Betreiben seines Schülers → Ānanda soll er nachgegeben und daraufhin vorausgesagt haben, daß die Gründung des Nonnenordens die Lebensdauer der Lehre von 1000 auf 500 Jahre verkürzen würde.

Mahāsamādhi, Skrt., wörtl.: »der große → Samādhi«; oft wird beim Tod eines Heiligen gesagt, er sei in Mahāsamādhi eingegangen.

Mahāsamnipāta-Sūtra, Skrt., wörtl.: »Sūtra der großen Versammlung«; eines der → Vaipulya-Sūtras des Mahāyāna-Buddhismus, das im chin. Kanon (→ Tripitaka) enthalten ist. Diese Sammlung von Sūtras, die aus dem 6. Jh. n. Chr. stammt, ist uneinheitlicher Natur, doch wird in vielen Texten die Erkenntnis der Leere (→ Shūnyatā) der Welten betont. Das Werk weist tantrischen Einfluß auf und ist reich an → Dhāranīs und Mantras.

Mahāsānghika (Mahāsāṅghika), Skrt., Anhänger der »großen *(mahā)* Gemeinde« (→ Sangha); eine der beiden hinayanist. Schulrichtungen, in die sich die Urgemeinde beim 3. buddhist. → Konzil in Pātaliputra spaltete, bei dem diese Gruppe sich für die fünf Thesen über die Natur des → Arhat aussprach. Die Mahāsānghikas spalteten sich im Laufe der Entwicklung weiter in die Ekavyāvahārikas, aus denen die Lokottaravādins hervorgingen, und in die Gokulikas, die sich in Bahushrutīyas, Prajñaptivādins und Chaitikas teilten.

Mahāsiddha, Skrt., etwa: »Großer Beherrscher vollkommener Fähigkeiten«; bezeichnet im → Vajrayāna einen Asketen, der die Lehren der → Tantras gemeistert hat. Er zeichnet sich durch bestimmte magische Fähigkeiten (→ Siddhi) aus, sichtbare Zeichen seiner Erleuchtung. Am bekanntesten ist eine Gruppe von 84 Mahāsiddhas. Sie repräsentierten eine religiöse Bewegung, die sich vom 8. bis 12. Jh. in Indien vor dem Hintergrund und im Gegensatz zur Klosterkultur des Mahāyāna-Buddhismus entwickelte. Unter ihnen fanden sich Männer und Frauen aus allen sozialen Schichten, und das Vorbild ihrer höchst individuellen Verwirklichung der Vajrayāna-Lehren beeinflußte stark den Tibetischen Buddhismus. Von Bedeutung waren auch ihre »Spirituellen Lieder«.

Mahāsthāmaprāpta, Skrt., wörtl.: »Der große Kraft erworben hat«; bedeutender → Bodhisattva des Mahāyāna-Buddhismus, der in den Menschen die Erkenntnis der Notwendigkeit der Erlösung reifen läßt. In China und Japan wird Mahāsthāmaprāpta oft gemeinsam mit → Avalokiteshvara als Begleiter des Buddha → Amitābha dargestellt, wobei Mahāsthāmaprāpta rechts von Avalokiteshvara steht und dessen Weisheit symbolisiert. – Mahāsthāmaprāpta wird vielfach mit einer Pagode im Haarschmuck abgebildet.

Mahāvairochana-Sūtra, Skrt., wörtl.: »Sūtra des Großen Glänzenden«; Sūtra des Mahāyāna-Buddhismus, ein grundlegendes Werk der tantrischen buddhist. Schulen Chinas (→ Mi-tsung) und Japans (→ Shingon). Es wurde ca. 725 von Shubhākarasimha, einem der drei großen Meister des Tantra, die nach China kamen, ins Chinesische übersetzt. Es enthält die wesentlichen Lehren des Tantra.

Mahāvamsa (Mahāvaṃsa), Pali, wörtl.: »Große Geschichte«; Pali-Chronik über die Geschichte Ceylons, die Mahānāma (6. Jh.) zugeschrieben wird. Das *Mahāvamsa* enthält Berichte aus der Zeit des historischen Buddha (→ Shākyamuni), der Kolonisierung Ceylons und der Zeit bis zum 4. Jh. n. Chr.
Das *Chūlavamsa* (»Kleine Geschichte«) bildet einen Anhang des *Mahāvamsa.* Es stammt aus verschiedenen Perioden und von vielen Autoren und gibt einen Überblick über den singhales. Buddhismus bis ins 18. Jh. – Diese »Geschichten« sind wichtige Quellen zum Studium des frühen Buddhismus in Indien und Ceylon.

Mahāvastu, Skrt., wörtl.: »Große Begebenheit«; Werk aus der hinayanist. Schule der Lokottaravādins (→ Mahāsānghika), das auf die Anfänge unserer Zeitrechnung zurückgeht und die einzelnen früheren Existenzen des historischen Buddha → Shākyamuni behandelt.Dabei beschreibt das *Mahāvastu* bereits die Laufbahn eines Bodhisattva (→ Bhūmi), weswegen man es als Übergangswerk zwischen Hīnayāna und Mahāyāna betrachtet.

Mahāvibhāshā, Skrt. → Vaibhāshika

Mahāyāna, Skrt., wörtl.: »Großes Fahrzeug«; eine der beiden großen Schulrichtungen des Buddhismus; die andere ist das → Hīnayāna (»Kleines Fahrzeug«). Das Mahāyāna, das im 1. Jh. v. Chr. aufkam, bezeichnet sich als »Großes Fahrzeug«, da es dank seiner Vielfältigkeit einer großen Anzahl von Menschen den Weg zur Erlösung öffnet, ja alle Wesen erlösen will.

Hīnayāna und Mahāyāna wurzeln beide in den grundlegenden Lehren des historischen Buddha → Shākyamuni, unterscheiden sich aber durch die Betonung verschiedener Aspekte der Lehre. Während das Hīnayāna die eigene Erlösung anstrebt, will der Anhänger des Mahāyāna die Erleuchtung erlangen, um zum Wohle aller Wesen wirken zu können. Diese Haltung ist im Ideal des Mahāyāna, dem → Bodhisattva, verkörpert, dessen hervorragende Eigenschaft das Erbarmen (→ Karunā) ist.

Das Mahāyāna ist aus den hinayanist. Schulen → Mahāsānghika und → Sarvāstivāda hervorgegangen, die wichtige Elemente seiner Lehre formulierten: Von den Mahāsānghikas stammt die dem Mahāyāna eigene Auffassung des transzendenten Charakters des Buddha, das Ideal des Bodhisattva und der Begriff der Leere (→ Shūnyatā). Bei den Sarvāstivādins sind Ansätze für die → Trikāya-Lehre zu erkennen.

Im Mahāyāna wird weniger Wert auf ein mönchisches Leben gelegt; im Gegensatz zur Lehre des alten Buddhismus können hier auch Laien das → Nirvāna verwirklichen, wobei sie auf die tätige Hilfe durch Buddhas und Bodhisattvas zählen dürfen. Nirvāna bedeutet in dieser Ausformung des Buddhismus nicht nur die Befreiung aus den samsarischen Zwängen (→ Samsāra), sondern darüber hinaus die Bewußtwerdung der eigenen wesenhaften Erlöstheit und Einheit mit dem Absoluten. Dieses allen Wesen immanente Buddha-Prinzip (→ Buddha-Natur, → Busshō) wird wichtiger als die historische Person des Buddha.

Das Mahāyāna teilte sich in eine Reihe weiterer Richtungen, die sich von Indien aus in Tibet, China, Korea und Japan ausbreiteten. Auf ind. Boden entstanden die Schule der → Mādhyamikas, die auf → Nāgārjuna zurückgeht, und die von → Asanga begründete Schule des → Yogāchāra. Parallel zur Entwicklung des → Tantra im Hinduismus bildete sich auch im Buddhismus eine magische Richtung, das → Vajrayāna, das heute vor allem im → Tibetischen Buddhismus lebendig ist.

Zu den wichtigsten mahayanist. Schulen in China zählen die des Ch'an (→ Zen), → Hua-yen, → T'ien-t'ai und die → Reines-Land-Schule, die in Japan z. T. weiterentwickelt wurden (→ Kegon, → Tendai, → Amidismus). – Die Lehren des Mahāyāna sind in den Mahāyāna-Sūtras (→ Sūtra) und → Shāstras aufgezeichnet, unter denen sich einige der tiefgründigsten Schriften des Buddhismus befinden.

Mahāyānashraddhotpāda-Shāstra (Mahāyānaśraddhotpāda-Śāstra), Skrt., wörtl.: »Abhandlung über die Erweckung des Vertrauens in das Mahāyāna«; mahayanist. Werk aus dem 5./6. Jh., als dessen Autor der Überlieferung nach → Ashvaghosha angesehen wird, der aber schon im 1.–2. Jh. lebte. Da es nur in einer chin. Fassung aus dem Jahre 557 existiert, wird das *Mahāyānashraddhotpāda-Shāstra* oft als rein chin. Werk betrachtet. Die »Vertrauenserweckung« stellt einen Kommentar zum → Mahāyāna-Buddhismus dar, der die Grundgedanken der Lehre erläutert, und wurde vor allem in China als Einführung in das Mahāyāna benutzt. Es gehört zu den wenigen Sutras, die auch für die Lehre des → Zen bedeutsam waren.

Mahinda, buddhist. Mönch des 3. Jh. v. Chr.; er wird als Sohn des Königs → Ashoka angesehen. Mahinda war der Führer der Mission nach Ceylon, die um 250 v. Chr. stattfand und die Konvertierung des Königs von Ceylon, Devānam-piya Tissa, zur Folge hatte. Dieser ließ in seiner Hauptstadt, → Anurādhapura, das »Große Kloster« Mahāvihāra errichten, wo ein Zweig des → Bodhi-Baums, den Mahinda vom Festland mitbrachte, aufbewahrt wurde. Mahinda starb mit 60 Jahren auf Ceylon. Über seinen sterblichen Überresten wurde ein → Chaitya errichtet.

Mahīshāsaka (Mahīśāsaka), Skrt.; Schule des → Hīnayāna, die sich im 2. Jh. v. Chr. von der Schule der → Vibhajyavādins abspaltete und aus der später die Richtung der → Dharmaguptakas hervorging. Die Schule lehrt u. a. die Realität der Gegenwart, nicht aber der Vergangenheit und Zukunft.

Maitreya, Skrt. (jap. Miroku), wörtl.: »der Liebende«; nach der schon im Hīnayāna vorhandenen, aber erst im Mahāyāna-Buddhismus voll entwickelten Lehre von den fünf irdischen Buddhas die Verkörperung der allumfassenden Liebe. Als fünfter und letzter irdischer Buddha wird er in der Zukunft erwartet. Im Tibetischen Buddhismus ist der Kult des Maitreya sehr verbreitet; der ihm zugeordnete »Himmel« (→ Reines Land) ist Tushita, d.h. »der Freudvolle«. So nannte auch der tibet. Heilige → Tsongkhapa das erste von ihm gegründete Kloster. Als kommender Weltenlehrer soll Maitreya in ungefähr 30 000 Jahren in Erscheinung treten.

Maitreyanātha, einer der Begründer der Schule des → Yogāchāra. Er soll im 4.–5. Jh. gelebt haben. Die Geschichtlichkeit von Maitreyanātha ist umstritten, doch sieht die jüngste Forschung in ihm den Meister von → Asanga. Dieser soll der Überlieferung nach die Inspiration zu seiner Lehre des Yogāchāra direkt vom Buddha → Maitreya erhalten haben. Mit Maitreya soll aber hier Maitreyanātha gemeint sein, der somit der eigentliche Begründer des Yogāchāra wäre.

Maitrī, Skrt. (Pali: Mettā), wörtl.: »Güte, Wohlwollen«; eine der buddhist. Haupttugenden. Maitrī bezeichnet ein von Zuneigung freies Wohlwollen allen Wesen gegenüber. Mettā ist Inhalt einer im → Theravāda geübten Meditation, in der Güte erzeugt und Haß besiegt werden soll. Dabei wird die Empfindung von Güte zuerst auf Menschen, die einem nahestehen, gerichtet, um dann langsam auf gleichgültige und einem feindlich gesinnte Menschen oder Wesen ausgedehnt zu werden (Mettā-Meditation). Die Vorstellung von Maitrī wird vor allem im → *Mettā-Sutta* entwickelt. – Maitrī zählt zu den Vier Göttlichen Verweilungszuständen (→ Brahma-Vihāra).

Maitrī-Karunā, Skrt., wörtl.: »Güte (und) Erbarmen«; zwei buddhist. Haupttugenden, die Grundlage der Geisteshaltung eines → Bodhisattva. In seinem Wunsch, alle Wesen zur Erlösung zu führen, kommen sie zum Ausdruck.

Majjhima-Nikāya, Pali (Skrt. *Madhyamāgama*), wörtl.: »Mittlere Sammlung«; die zweite Sammlung (→ Nikāya, → Āgama) des → Sūtra-Pitaka. Sie besteht in der Pali-Fassung aus 152 mittellangen Sūtras, in der chin. Übersetzung der verlorengegangenen Sanskrit-Version aus 222 Sūtras; 97 Sūtras sind beiden gemeinsam. Nach der Überlieferung wurde diese Sammlung von → Shāriputra beim 1. buddhist. → Konzil vorgetragen. (Dt. Übersetzung in: K. E. Neumann, *Die Reden Gotamo Buddhos,* Bd. 1.)

Mālā, Skrt., wörtl.: »Kranz, Rose«, auch Japamālā genannt. Perlenkette, die bei der Rezitation von → Mantras, → Dhāranīs und von Buddhas Namen (→ Nembutsu) zum Zählen der Wiederholungen verwendet wird. Die Anzahl der Perlen einer buddhist. Mālā beträgt meist 108.

Māna, Skrt. → Anushaya

Manas, Skrt. (Pali: Mano); soviel wie Geist, Verstand. Manas bezeichnet im weitesten Sinne alle geistigen Fähigkeiten und Aktivitäten, die intellektuelle Funktion des Bewußtseins. Als sechste der Sechs Grundlagen (→ Shadāyatana, → Āyatana) bildet Manas die Basis für alle geistigen Tätigkeiten und hat die Funktion der Kontrolle über die ersten fünf »Grundlagen«. Manas als die rationale Fähigkeit des Menschen wird als besonderer »Sinn« angesehen, der an rationale Objekte angepaßt ist, wie z. B. das Auge an Sehobjekte. Im → Yogāchāra ist Manas die siebte der acht verschiedenen Arten von Bewußtsein.

Mandala (Maṇḍala), Skrt., wörtl.: »Kreis, Bogen, Abschnitt«. Symbolische Darstellung kosmischer Kräfte in zwei- oder dreidimensionaler Form, die im tantrischen Buddhismus Tibets (→ Tibetischer Buddhismus, → Vajrayāna) eine große Rolle spielt. Mandalas, die oft auf → Thankas dargestellt sind, werden hauptsächlich als Meditationshilfe verwendet; sie sind Vorlagen für bestimmte Visualisierungen. Die Bedeutung des Mandala im Tibetischen Buddhismus erschließt sich aus der tibet. Übersetzung des Sanskrit-Wortes mit *dkyl-khor,* was soviel wie »Zentrum und Peripherie« heißt. Das Mandala wird also verstanden als eine durch Meditation bewirkte Zusammenführung zahlreicher unterschiedlicher Elemente zu einer Einheit. Augenscheinliches Chaos und unübersichtliche Komplexität werden zu einem Muster und einer natürlichen Hierarchie vereinfacht.

Manipūra-Chakra, Skrt. → Chakra, 3.

Mañjughosha (Mañjughoṣa), Skrt., wörtl.: »Der mit der sanften Stimme«; eine andere Bezeichnung für → Mañjushrī.

Mañjushrī, Skrt. (jap. Monju), wörtl.: »Der edel und sanft ist«; der Bodhisattva der Weisheit, eine der wichtigsten Gestalten des buddhist. Pantheons. Er erscheint erstmals im *Ārya-Mañjushrī-Mūlakalpa,* einem Werk, das noch vor dem 4. Jh. entstanden ist. Zumeist wird Mañjushrī ikonographisch mit zwei auf Kopfhöhe befindlichen Lotosblumen dargestellt, auf denen seine Attribute liegen: Schwert und Buch der → Prajñāpāramitā-Literatur. Diese Attribute stehen für die von Mañjushrī verkörperte Weisheit, mit der er das Dunkel der Unwissenheit zerteilt.

Manovijñāna, Skrt. (Pali: Manovinnāna); jenes Bewußtsein, das den »sechsten Sinn«, den Geist (→ Manas), zur Grundlage hat und dessen Objekte alle materiellen und geistigen Erscheinungen sind. Manovijñāna umfaßt psychische Vorgänge wie Erkennen, Vorstellen, Beurteilen usw. Es bildet die Grundlage für die ersten fünf Arten des Bewußtseins, das Seh-, Hör-, Riech-, Schmeck- und Körperbewußtsein (→ Āyatana).

Mantra, auch Mantram, Skrt.
Eine kraftgeladene Silbe oder Folge von Silben, die bestimmten kosmischen Kräften und Aspekten der Buddhas Ausdruck gibt, manchmal auch der Name eines Buddha. Als Form der Meditation wird die ständige Wiederholung von Mantras in vielen buddhist. Schulen geübt (z. B. → Amidismus, → Nembutsu); sie spielt jedoch im → Vajrayāna (siehe auch → Tibetischer Buddhismus) eine besondere Rolle. Hier ist Mantra als ein Hilfsmittel definiert, das den Geist schützt. In der durch die spirituelle Praxis herbeigeführten Umwandlung von → »Körper, Rede, Geist« ist das Mantra der Rede zugeordnet, und seine Aufgabe liegt in der Sublimierung der Schwingungen, die im Akt des Sprechens freigesetzt werden. Das Rezitieren des Mantra vollzieht sich immer in Verbindung mit detaillierten Visualisationen und bestimmten Körperhaltungen (→ Mudrā), wie in den → Sādhanas vorgeschrieben.

Mantrayāna, Skrt. → Vajrayāna

Mao Tzu-yüan → Weißer-Lotos-Schule

Māra, Skrt., Pali, wörtl.: »Mörder, Zerstörer«; eig. die Verkörperung des Todes, symbolisiert Māra im Buddhismus die die Menschen überwältigenden Leidenschaften sowie alles, was das Entstehen heilsamer Wurzeln (→ Kushala) und den Fortschritt auf dem Weg zur Erleuchtung verhindert.
Māra ist Herr des sechsten Himmels der Sphäre der Begierden (→ Triloka, → Deva) und wird oft hundertarmig, auf einem Elefanten reitend, dargestellt.

Marana (Maraṇa), Skrt., Pali, wörtl.: »Tod«; neben dem Tod im konventionellen Sinn bezeichnet Marana im Buddhismus das beständige Entstehen und Vergehen aller geistigen und körperlichen Phänomene.

Marpa, der »Mann von Mar«, 1012–1097, berühmter Yogi aus Südtibet, auch »der Übersetzer« genannt. Er brachte auf drei Reisen die Lehren der → Mahāmudrā und der → Nāro Chödrug von Indien nach Tibet. Marpa war der Meister des → Milarepa und spielte eine zentrale Rolle in der Überlieferung der → Kagyüpa-Schule. In ihm sieht man das Ideal des verheirateten »Haushälters«, der sich seinen religiösen Aufgaben widmet, ohne seine weltlichen Verpflichtungen zu vernachlässigen.

Mathurā, eine alte Stadt am rechten Ufer der Yamunā im heutigen Uttar-Pradesh (Nordindien).
Zwischen 150 und 250 war Mathurā ein Zentrum buddhist. Kunst und Kultur, wo gleichzeitig mit → Gandhāra die ersten Buddha-Bildnisse entstanden. Der Buddha wird hier stehend in der Gestalt eines → Yaksha dargestellt.

Ma-tsu Tao-i, jap. Baso Dōitsu, auch Kiangsi (Chiang-hsi) Tao-i, 709–788, einer der bedeutendsten Zen-Meister Chinas; ein Schüler und der einzige Dharma-Nachfolger (Hassu) von Nan-yüeh Huai-jang (jap. Nangaku Ejō). Er ist der Meister vieler großer Zen-Meister, unter denen Pai-chang Huai-hai (jap. Hyakujō Ekai), Nan-ch'üan P'u-yüan (jap. Nansen Fugan) und Tamei Fa-ch'ang (jap. Daibai Hōjō) die bekanntesten sind. Mehr als jeder andere Zen-Meister nach → Hui-neng trug Ma-tsu zur Ausformung des typisch chin. Zen bei. Er griff zu Hilfsmitteln der Schulung wie dem plötzlichen Schrei (chin. Ho!, jap. Katsu!), wortlosen Gesten etwa mit dem Hossu und überraschenden Stockschlägen. Er stieß seine Schüler zu Boden, kniff sie in die Nase, schleuderte ihnen plötzliche Fragen und paradoxe Antworten entgegen, um sie aus der Routine des Jedermanns-Bewußtseins (Bonpu-no-Jōshiki) aufzurütteln, sie aus den eingefahrenen Bahnen des begrifflichen Denkens zu befreien und ihnen zu ermöglichen, in einem durch einen Schock ausgelösten plötzlichen Zusammenbruch des bisherigen Denkens und Fühlens zur Erfahrung der → Erleuchtung zu kommen. Die Kraft seines Geistes und die Wirksamkeit seiner Weise der Schulung werden durch die Tatsache bezeugt, daß er 139 Dharma-Nachfolger gehabt haben soll.

Māyā, Skrt., wörtl.: »Täuschung, Illusion, Schein«.
Die sich ständig verändernde, unbeständige Welt des Phänomenalen, der Erscheinungen und Formen, der »Illusion« oder »Täuschung«, die ein unerleuchteter Geist als einzige Wirklichkeit ansieht. Der Begriff Māyā wird im Gegensatz zu dem des Unwandelbaren, Essentiellen, Absoluten gebraucht, zu jener Wirklichkeit, die durch den Dharmakāya (→ Trikāya) symbolisiert ist. Das Erkennen aller → Dharmas als Māyā ist gleichbedeutend mit der Erfahrung des »Erwachens« (→ Erleuchtung, → Bodhi) und der Verwirklichung des → Nirvāna. Nach den höchsten Lehren des Buddhismus, wie sie z. B. im Zen formuliert sind, ist es nicht etwa eine Illusion oder Täuschung, die phänomenale Welt als wirklich anzusehen; die Täuschung besteht vielmehr darin, die Welt der Phänomene für das Unwandelbare und die einzige Wirklichkeit zu halten und sich dadurch die Sicht für das Essentielle zu verstellen. Im Grunde sind das Relative und das Absolute eins und identisch, und Māyā (jap. Mayoi, → Verblendung) und Bodhi (Erleuchtung) sind eins.

Meditation, Sammelbegriff für eine Vielzahl von religiösen Übungen, die von der Methode her oft sehr verschieden sind, alle

jedoch das gleiche Ziel haben: das Bewußtsein des Übenden in einen Zustand zu versetzen, in dem es zu einer Erfahrung des »Erwachens«, der »Befreiung«, der »Erleuchtung« kommen kann. In den esoterischen, d. h. in ihren Praktiken auf die *eigene* religiöse Erfahrung des einzelnen zielenden Schulen der verschiedenen Religionen wurden unterschiedliche »Wege« der Hinführung zu dieser Erfahrung entwickelt, die jeweils den historischen und geographischen Gegebenheiten sowie den Anlagen und Persönlichkeitsmerkmalen verschiedener Individuen oder Gruppen angemessen sind. Sind die einzelnen Religionen jeweils eine Antwort auf einen bestimmten »unheilsamen« Bewußtseinszustand der Menschen in einer Kultur, den zu »heilen« ihr Ziel ist, dann sind die innerhalb der Religionen entwickelten meditativen Schulungswege die »Heilmittel«. Sie sind kein Selbstzweck, dürfen aber auch nicht als bloße Mittel zum Zweck verstanden werden; denn – wie viele religiöse Traditionen betonen – »der Weg *ist* das Ziel«. Gleichzeitig heißt es jedoch, daß es ebenso unnütz sei, an einer »Methode« festzuhalten, wenn man das Ziel erreicht hat, wie ein Boot weiter mit sich herumzuschleppen, nachdem man den Fluß überquert hat.
Gemeinsames Kennzeichen aller Meditationsformen ist, daß ihre Übung den Geist des Übenden sammelt, ihn beruhigt und klärt wie die Oberfläche eines aufgewühlten Gewässers, auf dessen Grund man nur schauen kann, wenn die Oberfläche still und das Wasser klar ist. Das wird, je nach dem Schulungsweg, durch verschiedene Meditationshilfen erreicht, z. B. durch Körper- oder Atemübungen wie im Hatha-Yoga, durch die Sammlung auf symbolische Formen (z. B. Mandala, Thanka, Yantra) oder Klänge (Mantra) wie im ind. Tantra und im tantrischen Buddhismus, auf Empfindungen wie »Liebe«, »Erbarmen« oder auf bildhafte Vorstellungen (Visualisation), auf ein Kōan im Zen oder durch das Verweilen in einem Zustand gesammelter, inhaltsloser Wachheit in der Praxis der Mahāmudrā, des Dzogchen oder des Zen (Shikantaza).
Beharrliche Übung der Meditation führt zu einem nicht-dualistischen Bewußtseinszustand, in dem die Unterscheidung von Subjekt und Objekt verschwunden, der Übende mit »Gott« oder dem »Absoluten« eins geworden ist, Konventionen wie Zeit und Raum in einer Erfahrung des »ewigen Hier und Jetzt« transzen-

diert sind und die Identität von Leben und Tod, Phänomenalem und Essentiellem, Samsāra und Nirvāna erfahren wird. Wird diese Erfahrung, auf einem Weg endlos sich fortsetzender geistiger Schulung, in das tägliche Leben integriert, so wird damit schließlich der Zustand erreicht, den die Religionen als Erlösung, Befreiung oder Vollkommene Erleuchtung bezeichnen.

Merkmale der Vollkommenheit → Dvātrimshadvara-Lakshana

Meru, auch Sumeru, Skrt.; der »Weltenberg«, der nach altind. kosmologischer Vorstellung im Zentrum des Universums steht und der Treffpunkt oder Wohnort der Götter ist. Die Vorstellung des Meru ist dem Hinduismus und Buddhismus gemeinsam, doch unterscheiden sich die darauf aufbauenden kosmologischen Systeme.
Nach buddhist. Vorstellung ist der Meru von Meeren und Kontinenten umgeben; noch unter diesen liegen die Höllen und der Bereich der Hungrigen Geister (→ Preta), über dem Meru liegen die Bereiche der hohen → Devas und der Götter des Bereichs der »reinen Form« (Skrt. Rūpaloka, → Triloka) sowie der Bereich der Formlosigkeit und schließlich die Buddha-Felder (→ Reines Land). Eine ausführliche Darstellung des buddhist. Meru-Weltsystems findet sich in: M. Tatz und J. Kent, *Karma. Durch Wiedergeburt zur Befreiung*, Düsseldorf/Köln 1978.

Mettā, Pali für → Maitri

Mettā-Sutta, Pali, wörtl.: »Sūtra von der Güte«; hinayanist. Sūtra, das die Entfaltung der Güte (→ Maitrī, → Brahma-Vihāra) zum Thema hat. Es ist eines der populärsten Texte des → Theravāda und wird von dessen Mönchen und Laien täglich rezitiert.

Mikkyō, jap., wörtl.: »die geheime Lehre«; jap. Bezeichnung für den sog. mystischen oder tantrischen Buddhismus (Skrt. Vajrayāna). Diese Form des Buddhismus gelangte Anfang des 9. Jh. mit Saichō (auch Dengyō Daishi), dem Begründer der jap. Tendai-Schule, und Kūkai (auch Kōbō Daishi), dem Begründer der Shingon-Schule, nach Japan. Saichō ließ sich auf dem Hiei-san und Kūkai auf dem Koya-san, das sind zwei Berge in der Nähe der alten Kaiserstadt Kyōto, nieder, und die dort entstehenden Klöster wurden zu den Zentren der jeweiligen Schule des Buddhismus in Japan.

Milam (rMi lam), tibet., wörtl.: »Traum«; eine der »Sechs Doktrinen des Naropa« (→ Nāro Chödrug), in deren Verlauf Traumbilder zu spiritueller Entwicklung benutzt werden. Auf der einen Seite wird durch diesen »Traumyoga« bewußter Einfluß auf die Träume als solche genommen, andererseits soll der Übende dazu gebracht werden, die Welt des Wachzustandes als bloßen Traum zu erkennen.

Milarepa (Mi-la-ras-pa), tibet., etwa: »Mila, der das Baumwollgewand der Asketen trägt«; 1052–1135, der wohl berühmteste Heilige Tibets. Er empfing nach schwersten Prüfungen von seinem Meister → Marpa die vollständigen Lehren der → Mahāmudrā und der → Nāro Chödrug. Seine konsequente und beispielhafte Verwirklichung dieser Lehren führte zur Gründung der → Kagyüpa-Schule. Die im 15. Jh. verfaßte Biographie des Milarepa mitsamt den darin enthaltenen spirituellen Liedern ist heute noch eine der großen Inspirationsquellen des → Tibetischen Buddhismus. (Dt. Übersetzung: W. Y. Evans-Wentz, *Milarepa. Tibets großer Yogi,* Bern 1978.)

Milinda → Milindapañha

Milindapañha, Pali, wörtl.: »Die Fragen des (Königs) Milinda«; das bedeutendste nichtkanonische Werk des → Theravāda, verfaßt in Form eines Dialogs zwischen dem Mönch → Nāgasena und König Milinda (auch Milindo), dem griechischen Menandros, der im 1. Jh. v. Chr. Nordindien von Peshavar bis Patna erobert hatte. Aufgrund des Gesprächs mit Nāgasena soll Milinda zum Buddhismus übergetreten sein. (Dt. Übersetzungen: F. O. Schrader, *Die Fragen des Königs Menandros,* Berlin 1907; Nyanatiloka, *Die Fragen des Milindo,* 2 Bde., München 1919–1924.)

Ming-ti, reg. 58–75, chin. Kaiser der Han-Dynastie; der Legende nach soll ein Traum des Kaisers Ming für die Verbreitung des Buddhismus in China maßgebend gewesen sein. Ming-ti sah im

Traum eine goldfarbene Gottheit vor seinem Palast schweben, woraufhin er am nächsten Morgen seinen Ministern befahl, die Identität dieser Gottheit zu klären. Einer von ihnen berichtete, er hätte von einem Weisen in Indien gehört, der Erlösung erlangt und Buddhaschaft verwirklicht hätte. Er besitze einen goldfarbenen Körper und könne fliegen. Kaiser Ming akzeptierte diese Deutung seines Traumes und schickte Gesandte nach Westen, die mehr über diesen Weisen in Erfahrung bringen sollten. Sie kehrten mit dem → *Sūtra in 42 Abschnitten* zurück, für dessen Aufbewahrung der Kaiser einen Tempel errichten ließ. Dies soll der Anfang der Verbreitung des Buddhismus in China gewesen sein. Die Erklärung kann aber nicht als historisch fundiert angesehen werden.

Miroku, jap. für → Maitreya

Mi-tsung, chin., wörtl.: »Schule der Geheimnisse«; tantrische Schule des chin. Buddhismus, die im 8. Jh. von drei ind. Meistern des → Tantra nach China gebracht wurde: von Shubhākarasimha (chin. Shan-wu-wei, 637–735), Vajrabodhi (chin. Chin-kang-chih, 663–723) und Amoghavajra (chin. Pu-k'ung, 705–774).
Shubhākarasimha, dem der Titel »Lehrer der Nation« verliehen wurde, übersetzte das Basis-Sūtra der Schule, das → *Mahāvairochana-Sūtra,* ins Chinesische, Amoghavajra übermittelte die dazugehörigen magischen Formeln (→ Mantra, → Dhāranī).
Diese Richtung wurde von → Kūkai, einem jap. Mönch und Schüler des Mi-tsung-Meisters Hui-kuo, seinerseits Schüler von Amoghavajra, nach Japan gebracht und systematisiert. Sie ist dort unter dem Namen → Shingon bekannt und eine der wichtigsten Richtungen des Buddhismus (siehe auch → Mikkyō).

Mittlerer Weg, (Skrt. Madhyamā-Pratipad, Pali: Majjhimāpatipadā); i. allg. Bezeichnung für den Weg des historischen Buddha → Shākyamuni, der die Vermeidung aller Extreme – wie Hingabe an Sinnenfreuden einerseits und Selbstkasteiung und Askese andererseits – lehrte. Insbes. ist damit die von → Nāgārjuna begründete → Mādhyamika-Schule gemeint, die sich weigert, zwischen entgegengesetzten Meinungen zu wählen und die in bezug auf das Sein oder Nicht-Sein aller Dinge einen »mittleren Weg« vertritt.

Moha, Skrt., etwa: »Bindung, Verhaftung, verblendete Liebe, Täuschung«, abgeleitet vom Verb *muh:* »verwirrt werden«. → Akushala

Mokusa, jap. → Moxa

Mondō, jap. (chin. *Wen-ta*), wörtl.: »Frage-(und-)Antwort«; Zen-Dialog zwischen Meistern oder Meister und Schüler, bei dem der eine eine Frage über den Buddhismus oder ein existentielles Problem stellt, das ihn tief beunruhigt hat, auf die der andere unter Umgehung jeglicher Theorie und Logik in einer Weise antwortet, die im Partner eine Antwort aus tieferen Schichten seines Herz-Geistes (Kokoro) hervorrufen kann (siehe auch → Hossen).

Monju, jap. für → Mañjushrī

Moxa, jap., eig. Mokusa, wörtl.: »Brennkraut«; Einbrennen von Narben mittels kleiner Räucherwerk-Kegel auf dem Kopf eines Mönches oder einer Nonne am Ende der → Ordination, was in China ein weit verbreiteter Brauch war. Die Anzahl der Narben lag je nach Kloster zwischen 3 und 12.

Muditā, Skrt., Pali, etwa: »Mitfreude«; einer der → Brahma-Vihāras. Muditā bezeichnet die Mitfreude mit dem Glück anderer Wesen. Das Üben von Muditā hilft, Schadenfreude zu überwinden und die Grenzen zwischen dem eigenen und einem fremden Ich auszulöschen. Als einer der »vier unermeßlichen Geisteszustände eines Buddha« ist Muditā insbes. die grenzenlose Freude über die Erlösung anderer vom Leiden (→ Samsāra).

Mudrā, Skrt., wörtl.: »Siegel, Zeichen«; eine Körperhaltung oder symbolische Geste.
In der buddhist. Ikonographie wird jede Buddha-Figur mit einer typischen Handhaltung dargestellt, die einerseits natürlichen Gesten (Lehren, Beschützen u. ä.) entspricht, andererseits bestimmten Aspekten der buddhist. Lehre oder solchen, die der jeweilige Buddha verkörpert. Besondere Bedeutung gewannen die Mudrās im Mahāyāna, vor allem in den esoterischen Schulen (→ T'ien-

t'ai, → Mi-tsung, → Vajrayāna). Hier begleiten diese Gesten kultische Handlungen und das Rezitieren von → Mantras. Außerdem helfen sie, bestimmte innere Zustände zu verwirklichen, indem sie ihre körperliche Ausdrucksform vorwegnehmen, und tragen dazu bei, eine Verbindung zwischen dem Menschen und dem in der jeweiligen Übung (→ Sādhana) visualisierten Buddha herzustellen.

Die wichtigsten Mudrās sind: 1. Dhyāni-Mudrā (Meditationsgeste), 2. Vitarka-Mudrā (Lehrgeste), 3. Dharmachakra-Mudrā (Geste des Inbewegungsetzens des Rades der Lehre), 4. Bhūmisparsha-Mudrā (Geste der Erdberührung), 5. Abhaya-Mudrā (Geste der Furchtlosigkeit und Schutzgewährung), 6. Varada-Mudrā (Geste der Wunschgewährung), 7. Uttarabodhi-Mudrā (Geste der Höchsten Erleuchtung), 8. Mudrā der Höchsten Weisheit, 9. Añjali-Mudrā (Gruß- und Verehrungsgeste), 10. Vajrapradama-Mudrā (Geste des unerschütterlichen Vertrauens).

Mūlādhāra-Chakra, Skrt. → Chakra, 1.

Muni, Skrt.; ein Frommer, Gelehrter, Heiliger, mehr oder weniger von göttlicher Natur, der durch Askese und spirituelle Übungen einen höheren Bewußtseinszustand erlangt hat.

Myōhō-renge-kyō, jap. für → *Lotos-Sūtra*

N

Nādī (Nāḍī), Skrt., wörtl.: »Röhre, Gefäß, Ader«; die Nādīs sind die Energiekanäle, durch welche der lebenswichtige → Prāna zu allen Körperteilen geleitet und der ganze Körper damit versorgt wird. (Siehe dazu auch → Chakra.)

Nāga, Skrt., wörtl.: »Schlange«.

Der »Drache«, ein wohltätiges halbgöttliches Wesen, das im Frühling in den Himmel emporsteigt, im Winter tief in der Erde überwintert. Die Nāgas bringen den Regen und bewachen die Himmel. Nāga oder Mahānāga (»Großer Drache«) wird oft auch als Synonym für den Buddha oder der Wiedergeburt entwachsene

Weise gebraucht. Nāgarāja (»Drachenkönig[in]«) sind Wassergottheiten, die Quellen, Flüsse, Seen und Meere regieren. In manchen buddhist. Traditionen (z. B. im → Tibetischen Buddhismus) sind die Nāgas Wassergottheiten, die in ihren Meerespalästen buddhist. Schriften bewachen, welche ihnen übergeben wurden, da die Menschheit für ihre Aufnahme noch nicht reif war.

Nāgārjuna, einer der bedeutendsten Philosophen des Buddhismus und Begründer der Schule der → Mādhyamikas. Über sein Leben (2./3. Jh.) sind kaum verläßliche Daten bekannt. Es wird ihm eine große Zahl von Werken zugeschrieben, die aber vermutlich von verschiedenen Autoren stammen. Sein wichtigstes authentisches Werk ist die *(Mūla-)Madhyamaka-Kārikā* (»Memorialverse über die Mittlere Lehre«, dt. von M. Walleser, Heidelberg 1911/12); sie enthält in 27 kurzen Kapiteln (400 Verse) das Wesentliche seines Denkens. – Ferner gilt Nāgārjuna als Verfasser des *Mahāyāna-Vimshaka* (»20 Lieder über das Mahāyāna«) und des *Dvādashadvāra-Shāstra* (»Abhandlung der zwölf Tore«). Der Überlieferung nach soll er auch Autor des *Mahāprajñāpāramitā-Shāstra* sein, das nur in chin. Übersetzung vorliegt und wahrscheinlich in China entstanden ist. In der Tradition des → Zen gilt er als dessen 14. ind. Patriarch.
Nāgārjunas Verdienst war es, die im → *Prajñāpāramitā-Sūtra* angelegte Lehre zu systematisieren und zu vertiefen. Er entwickelte eine besondere Dialektik, die darauf beruht, die gegnerischen Meinungen ad absurdum zu führen. Ausgehend davon, daß jedes Ding nur durch sein Gegenteil existiert, zeigt er, daß alle Dinge nur relativ und ohne Wesenhaftigkeit (Svabhāvatā), d. h. leer (→ Shūnyatā) sind. Die Ablehnung aller Gegensätze, die Nāgārjunas methodischen Ansatz bildet, ist die Grundlage des → Mittleren Weges der Mādhyamikas und knüpft unmittelbar an die Lehre des Buddha an. Diese Haltung der »Mitte« kommt in den sog. Acht Verneinungen klar zum Ausdruck: keine Aufhebung (→ Nirodha), keine Erzeugung, keine Vernichtung, keine Ewigkeit, keine Einheit, keine Vielheit, keine Ankunft, kein Aufbruch.

Nāgasena, gelehrter Mönch, dessen Gespräch mit König Milinda über schwierige Fragen der buddhist. Lehre im → *Milindapañha* niedergeschrieben wurde. Nāgasena, der im 1. Jh. n. Chr. gelebt haben soll, stammte der Überlieferung nach aus einer Brahmanen-Familie und trat schon mit 15 Jahren in den buddhist. → Sangha ein. Er studierte die Lehre an verschiedenen Orten, u. a. auch in → Pātaliputra, wo er die Stufe eines → Arhat verwirklicht haben soll. Er galt als äußerst begabt: Nach einmaligem Zuhören hat er angeblich das gesamte → Abhidharma-Pitaka auswendig beherrscht. Seine Geschichtlichkeit wird vielfach angezweifelt.

Nālandā, Zentrum buddhist. und weltlicher Studien in Nordindien. Die »buddhistische Universität«, wie Nālandā oft genannt wird, wurde ca. im 2. Jh. von Shakrāditya, einem König von → Magadha, als Kloster gegründet und entwickelte sich dann zu einer Universität, an der vor allem berühmte Vertreter des → Mādhyamaka lehrten. Nālandā war für Jahrhunderte eines der großen Zentren der Gelehrsamkeit in der Welt, nicht zuletzt dank der reichen Bibliothek. – Es bestanden enge Verbindungen zwischen Nālandā und Tibet, wo im Jahre 1351 ein Lehrzentrum gleichen Namens errichtet wurde.

Nāman, Skrt. (Pali: Nāma), wörtl.: »Name«; bezeichnet das Geistige im Gegensatz zum Körperlichen (→ Rūpa, → Nāmarūpa) und umfaßt die vier → Skandhas Gefühl, Wahrnehmung, Geistesformationen und Bewußtsein, die gemeinsam mit dem fünften Skandha, der Körperlichkeit, ein empirisches Individuum konstituieren.

Nāmarūpa, Skrt., wörtl.: »Name/Form«.
Ein Terminus, der die irdische Persönlichkeit in ihren wesentlichen Bestandteilen, dem Geistigen und dem Körperlichen, bezeichnet. Damit auch eine Umschreibung für die fünf → Skandhas, wobei → Rūpa, Form, für den ersten Skandha und Nāma, Name, für die vier weiteren steht.
Nāmarūpa ist das vierte Glied der Kette des bedingten Entstehens (→ Pratītya-Samutpāda), das sich durch das Eingehen des Bewußtseins (→ Vijñāna) in den Mutterschoß bildet und ein neues Individuum entstehen läßt.

Naraka, Skrt., wörtl.: »Hölle«. (Pali: Niraya); eine der drei negativen Existenzweisen (→ Gati). Als Orte der Qual und der Vergeltung schlechter Taten sind auch die Höllen endlich, d. h. nach Aufbrauchen des negativen → Karmas ist eine Wiedergeburt in einer anderen, besseren Daseinsform möglich. Ebenso wie die Buddha-Paradiese (→ Reines Land) bezeichnen die Höllen weniger eine Lokalität als einen bestimmten Bewußtseinszustand.

Nāro Chödrug (Nāro chos-drug), tibet., wörtl.: »Sechs Doktrinen des Nāropa«. Eine Gruppe von Lehren des → Vajrayāna, vor allem eine der Disziplinen, in die der ind. → Mahāsiddha → Nāropa von seinem Lehrer → Tilopa eingeweiht wurde. Nāropa gab sie an den Übersetzer → Marpa weiter, der sie unter Nāropas Namen im 11. Jh. nach Tibet brachte. Die »Sechs Doktrinen« sind neben der → Mahāmudrā-Lehre die wichtigsten Meditationstechniken der → Kagyüpa-Schule. Sie setzen sich aus folgenden Übungen zusammen: 1. die Erzeugung der »Inneren Hitze« (→ Tumo), 2. die Erfahrung des eigenen Körpers als Trugbild (→ Gyulü), 3. der Zustand des Traumes (→ Milam), 4. die Wahrnehmung des »Klaren Lichtes« (→ Ösel), 5. die Lehre des Zwischenzustandes (→ Bardo) und 6. die Praxis der Bewußtseinsübertragung (→ Phowa). Diese Lehren fallen teilweise mit denen des → *Bardo Thödol* zusammen, und das anschaulichste Beispiel für ihre Durchführbarkeit ist → Milarepas Beherrschung der »Inneren Hitze«.

Nāropa (Nā-ro-pa), 1016–1100; zusammen mit seinem Lehrer → Tilopa einer der bekanntesten ind. → Mahāsiddhas und bedeutender Überlieferungsträger der → Mahāmudrā-Lehren. Die nach Nāropa benannten Übungsmethoden (→ Nāro Chödrug) gelangten über seinen Schüler → Marpa nach Tibet und sind bis zum heutigen Tag eine der zentralen Lehrtraditionen der → Kagyüpa-Schule. Nāropa hatte eine bedeutende Position an der buddhist. Klosteruniversität → Nālandā inne, bevor er Schüler des Tilopa wurde. Zu seinen Zeitgenossen zählt auch der Gelehrte → Atīsha.

Nehan, jap. für → Nirvāna

Nembutsu, jap., Rezitieren des Namens von Buddha → Amitābha; Meditationsübung der Schulen des Reinen Landes (→ Reines-Land-Schule, → Jōdo-shū, → Jōdo-shin-shū). Die rezitierte Formel lautet »Namu Amida Butsu« (jap. für »Verehrung dem Buddha Amitābha«). Wird es mit vollkommener Hingabe ausgeführt, kann das Nembutsu eine Wiedergeburt im → Reinen Land des Amitābha bewirken, was das höchste Ziel der Praxis dieser Schulen darstellt.

Neue Lotos-Schule → Nichiren-Schule

Ngöndro, tibet. → Körper, Rede, Geist

Nichiren, 1222–1282, Begründer der → Nichiren-Schule (auch Neue Lotos-Schule) des jap. Buddhismus. Nichiren, für den die Lehre des Buddha im → *Lotos-Sūtra* ihren höchsten Ausdruck fand, war der Überzeugung, daß allein die darin enthaltene Lehre die Menschen zur Erlösung führen kann. Die Essenz der Botschaft ist nach seiner Auffassung im Titel des Sūtra enthalten. Daher besteht die von ihm begründete Praxis im Rezitieren des Titels des Sūtra: »Verehrung dem Sūtra des Lotos des guten Gesetzes« (jap. *Namu Myōhō Renge-kyō*).
Nichiren, der unerbittliche Kritik an allen anderen buddhist. Schulen übte, sah sich als Retter der Nation und wollte durch ein Leben nach der Lehre des *Lotos-Sūtra* Frieden für Japan schaffen. Er warf den Herrschern vor, »häretische« Richtungen des Buddhismus zu unterstützen, was er als Grund für die Schwierigkeiten ansah, in denen sich das Land zu seiner Zeit befand. Als Patriot wollte er Japan zum Zentrum der wahren Lehre des Buddha machen, von wo aus diese sich über die ganze Welt verbreiten sollte. Aufgrund seiner unnachgiebigen Haltung wurde Nichiren zum Tode verurteilt, aber auf wunderbare Weise gerettet und daraufhin auf eine Insel verbannt. 1274 durfte er nach Kamakura zurückkehren.

Nichiren-Schule (jap. Nichiren-shū, wörtl.: »Schule des Lotos der Sonne«, auch Neue Lotos-Schule); Schule des jap. Buddhismus, die nach ihrem Begründer → Nichiren (1222–1282) benannt ist. Ihre Lehre liegt im → *Lotos-Sūtra* begründet, dessen

Titel nach Ansicht von Nichiren allein die Essenz der Buddha-Lehre beinhaltet. Die von Nichiren befürwortete Praxis besteht im Rezitieren der Formel »Verehrung dem Sūtra des Lotos des guten Gesetzes« (jap. *Namu Myōhō Renge-kyō*). Wird diese Verehrungsformel voller Hingabe rezitiert, kann dadurch augenblicklich die Buddhaschaft verwirklicht werden. – Die Nichiren-Schule zeigt stark nationalistische Tendenzen und will ein irdisches Buddha-Reich errichten, das von Japan aus die ganze Welt umfassen soll. Sie betont die sozialpolitischen Aufgaben der Religion.

Aus der ursprünglichen Schule des Nichiren entwickelten sich im 20. Jh. eine Reihe neuer Richtungen: Nichiren-shōshū (»die wahre Schule Nichirens«), die auf einen Schüler Nichirens, Nikkō, zurückgeht und Nichiren als den »Buddha der Endzeit« verehrt. Auch moderne jap. Volksreligionen wie → Risshō Koseikai, → Sōka Gakkai, → Nipponzan Myōhōji fußen auf der Nichiren-Schule.

Nicht-Erkenntnis → Avidyā

Nicht-Selbst → Anātman

Nicht-Wissen → Avidyā

Nidāna, Skrt., Pali, etwa: »Bindeglied«; die zwölf Glieder, die die Kette des Bedingten Entstehens (→ Pratītya-Samutpāda) bilden: 1. → Avidyā (Nicht-Wissen), 2. → Samskāra (Gestaltungen, Tatabsichten), 3. → Vijñāna (Bewußtsein); 4. → Nāmarūpa (Körperliches und Geistiges); 5. → Shadāyatana (Sechs Grundlagen, d. h. die sechs Objektbereiche der Sinne); 6. → Sparsha (Berührung); 7. → Vedanā (Empfindung); 8. → Trishnā (Durst, Begehren); 9. → Upādāna (»Ergreifen eines Mutterschoßes«); 10. → Bhava (Werden); 11. Jāti (Geburt); 12. Jarā (Alter und Tod).

Nikāya, Skrt., Pali, wörtl.: »Korpus«; Sammlung von Sūtras des Pali-Kanons (→ Pali, → Tripitaka). Der Pali-Terminus Nikāya ist im wesentlichen gleichbedeutend mit dem Sanskrit-Begriff → Āgama. Der Korb der Schriften (→ Sūtra-Pitaka) des Pali-Kanons besteht aus fünf Nikāyas: *Dīgha-Nikāya, Majjhima-Ni-*

kāya, Samyutta-Nikāya, Anguttara-Nikāya und *Khuddaka-Nikāya* (siehe dort).

Nipponzan Myōhōji, jap.; nach ihrem Haupttempel benannte buddhist. Erneuerungsbewegung, auch die »Bewegung vom Wunderbaren Gesetz des *Lotos-Sūtra*« genannt. Sie wurde im Jahre 1917 von Fujii Nichidatsu begründet. Nipponzan Myōhōji basiert auf der Lehre des → Nichiren. Die Bewegung setzt sich für den Weltfrieden ein; ihre Anhänger, die »himmlische Trommeln« schlagend und den Namen des → *Lotos-Sūtra* rezitierend für den Frieden marschieren, bauen in der ganzen Welt Friedenspagoden.

Nirmānakāya, Skrt. → Trikāya

Nirodha, Skrt., wörtl.: »Vernichtung, Aufhebung«.
Nirodha wird auf verschiedene Weise interpretiert: als Aufhebung des Leidens im Sinne der dritten der → Vier Edlen Wahrheiten; als Aufhebung der Leidenschaften, die die Ursache des Leidens darstellen; als Aufhebung der Wiedergeburt und sterblichen Existenz, der Gefühle und Wahrnehmung. Vielfach wird Nirodha gleichgesetzt mit → Nirvāna. Der Begriff betont den Aspekt der aktiven Aufhebung der Ursachen für eine neuerliche Wiedergeburt (→ Nirodha-Samāpatti).

Nirodha-Samāpatti, Skrt., Pali: Betrachtung der Aufhebung, Erlöschungszustand, d. h. der Zustand, in dem jede Bewußtseins- und Geistestätigkeit vorübergehend aufgehoben ist. Er kann nach Durchlaufen der → Vier Sphärenstufen erreicht werden und ist einem → Arhat vorbehalten. Voraussetzung ist das Vorhandensein von Gemütsruhe (→ Shamatha) und Hellblick (→ Vipashyanā). Dieser Erlöschungszustand kann mehrere Tage lang andauern.

Nirupadhishesha-Nirvāna (Nirupadhiśeṣa-Nirvāṇa), Skrt. (Pali: Anupadisesa-Nibbāna), etwa: »Nirvāna ohne Bedingungsrest«; Nirvāna, in dem die Daseinsgruppen (→ Skandha), die zwölf Sinnesbereiche (→ Āyatana), die achtzehn Elemente (→ Dhātu) und die → Indriyas nicht mehr bestehen. Es tritt mit dem Tod des → Arhat ein, der sich in keiner weiteren Wiedergeburt verkörpert. – Diese Art des Nirvāna wird auch oft als → Parinirvāna bezeichnet. (Siehe dazu auch → Nirvāna.)

Nirvāna (Nirvāṇa), Skrt., wörtl.: »Verlöschen« (Pali: Nibbāna, jap. Nehan); das Ziel spiritueller Praxis in allen Richtungen des Buddhismus. Im frühen Buddhismus wird es als das Ausscheiden aus dem Kreislauf der Wiedergeburten (→ Samsāra) und das Eingehen in eine völlig andere Existenzweise verstanden. Es stellt das vollkommene Überwinden der Drei Wurzeln des Unheilsamen, nämlich Gier, Haß und Wahn (→ Akushala) und das Zuruhekommen der Tatabsichten (→ Samskāra) dar. Es bedeutet das Freisein von Determiniertheit durch das → Karma. Nirvāna gilt als nicht-bedingt (→ Asamskrita), seine Kennzeichen sind das Fehlen von Entstehen, Bestehen, Veränderung und Vergehen.
Im → Mahāyāna tritt eine Wandlung des Nirvāna-Begriffs ein, die einerseits auf die Einführung des → Bodhisattva-Ideals, andererseits auf die Betonung des einheitlichen Wesens der Welt zurückzuführen ist. Nirvāna wird als die Erfahrung des Einsseins mit dem Absoluten, der Einheit des Samsāra mit dem Transzendenten, aufgefaßt sowie als Verweilen in der Erfahrung des Absoluten, Glückseligkeit im Wissen um die eigene Identität mit dem Absoluten und als Freisein von Bindungen an Illusionen, Affekte und Begierden beschrieben (siehe auch → Parinirvāna).
Schon im frühen Buddhismus wurde Nirvāna nicht als bloße Vernichtung aufgefaßt, als die es im Westen oft mißverstanden wird. In vielen Texten wird zur Erklärung dessen, was man mit »Nirvāna« umschreibt, das Gleichnis vom Verlöschen einer Flamme gebraucht: So wie das verlöschende Feuer nicht vergeht, sondern lediglich durch das Eingehen in den Raum (→ Ākāsha) unsichtbar wird, so weist der Terminus »Nirvāna« nicht auf Vernichtung, sondern vielmehr auf das Eingehen in eine andere Existenzweise hin. Wie das Feuer aus dem Raum hervorgeht und in ihn zurückkehrt, ist auch das Nirvāna als ein in der Zeit stattfindendes spirituelles Ereignis in einer ungewordenen und unvergänglichen Sphäre immer schon gegeben. Es ist dies die »Stätte der Unsterblichkeit«, die nicht räumlich lokalisierbar, sondern transzendent, überweltlich (→ Lokottara) ist, da nur dem mystischen Erleben

zugänglich. Im frühen Buddhismus wird deshalb das Nirvāna in keine positive Beziehung zur Welt gesetzt, sondern stellt nur einen Ort der Erlösung dar.
An einigen Sūtra-Stellen wird für Nirvāna ein Ausdruck gebraucht, der »Glückseligkeit« bedeutet, aber eine weit größere Anzahl von Stellen charakterisiert das Nirvāna lediglich als einen Vorgang oder Zustand der Beendigung des Leidens (→ Duhkha). Diese Tatsache darf aber nicht als Beweis für eine nihilistische Haltung aufgefaßt werden; sie belegt vielmehr die Unzulänglichkeit der Sprache, das Wesen des Nirvāna, das jenseits von Sprache und Denken liegt, auf positive Weise darzustellen. Als positive Aussage über das Nirvāna ist nur der Hinweis auf das Nicht-Nichts-Sein des Nirvāna möglich. Außerdem genügt dem Buddhismus, der das gesamte Dasein als leidvoll ansieht, bereits die Interpretation von Nirvāna im Sinne einer Beendigung des Leidens als Ziel des spirituellen Strebens; für die spirituelle Praxis ist es irrelevant, ob Nirvāna ein positiver Zustand oder bloße Vernichtung ist. Aus diesem Grund hat der Buddha auch jegliche Aussage über die Natur des Nirvāna verweigert.
Im → Hīnayāna werden zwei Arten von Nirvāna unterschieden: das Nirvāna mit einem Rest von Bedingtheit, das schon vor dem Tod verwirklicht wird, und das Nirvāna ohne Bedingtheit, das nach dem Tod erreicht wird (→ Sopadhishesha-Nirvāna, → Nirupadhishesha-Nirvāna).
Im Mahāyāna tritt durch die Betonung des Bodhisattva-Ideals die Erlangung des Nirvāna etwas in den Hintergrund, verliert aber nichts von seiner Wichtigkeit, da in keiner Schule des Mahāyāna die Bodhisattvaschaft als letztes Ziel auf dem Weg gilt; das Verlöschen im Nirvāna wird vom Bodhisattva nur hinausgeschoben, bis alle Wesen vom Leid erlöst sind. Hier gewinnt das Nirvāna einen positiven Charakter, da es im wesentlichen den Zustand des Gewahrseins der Identität mit dem Absoluten darstellt. Die Erfahrung der Einheit mit dem Absoluten beschränkt sich nicht auf die Person des Erlebenden, sondern wird als grenzenlose Erfahrung in allen Erscheinungen, einschließlich des eigenen Körpers, erlebt. Nach dieser Auffassung besteht zwischen Samsāra und Nirvāna kein essentieller Unterschied.
Es werden zwei Arten von Nirvāna unterschieden: das »nicht

fixierte« (Apratishthita-Nirvāna) und das vollständige Nirvāna (→ Pratishthita-Nirvāna).

Nirvāna-Schule, eine Richtung des frühen chin. Buddhismus, die im 5. Jh. entstand. Sie ist keine Schule im eigentlichen Sinn, sondern bezeichnet eine Reihe von Mönchen, die sich vor allem mit dem Inhalt des → *Mahāparinirvāna-Sūtra* auseinandersetzten.

Die wichtigsten Lehren dieses Sūtra sind: Das → Nirvāna ist von ewiger, freudvoller, personaler und reiner Natur, im Gegensatz zur Auffassung des Nirvāna im → *Prajñāpāramitā-Sūtra,* in dem es als Verwirklichung der Leere (→ Shūnyatā) beschrieben wird. Alle Wesen besitzen → Buddha-Natur und können Buddhaschaft verwirklichen; in diesem Sinne ist das wahre Selbst gleich dem → Tathāgata.

Diese Lehren wurden überall in China studiert und von vielen als »häretisch« abgelehnt, da sie in Gegensatz zu den Lehren des *Prajñāpāramitā-Sūtra* stehen. Die hervorragendsten Vertreter dieser revolutionären Thesen waren → Tao-sheng im Süden und Tao-lang im Norden. Die auf dem *Mahāparinirvāna-Sūtra* basierende These des Tao-sheng, daß auch → Ichchantikas Buddha-Natur besitzen und die Buddhaschaft durch »plötzliche« Erleuchtung erlangt wird, führte zu vielen Kontroversen unter den gelehrten Mönchen dieser Zeit.

Nīvarana (Nīvaraṇa), Skrt., Pali, wörtl.: »Hindernis, Hemmung«; bezeichnet fünf den Geist hemmende und den Klarblick trübende Eigenschaften, die den Menschen hindern, annähernde oder vollkommene Sammlung (→ Samādhi) zu erreichen und die Wahrheit zu erkennen. Die Fünf Hemmnisse sind: 1. Gier (Abhidyā); Bosheit (Pradosha); 3. Starrheit und Schlaffheit (Styāna bzw. Middha); 4. Erregung und Reue (Anuddhatya bzw. Kaukrītya); 5. Zweifel (→ Vichikitsā). – Die Ausschaltung der Fünf Hemmnisse ist Vorbedingung für das Erlangen der Vier Versenkungsstufen (→ Dhyāna).

Nöndro, tibet., andere Schreibweise für Ngöndro → Körper, Rede, Geist

Nyānatiloka, 1878–1957, deutscher buddhist. Gelehrter und Übersetzer. Sein urspr. Name war Walter Florus Gueth. Er stammte aus einer katholischen Familie, studierte nach dem Abitur Musik und wurde Geigenvirtuose. Während einer Reise nach Ceylon kam er mit dem Buddhismus in Kontakt. Er ging nach Burma, wo er in den Orden eintrat. Er gilt als einer der bedeutendsten Pali-Gelehrten, übersetzte u. a. *Die Fragen des Milindo* (1919–1924) (→ *Milindapañha),* das → *Anguttara-Nikāya* (1922) und das → *Visuddhi-Magga* (1952), verfaßte zahlreiche Lehrschriften und ein *Buddhistisches Wörterbuch* (1976).

Nyingmapa (rNyiṅg-ma-pa), tibet., wörtl.: »Die Schule der Alten«; eine der vier Hauptschulen des → Tibetischen Buddhismus. Sie vereinigt die ältesten buddhist. Überlieferungen, die von → Padmasambhava und den Mönchen Vimalamitra und Vairochana im 8. Jh. von Indien nach Tibet gebracht wurden. Seit dem 15. Jh. existiert eine eigenständige Sammlung dieser Lehren, sie wurde aber nicht in den offiziellen tibet. Kanon (→ Kangyur/Tengyur) aufgenommen. Als wichtigste Unterweisung betrachten die Nyingmapas das → Dzogchen, und seine Neuordnung und Kommentierung durch → Longchenpa gilt als autoritativ.

O

Ōbaku-Schule, neben der → Rinzai- und der → Sōtō-Schule die dritte Schule des Zen in Japan. Sie geht zurück auf den chin. Meister Yin-yüan Lung-ch'i (jap. Ingen Ryūki), der in der Mitte des 17. Jh. in Uji bei Kyōto ihr Hauptkloster, Mampuku-ji, gründete. Die Ōbaku-Schule ist eine Nebenlinie der Rinzai-Schule; sie hat im heutigen Japan jedoch kaum noch aktive Zen-Klöster und ist damit die am wenigsten einflußreiche der drei Schulen des Zen in Japan.

OM, auch AUM oder Pranava, Skrt.; das umfassendste und erhabenste Symbol der hinduist. spirituellen Erkenntnis, das auch im Buddhismus (vor allem im → Vajrayāna) als mantrische Silbe eine Rolle spielt. OM ist sowohl ein Symbol der Form als auch des Klanges. Diese Silbe ist kein magisches Wort und wird auch nicht als

Wort betrachtet, sondern ist eine Manifestation der spirituellen Kraft, ein Symbol, das im ganzen Osten verbreitet ist und die Gegenwart des Absoluten in der → Māyā bezeichnet. Die Welt des Körperlichen, des Geistigen und des Unbewußten werden in dem Buchstaben OM durch drei Kurven dargestellt und das höchste Bewußtsein durch den Punkt außerhalb und darüber, der die drei anderen erleuchtet und enthüllt. Die Form des OM ist eine konkrete Manifestation der geschauten Wahrheit. Kein Konzept oder Objekt dieses Universums ist unabhängig. Alle sind Umwandlungen des einen Bewußtseins, nehmen in unterschiedlichen Graden an seinem Wesen teil und sind auf diese Weise miteinander verbunden.

OM MANI PADME HUM, Skrt., wörtl.: »OM, Juwel im Lotos, HUM« (tibet. OM MANI PEME HUNG); Sanskrit-Formel, die dem → Avalokiteshvara zugeordnet wird und das bedeutendste und älteste Mantra des Tibetischen Buddhismus ist. Die einfachste Erklärung des von sog. Keimsilben eingeschlossenen Wortpaares »Juwel im Lotos« ist die Gleichsetzung des Juwels mit dem Erleuchtungsgeist (→ Bodhichitta), der im Lotos des menschlichen Bewußtseins erzeugt werden soll. Die komplexe Bedeutung dieser Lautfolge hängt mit ihrer Wirksamkeit im → Sādhana zusammen und kann unter Einbeziehung der gesamten Symbolik des → Vajrayāna beschrieben werden. Für den tibet. Buddhisten sind die sechs Silben OM MANI PEME HUNG Ausdruck der grundlegenden Haltung des Erbarmens, und in ihrem Rezitieren formuliert sich der Wunsch nach Befreiung (→ Nirvāna) zum »Wohle aller Lebewesen«. Aus diesem Grunde wurden die sechs Silben auch auf die sechs Daseinsformen des Lebensrades (→ Bhava-Chakra) übertragen.

OM MANI PEME HUNG, tibet. für → OM MANI PADME HUM

Ordination, im buddhist. Sinne die Aufnahme in den → Sangha, die buddhist. Gemeinde von Mönchen und Nonnen, die einen Rechtsakt darstellt, der in Gegenwart von Zeugen nach bestimmten Regeln durchgeführt werden muß und dessen Vorbedingung eine freie Willenserklärung, das sog. Hinausziehen (in die → Hauslosigkeit) ist. Die Ordination bindet den Aufgenom-

menen nicht lebenslang an den Sangha; Austritt und Wiedereintritt sind jederzeit möglich.
Es werden drei verschiedene Arten von Ordination unterschieden: 1. die niedere, durch die man zum Novizen (→ Shrāmanera) wird; 2. die höhere, durch die ein Novize zum Mönch (→ Bhikshu) oder eine Novizin zur Nonne (→ Bhikshunī) geweiht wird. 3. die »Bodhisattva-Ordination« im Mahāyāna. – Die Ordinationszeremonien variieren stark von Land zu Land. Die erste Ordination ist im *Prātimoksha-Sūtra* beschrieben.

Orgyen (O-rgyan bzw. U-rgyan), tibet. (Skrt. Oddiyana); ein mythologisches Reich, das im Tibetischen Buddhismus als Geburtsstätte des → Padmasambhava und Heimat der → Dākinīs angesehen wird. Geographisch wird es einem Gebiet zwischen Afghanistan und Kaschmir zugeordnet, etwa dem im heutigen Pakistan liegenden Swat-Tal entsprechend. Die ältesten buddhist. Tantras sprechen dagegen von Orgyen als einer heiligen Stätte, die im Nordosten Indiens, in Bengalen, gelegen haben soll. In beiden Traditionen gilt Orgyen als Ursprungsland bestimmter tantrischer Lehren. Einer der 84 → Mahāsiddhas, Indrabhūti, wird als König von Orgyen bezeichnet.

Ösel ('Od-gsal), tibet.; wörtl.: »klares Licht«; 1. Die Lichthaftigkeit des Geistes, deren Erkenntnis als Komplement zur Leerheit (→ Shūnyatā) des Geistes generell das Ziel der höchsten Lehren der → Tantras definiert (→ Mahāmudrā, → Dzogchen); 2. eine der »Sechs Doktrinen des Nāropa« (→ Nāro Chödrug), aufgrund deren Ausführung sich manifestiert »das Licht in seiner Wesensgleichheit mit dem aus sich selbst heraus leuchtenden Geist, so wie die Lampe sich selbst und die Gegenstände ohne Beihilfe von außen beleuchtet« (G. Tucci).

Ōtani, jap. → Jōdo-shin-shū

P

Padma → Lotos

Padmapāni → Avalokiteshvara

Padmasambhava, Skrt., wörtl.: »Der aus dem Lotos Geborene«; Zeitgenosse des tibet. Königs Trisong Detsen (755–797) und einer der historisch faßbaren Begründer des → Tibetischen Buddhismus. Er prägte vor allem die Lehren der → Nyingmapa-Schule und wird von ihren Anhängern als »zweiter Buddha« verehrt. Seine besondere Aufgabe lag in der Bezähmung der einheimischen Dämonen bzw. der durch sie verkörperten Naturgewalten. Die Methoden des Padmasambhava reichten vom Umgang mit Kultinstrumenten, vor allem dem → Phurbu, bis zur Beherrschung der Meditationstechniken des → Dzogchen. Die in der Tradition der → Mahāsiddhas stehende Gestalt des Padmasambhava nahm im Laufe der Jahrhunderte immer stärker legendären Charakter an, und noch heute wird er in den Himālaya-Ländern unter dem Namen Guru Rimpoche (»Kostbarer Lehrer«) verehrt.
Eine Biographie von Padmasambhava findet sich in: W. Y. Evans-Wentz (Hrsg.), *Der geheime Pfad der großen Befreiung,* Bern 1978.

Pagode, buddhist. architektonische Form, die in China, Japan und Korea beheimatet ist und sich aus dem ind. → Stūpa entwikkelt hat. Die Pagode ist ein meist vier- oder achteckiger schlanker Stein-, Ziegel- oder Holzbau in mehreren Stockwerken mit hervorspringenden Dächern. Auf der Spitze befindet sich ein Mast mit einer großen Zahl von Ringen.
Die Pagode dient wie der Stūpa der Aufbewahrung von Reliquien (→ Sharīra) oder als Grabmal für berühmte Meister. Der Kern der Pagode, der diese Reliquien birgt, kann auf einer Treppe rituell umwandelt werden. Die Pagode tritt überall in Ostasien auch in Miniaturausgabe als Votivgabe, Räuchergefäß oder als Mittelpunkt eines Hausaltars auf.
Die Pagoden, wie auch die Stūpas, sind Sinnbilder des Absoluten, das sich in der Gestalt des Buddha personifiziert, der sich symbo-

lisch im Zentrum der Pagode in Form des Mittelpfeilers befindet. Die Achse des Bauwerkes steht im Weltenzentrum, aus dem die Weltenrichtungen erstehen, denen im Mahāyāna verschiedene Buddhas zugeordnet sind, wodurch die Pagode einem → Mandala ähnelt.
Die einzelnen Stockwerke repräsentieren die verschiedenen Welten (→ Triloka), die Stufen des Bodhisattva-Weges (→ Bhūmi) oder den Erleuchtungsweg im allgemeinen. Die in China beliebte achteckige Grundfläche symbolisiert das Rad der Lehre (→ Dharma-Chakra) mit seinen acht Speichen, die ihrerseits auf den → Achtfachen Pfad hinweisen.

Pai-lien-tsung, chin. → Weißer-Lotos-Schule

Pai-ma-ssu, chin., wörtl.: »Kloster zum weißen Pferd«; ältestes buddhist. Kloster Chinas in der Nähe von Lo-yang, dessen Geschichte sich bis in das 1. Jh. n. Chr. verfolgen läßt. Es wurde mehrmals umgebaut; die heutige Anlage stammt aus der Ming-Dynastie. Das Kloster gehört der Schule des Zen an.
Wie aus Inschriften hervorgeht, sind hier die ersten Sūtras (u. a. das → *Sūtra in 42 Abschnitten*) von zwei ind. Mönchen, Matanga und Chu-fa-lan, deren Grabstätten sich im Kloster befinden, ins Chinesische übersetzt worden.

Pali (Pāli); ind. Dialekt, der sich vom Skrt. ableitet und in dem die kanonischen Texte des → Theravāda abgefaßt sind. Die Meinungen über den Ursprung dieses Dialekts gehen weit auseinander. Rhys-Davids ist der Ansicht, Pali sei der Dialekt von → Koshala im Nordosten des Gangesbeckens; Walleser sieht darin die Sprache von → Pātaliputra, dem heutigen Patna, der Hauptstadt von → Magadha. Manche Forscher fassen Pali als eine Spielart des Dialekts von Magadha auf, die die Sprache des Buddha gewesen sein soll und möglicherweise als Umgangssprache der Elite von Magadha gedient hat. Allerdings zeigen Funde von Inschriften in Māgadhī beträchtliche Unterschiede zwischen Pali und Māgadhī auf. Lamotte vertritt die Meinung, Pali sei ein zentralind. Dialekt, d. h. eine der alten Prākrita-Sprachen.

Pali-Schule → Theravāda

Pañcha-Mārga (Pañca-Mārga), Skrt.; wörtl.: »Fünf Pfade«; eine neben den Stufen des Bodhisattva (→ Bhūmi) wichtige Beschreibung des spirituellen Weges in fünf aufeinanderfolgenden Phasen: 1. Pfad der Ansammlung *(sambhāra-mārga)*; 2. Pfad der Vorbereitung *(prayoga-mārga)*; 3. Pfad des Sehens *(darshana-mārga)*; 4. Pfad der Meditation *(bhāvanā-mārga)*; 5. Pfad des Nicht-mehr-Lernens *(ashaiksha-mārga)*.
Die Inhalte der auf dem jeweiligen Pfad vollzogenen Übungen werden unterschiedlich definiert für die Fahrzeuge der → Shrāvakas, → Pratyeka-Buddhas und → Bodhisattvas; letztere erreichen zu Beginn des »Pfad des Sehens« die erste Bodhisattva-Stufe.

Panchen Lama (Paṇ-chen bla-ma), Skrt.-tibet.: »Lehrer, der ein großer Gelehrter ist«. Ehrentitel, den der 5. → Dalai Lama im 17. Jh. seinem Meister verlieh, dem Abt des Klosters Tashi Lhünpo. Da der Dalai Lama seit diesem Zeitpunkt als Verkörperung des → Avalokiteshvara angesehen wurde, erklärte er seinen Lehrer übergeordnet als Wiedergeburt des Buddha → Amitābha. Im Gegensatz zum Dalai Lama fielen dem Panchen Lama, der wie dieser immer wieder inkarniert wird (→ Tulku), keinerlei politische Aufgaben zu; nach dem Tode eines Dalai Lama hatte er ausschließlich die Position eines geistigen Stellvertreters inne. Erst im Laufe des 20. Jh. übernahm der Panchen Lama auch politische Ämter.

Pansil, Pali, Abk. für Pancha-Sīla (→ Shīla); die fünf Sittlichkeitsregeln, die alle Anhänger des → Theravāda einzuhalten verpflichtet sind.
Im weiteren Sinn bezeichnet Pansil die Gesamtheit der Formeln, die zu bestimmten Gelegenheiten wie → Pūjās und → Uposatha-Feiern rezitiert werden: Anrufung des Buddha, Zufluchtnahme (→ Trisharana) und Pansil im eigentlichen Sinn.

Paramārtha, Skrt., wörtl.: »höchste Wirklichkeit, höchste Wahrheit«.
Name eines der vier großen Übersetzer im chin. Buddhismus. Paramārtha (499–569) war ind. Abstammung und kam 546 nach China. Im gleichen Jahr lud ihn der Kaiser, der ihn an die Spitze

eines Übersetzungsbüros setzen wollte, in die Hauptstadt (das heutige Nanking) ein. Doch innenpolitische Wirren machten dieses Vorhaben unmöglich. Paramārtha verbrachte die nächsten Jahre an verschiedenen Orten in Südchina, bis er sich in Kanton niederließ, wo er auf Bitte des Präfekten der Stadt wichtige Werke des → Yogāchāra (u. a. das → *Abhidharmakosha,* das *Mahāyāna-Samparigraha* des → Asanga, das *Vimshatikā* des → Vasubandhu und das → *Diamant-Sūtra*) ins Chinesische übertrug. Insgesamt übersetzte Paramārtha 64 Werke in 278 Bänden.
Mit seinen Übersetzungen ermöglichte er die Entwicklung der chin. Form des Yogāchāra, der → Fa-hsiang-Schule, durch → Hsüan-tsang und K'uei-chi; die chin. Fassung des *Abhidharmakosha* setzte den Anfang der sog. → Kosha-Schule in China.

Paramārtha-Satya, Skrt., etwa: »Endgültige Wahrheit«; die absolute Wahrheit im Gegensatz zur Konventionellen Wahrheit (→ Samvriti-Satya) oder relativen Wahrheit der Welt der Phänomene.

Pāramitā, Skrt., wörtl.: »Das, was das andere Ufer erreicht (hat)«, das Transzendente. Die »Pāramitās«, i. allg. als »Vollkommenheiten« übersetzt, bezeichnen die Tugenden, die ein Bodhisattva während seiner Laufbahn vervollkommnet (→ Bhūmi). Dazu zählen sechs Eigenschaften: 1. Dāna-Pāramitā (Gebefreudigkeit), 2. Shīla-Pāramitā (Sittlichkeit), 3. Kshānti-Pāramitā (Geduld), 4. Vīrya-Pāramitā (Energie), 5. Dhyāna-Pāramitā (Meditation), 6. Prajñā-Pāramitā (Weisheit). Hinzu kommen oft noch weitere vier Tugenden, die erst später in den Kanon aufgenommen wurden: 7. Upāya-Kaushala-Pāramitā (richtige Methode), 8. Pranidhāna-Pāramitā (Gelöbnis), 9. Bala-Pāramitā (Anstrengung um die Zehn Kräfte), 10. Jñāna-Pāramitā (Wissen um die richtige Definition aller Dharmas).

Parikalpita, Skrt.; Eingebildetes, Vorgestelltes. Nach der Lehre des → Yogāchāra bildet das, was der Mensch für die »objektive« Welt hält, das »Eingebildete« oder »Vorgestellte«, d. h. diese Welt ist Illusion und Täuschung und existiert nur als Schein, nicht aber als wahre Wirklichkeit.

Parinirvāna (Parinirvāṇa), Skrt. (Pali: Parinibbāna); vollständiges Erlöschen, Synonym für → Nirvāna. Parinirvāna wird vielfach gleichgesetzt mit dem nachtodlichen Nirvāna (→ Nirupadhishesha-Nirvāna), kann aber auch das vortodliche Nirvāna (→ Sopadhishesha-Nirvāna) bezeichnen. – Manchmal ist mit Parinirvāna auch nur der Tod eines Mönches oder einer Nonne gemeint.

Pātaliputra, Skrt. (Pali: Pataliputta), das heutige Patna; unter König → Ashoka Hauptstadt des → Magadha-Reiches und Schauplatz des 3. buddhist. → Konzils.

Patriarch, im chin. Buddhismus der Gründer einer Schule und seine Nachfolger in der Lehrübertragung.
Siehe auch → Soshigata.

Petavatthu, Pali → *Khuddaka-Nikāya*

Phadampa Sangye → Chöd

Phowa ('Pho-ba), tibet., wörtl.: »Wechsel des Ortes«; eine der sechs Übungen des → Nāropa (siehe auch → Nāro Chödrug), die über → Marpa den Übersetzer im 11. Jh. nach Tibet gelangten. Die Übung des Phowa ist eine spezielle Technik, um das Bewußtsein im Moment des Todes willentlich in ein reines Buddha-Paradies, wie das des → Amitābha, zu transferieren. Unter Verwendung von bestimmten Mantras und Meditationsübungen (→ Sādhana) bereitet sich der Adept des Phowa schon zu Lebzeiten auf diesen Moment vor. Im Westen wurden die Lehren des Phowa vor allem durch einen Vertreter der Drigung Kagyü (→ Kagyüpa) verbreitet.

Phurbu (Phur-bu), tibet., wörtl.: »Nagel, Keil«; als Dolch zur Bezähmung von Dämonen durch → Padmasambhava in das Ritualwesen des Tibetischen Buddhismus eingeführt. Als Symbol für die unmittelbare Umwandlung negativer Kräfte steht er im Mittelpunkt eines Systems von Meditationsübungen, die von → Yeshe Tsogyel überliefert wurden. Der eigentliche Phurbu setzt sich zusammen aus einer Dreikantklinge und einem nach dem Vorbild des → Dorje modellierten Griff.

Phyagchen, tibet., Kurzform für Phyag-rgya chen-po → Mahāmudrā

Prajñā, Skrt., wörtl.: »Bewußtsein« oder »Weisheit« (Pali: Pañña, jap. Hannya); Weisheit; ein zentraler Begriff des → Mahāyāna, der eine nicht begrifflich-intellektuell vermittelte, sondern unmittelbar erfahrene, intuitive Weisheit bezeichnet, deren entscheidendes Moment das Begreifen und die Einsicht in die Leere (→ Shūnyatā), das Wahre-Wesen der Welt, ist. Das Verwirklichen von Prajñā wird vielfach mit dem Erlangen von Erleuchtung gleichgesetzt und ist eines der wesentlichen Kennzeichen der Buddhaschaft. – Prajñā ist eine der »Vollkommenheiten« (→ Pāramitā), die ein Bodhisattva auf seinem Weg (→ Bhūmi) verwirklicht.

Prajñāpāramitā-Sūtra, auch *Mahāprajñāpāramitā-Sūtra,* Skrt., wörtl.: »(Großes) Sūtra der das andere Ufer erreichenden [d. h. transzendenten oder erlösenden, → Pāramitā] Weisheit (→ Prajñā)«; Bezeichnung für eine Reihe von ca. 40 mahayanist. Sūtras, die unter diesem Namen zusammengefaßt sind, da sie alle die Verwirklichung von Prajñā zum Inhalt haben. Sie stellen einen Teil der → *Vaipulya-Sūtras* des Mahāyāna dar und sind vermutlich um die Zeitwende entstanden. Einige Sūtras sind in Sanskrit erhalten, die meisten jedoch nur in chin. oder tibet. Übersetzung überliefert. Die im Westen bekanntesten sind das → *Diamant-Sūtra (Vajrachchedikā)* und das → *Herz-Sūtra (Mahāprajñāpāramitā-Hridaya-Sūtra).* Ihr bedeutendster Interpret war → Nāgārjuna. (Dt. Übersetzung von M. Walleser, Göttingen 1914.)

Prajñaptivādin, Skrt. → Hīnayāna, → Mahāsānghika

Pranidhāna (Praṇidhāna), Skrt.; die Bodhisattva-Gelübde, die am Anfang der Laufbahn (→ Bhūmi) eines → Bodhisattva stehen. Sie beinhalten den festen Vorsatz, selbst Erleuchtung (→ Bodhi) zu erlangen und alle Wesen durch die Hinführung zum → Nirvāna zu erlösen. Sie sind Ausdruck des »auf die Erleuchtung gerichteten Geistes« (→ Bodhichitta) und werden im Mahāyāna sowohl von Mönchen als auch von Laienanhängern abgelegt.

Prāsangika, Skrt., wörtl: »Die Folgerungen benutzen«; eine von dem buddhist. Weisen Buddhapālita, einem Schüler von → Nāgārjuna, begründete Schulrichtung der → Mādhyamikas.

Prātimoksha (Prātimokṣa), Skrt. (Pali: Pātimokkha); Teil des → Vinaya-Pitaka, der die Disziplinregeln für Mönche (insgesamt 227) und Nonnen (insgesamt 348) enthält und anläßlich jeder → Uposatha-Feier vorgetragen wird, wobei jeder Mönch bzw. jede Nonne eventuelle Verstöße gegen die Regeln bekennen muß.

Pratisamkhyā-Nirodha (Pratisaṃkhyā-Nirodha), Skrt.; Aufhebung (→ Nirodha), die durch das bewußte, auf Einsicht und Weisheit gegründete Beenden der Befleckungen und Leidenschaften (→ Klesha) erreicht und mit dem → Nirvāna identifiziert wird. Der Pratisamkhyā-Nirodha ist einer der nicht-bedingten (→ Asamskrita) Dharmas des → Sarvāstivāda und → Yogāchāra.

Pratishthita-Nirvāna (Pratiṣṭhita-Nirvāṇa), Skrt., wörtl.: »statisches Nirvāna«; nach mahayanist. Auffassung das nachtodliche Nirvāna, das restlose Erlöschen eines Erlösten, in dem jede Beziehung zur Welt abgebrochen wird und der Erlöste nicht mehr wirksam ist. Es steht im Gegensatz zum → Apratishthita-Nirvāna, in dem der Erlöste weiterhin in der Welt verbleibt. Ein Bodhisattva verzichtet darauf, in Pratishthita-Nirvāna einzugehen, um gemäß seines Gelübdes (→ Pranidhāna) die Wesen auf dem Weg zur Erlösung leiten zu können.
Das Pratishthita-Nirvāna kann mit dem hinayanist. Nirvāna ohne Bedingungsreste (→ Nirupadhishesha-Nirvāna) gleichgesetzt werden. (Siehe dazu auch → Nirvāna.)

Pratītya-Samutpāda, Skrt. (Pali: Patichcha-Samuppāda), wörtl.: »bedingtes Entstehen« oder »Entstehen in Abhängigkeit«, oft übersetzt mit »Konditionalnexus«. Der Lehrsatz vom Bedingten Entstehen besagt, daß alle psychischen und physischen Phänomene, die das individuelle Dasein ausmachen, in einem bestimmten Abhängigkeits- und Bedingungsverhältnis zueinander stehen und beschreibt damit, was die Lebewesen in den → Samsāra verstrickt.

Die Kette des Bedingten Entstehens bildet zusammen mit der → Anātman-Doktrin den Kern der Lehre aller buddhist. Schulen. Das Erlangen der Erleuchtung (→ Bodhi), die Verwirklichung der Buddhaschaft, ist abhängig vom Begreifen dieses Lehrsatzes. Der Pratītya-Samutpāda besteht aus zwölf Gliedern (→ Nidāna): Nicht-Wissen (1. → Avidyā), das Nicht-Erkennen der → Vier Edlen Wahrheiten, das Nicht-Wissen um die Leidensnatur des Daseins, bedingt die Gestaltungen oder Tatabsichten (2. → Samskāra), die einer Tat vorausgehen. Diese können gut, schlecht oder neutral sein und beziehen sich auf körperliche, sprachliche und geistige Taten. Sie bedingen ihrerseits das Bewußtsein (3. → Vijñāna) im nächsten Leben des Individuums. Dieses Bewußtsein geht nach dem Tode eines unerlösten Wesens wieder in einen Mutterschoß ein und setzt dort die Entstehung von »Name-und-Form«, von Körperlichem und Geistigem (4. → Nāmarūpa), d. h. eines neuen, aus den fünf → Skandhas bestehenden empirischen Geschöpfes in Gang. Welchen Mutterschoß sich das Bewußtsein wählt, ist von seiner Qualität bestimmt, die ihrerseits abhängt von den Tatabsichten. In Abhängigkeit von Nāmarūpa entstehen die Sechs Grundlagen (5. → Shadāyatana), die sechs Objektbereiche der Sinne, die sich dem Geschöpf nach seiner Geburt darbieten und die Berührung (6. → Sparsha) mit der Umwelt bedingen. Diese Berührung ruft eine Empfindung (7. → Vedanā) hervor, aus der für einen im buddhist. Sinne Nicht-Wissenden Gier (8. → Trishnā) erwächst. Unwissenheit und Gier führen nach dem Tode des Individuums zu einem neuerlichen Ergreifen (9. → Upādāna) eines Mutterschoßes, wo neues Werden (10. → Bhāva) in Gang kommt, gefolgt von Geburt (11. Jāti) in ein neuerlich leidvolles Dasein, das wiederum durch Alter und Tod (12. Jarā) ein Ende findet.
Der gesamte Konditionalnexus umfaßt somit drei Existenzen: 1–2 beziehen sich auf die vergangene Existenz, 3–7 auf die Bedingungen, 8–10 auf die Früchte im jetzigen Leben, 11–12 auf das zukünftige Leben.

Pratyeka-Buddha, Skrt. (Pali: Pachcheka-Buddha), wörtl.: »Einsam-Erwachter«; Bezeichnung für einen Erwachten (Buddha), der aufgrund der Einsicht in die zwölf → Nidānas die Erleuchtung nur für sich allein und aus sich allein erlangt hat. Es werden ihm nicht die Vorzüge zuerkannt – z. B. Allwissenheit (→ Sarvajñatā) oder die Zehn Kräfte (→ Dashabala) –, die einen → Samyak-Sambuddha, einen Vollkommen-Erwachten, auszeichnen. Er steht auf der Stufe der Heiligkeit zwischen den → Arhats und den Buddhas, die Vollkommene Erleuchtung verwirklicht haben.

Pravrajyata, Skrt. → Hauslosigkeit

Predigt von Benares, erste Predigt des Buddha → Shākyamuni nach Verwirklichung des Erwachens (→ Bodhi), die er in Sārnāth bei Benares gehalten hat. Inhalt dieser ersten Lehrrede sind die → Vier Edlen Wahrheiten und der → Achtfache Pfad. Diese Predigt wird auch vielfach als das »Erste Inbewegungsetzen des Rades der Lehre« (→ Dharma-Chakra) bezeichnet.

Preta, Skrt. (Pali: Peta), wörtl.: »Abgeschiedene«; diese sog. Hungrigen Geister stellen eine der drei negativen Existenzweisen (→ Gati) dar. Pretas sind Wesen, deren → Karma für eine Wiedergeburt in den Höllen (→ Naraka) zu gut ist, aber für die als → Asura zu schlecht. Geiz, Neid und Eifersucht können nach traditioneller Auffassung eine Wiedergeburt als Preta zur Folge haben. Diese leiden Hungerqualen, da ihre Bäuche riesig, ihre Münder aber nur so groß wie ein Nadelöhr sind; sie sind auch noch verschiedensten anderen Peinigungen ausgesetzt.

Prīti, Skrt. → Bodhyanga

Pudgala, Skrt. (Pali: *Puggala*), etwa: »Person«; das Ich oder Selbst, die »Substanz«, die Träger des Kreislaufs der Wiedergeburten ist. Im Buddhismus wird die Existenz solch einer ewigen Person oder Seele verneint, er sieht in der »Person« nichts als einen konventionellen Namen für eine scheinbare Einheit, die sich in Wirklichkeit nur aus sich von Moment zu Moment verändernden körperlichen und geistigen Faktoren zusammensetzt (→ Skandha).

Pudgalavādin, Skrt. → Vātsīputrīya

P'u-hsien, chin. für → Samantabhadra

Pūjā, Skrt.; Verehrung, Zeremonie, Gottesdienst.
Zeremonie im → Theravāda, die das Darbieten von Opferspeisen, Blumen, Räucherwerk, Licht und Wasser u. a., das Rezitieren der Zufluchtsformel (→ Trisharana), eine kurze Meditation usw. einschließt und die grundlegende Form der Verehrung darstellt. Eine Pūjā wird z. B. an den → Uposatha-Tagen abgehalten. Die äußere Form variiert von Land zu Land.
Auch gewisse Zeremonien im → Vajrayāna, die das Rezitieren von heiligen Texten und → Mantras, die Ausführung von → Mudrās und die Anrufung und Visualisierung von Gottheiten sowie die rituelle Darbietung von Opfergaben beinhalten, werden Pūjā genannt.

Punya *(Puṇya),* Skrt. (Pali: *Punna*), etwa: »Verdienst«; bezeichnet i. allg. das durch Almosenspenden, Durchführen von → Pūjās, Sūtrarezitationen usw. erworbene karmische Verdienst, das ein besseres Leben in der Zukunft sichern soll. Das Erwerben von Verdiensten stellt einen bedeutenden Faktor im Streben eines buddhist. Laien dar.
Das Mahāyāna spricht sich gegen das egoistische Anhäufen von Verdiensten im Hīnayāna aus und will die angesammelten Verdienste der Erleuchtung allen Wesen zugute kommen lassen, indem sie auf andere übertragen werden. Das Versprechen, einen Teil der erworbenen Verdienste auf Gläubige zu übertragen, bildet einen wichtigen Teil des Bodhisattva-Gelübdes (→ Pranidhāna), und wird auf der achten Stufe der Laufbahn eines Bodhisattva (→ Bhūmi) vervollkommnet.

Pūrna → Zehn Große Jünger des Buddha

Pu-tai, chin., wörtl.: »Hanfsack«; chin. Mönch, der im 10. Jh. gelebt haben soll. Sein Name geht darauf zurück, daß er mit einem Bettelsack aus Hanf auf dem Rücken durch die Dörfer zog. Um Pu-tai ranken sich unzählige Geschichten, die ihn als wundertätigen Sonderling, in dessen Handlungen der Geist des Zen zum Ausdruck kommt, darstellen. Erst in seiner Todesstunde gab er seine wahre Identität als Inkarnation des zukünftigen

Buddha → Maitreya zu erkennen. In chin. Klöstern wird er als → Lachender Buddha dargestellt. Pu-tai ist Verkörperung des im 10. der Zehn Ochsenbilder (→ Jūgyū-no-Zu) dargestellten Ideals des Zen-Buddhismus.

P'u-t'o-shan, Inselberg im Ostchinesischen Meer (Prov. Chekiang), der zu den → Vier Berühmten Bergen Chinas zählt. Er ist eines der bedeutendsten Zentren des Buddhismus in China und gilt als das Heiligtum des Bodhisattva Kuan-yin (→ Avalokiteshvara).

R

Rāhula, Sohn des Buddha (→ Siddhārtha Gautama). Seine Mutter war → Yashodharā. Rāhula war gerade erst geboren, als Buddha den Entschluß faßte, seine Familie zu verlassen und die Erleuchtung (→ Bodhi) zu suchen. Rāhula trat schon als Kind mit sieben Jahren in den → Sangha ein und wird daher als Schutzpatron der Novizen (→ Shrāmanera) angesehen. Er wurde von → Shāriputra ordiniert. Wahrscheinlich ist er sehr jung, lange vor seinem Vater, gestorben. – Rāhula zählt zu den → Zehn Großen Jüngern des Buddha.

Rājagriha (Rājagṛha), Skrt. (Pali: Rājagaha); Stadt 70 km südöstlich von Patna, am Ganges gelegen, war die Hauptstadt des von → Bimbisāra regierten Reiches von → Magadha. In Rājagriha standen dem historischen Buddha 16 Klöster, u. a. das von Bimbisāra gestiftete Venuvana-Kloster offen. → Shākyamuni verbrachte in Rājagriha einige Regenperioden; und hier fand das 1. buddhist. → Konzil kurz nach dem Tode des Buddha statt, bei dem sowohl → Sūtra-Pitaka als auch → Vinaya-Pitaka festgelegt worden sein sollen.

Rakan, jap. für → Lo-han

Ratnakūta-Sūtra, Skrt., wörtl.: »Sūtra der Anhäufung von Kostbarkeiten«; eines der ältesten Sūtras des Mahāyāna. Es zählt zu den → Vaipulya-Sūtras und stellt eine Sammlung von 49 unabhängigen Sūtras dar. Es ist nur in chin. und tibet. Übersetzung vollständig erhalten. – Im *Ratnakūta-Sūtra* wird der Gedanke des → Mittleren Weges entwickelt, der später die Basis der Mādhyamaka-Lehre des → Nāgārjuna wurde. Außerdem enthält es Sūtras über die transzendente Weisheit *(→ Prajñāpāramitā-Sūtra)*.

Ratnasambhava (Ratnasaṃbhava), Skrt., wörtl.: »Der im Juwel Geborene«; einer der fünf transzendenten Buddhas; ihm sind der irdische Buddha Kāshyapa und der transzendente Bodhisattva Ratnapāni zugeordnet. – Ratnasambhava wird meist mit der Handhaltung der Wunschgewährung (→ Mudrā, 6. Varada-Mudrā) auf einem Löwen oder einem Pferd reitend dargestellt.

Reines Land (chin. Ching-t'u, jap. Jōdo); im → Mahāyāna kennt man »Reine Länder« (auch Buddha-Länder oder -Paradiese genannt), über die jeweils ein Buddha herrscht. Da im Mahāyāna unendlich viele Buddhas angenommen werden, existieren auch unendlich viele Reine Länder. Das wichtigste ist → Sukhāvatī, das Reine Land des Westens oder Westliche Paradies, über das der Buddha → Amitābha herrscht. Ein östliches Paradies ist das Reine Land des → Bhaishajya-guru-Buddha (»Lehrer der Heilmittel«); auch das Paradies → Abhirati des Buddha → Akshobhya liegt im Osten. Im Süden befindet sich das Paradies des Buddha Ratnaketu, im Norden das des Buddha Dundubhīshvara. Ein weiteres Reines Land wird der zukünftige Buddha → Maitreya, der zur Zeit noch im → Tushita-Himmel weilt, hervorbringen.

Diese Reinen Länder sind transzendenter Natur. Sie sind die Hoffnung der Gläubigen, die dort wiedergeboren werden wollen. Dabei spielt nicht ihr gutes → Karma die entscheidende Rolle, sondern die Hilfe des entsprechenden Buddha, der das Gelübde abgelegt hat, all jenen, die sich in gläubigem Vertrauen an ihn wenden, zu einer Wiedergeburt in seinem Reinen Land zu verhelfen. Im Volksglauben werden diese Paradiese als geographisch lokalisierbare Orte der Seligkeit angesehen, während sie im Grunde für Aspekte des erleuchteten Bewußtseins stehen und die Himmelsrichtungen ikonographische Bedeutung haben. Die Reinen Länder sind aber nicht die letzte Station auf dem Weg, sondern nur die Vorstufe zum → Nirvāna, das in der darauffolgenden

Wiedergeburt verwirklicht wird. In einem Reinen Land ist allerdings kein Zurückfallen möglich. (Siehe auch → Reines-Land-Schule.)

Reines-Land-Schule (chin.: Ching-t'u-tsung, jap.: Jōdo-shū), auch Lotos-Schule genannt; Schule des chin. und jap. Buddhismus, die im Jahre 402 von dem chin. Mönch → Hui-yüan gegründet und von Hōnen nach Japan gebracht wurde. Ziel der Anhänger dieser Schule ist es, im → Reinen Land des Buddha → Amitābha, d. h. im »Westlichen Paradies« (→ Sukhāvatī) wiedergeboren zu werden. Die Richtung zeichnet sich durch die Betonung der Wichtigkeit des tiefen Vertrauens in die Kraft und Hilfe des Buddha Amitābha aus. Dieser legte das Gelübde ab, alle Wesen, die sich ihm in gläubiger Hingabe anvertrauen, in seinem Reinen Land Sukhāvatī wiedergeboren werden zu lassen. Daher wird der Weg der Schule des Reinen Landes vielfach auch als »Weg des Glaubens« oder »Leichter Weg« angesehen, da die Anhänger mit äußerer Hilfe durch Amitābha rechnen.
Die Praxis dieser Schule besteht vor allem im Rezitieren von Amitābhas Namen (→ Nembutsu) und im Visualisieren seines Paradieses. Diese Übungen wurden von anderen Schulen des chin. und jap. Buddhismus übernommen. Die Sūtras, die die Grundlage dieser Schule bilden, sind das → *Sukhāvatī-Vyūha,* das → *Amitābha-Sūtra* und das → *Amitāyurdhyāna-Sūtra.* – Die Schule des Reinen Landes ist diejenige buddhist. Richtung in China und Japan, die heute die meisten Anhänger zählt. (Siehe dazu auch → Amidismus.)

Riddhi (Ṛddhi), Skrt., wörtl.: »Wohlstand, Reichtum (auch an Kraft)«. (Pali: Iddhi); Bezeichnung für übernatürliche, magische Kräfte, die einen Teil der → Abhijñā bilden. Darunter werden vor allem folgende Kräfte verstanden: die Kraft, sich zu vervielfältigen, sich zu verwandeln und eine andere Gestalt anzunehmen, unsichtbar zu werden, feste Dinge zu durchdringen, die Fähigkeit, auf dem Wasser zu gehen, Sonne und Mond zu berühren und in die höchsten Himmel aufzusteigen, die Kraft des geistigen Erzeugens (aus diesem Körper einen geistgezeugten hervorgehen lassen), die Macht durchdringender Erkenntnis, die einen in Gefahrensituationen unversehrt läßt, sowie die Kraft vollkommener Sammlung. – Diese Fähigkeiten sind Begleiterscheinungen der verschiedenen Meditations- und Sammlungsübungen. Ein Zurschaustellen und Ausnutzen dieser Kräfte stellt einen Verstoß gegen die Ordensregeln dar, und das Vorgeben, im Besitz derartiger Kräfte zu sein, ist Grund für den Ausschluß aus der Gemeinde (→ Sangha, → Vinaya).

Riddhipāda (Ṛddhipāda), Skrt. (Pali: Iddhipāda), wörtl.: »Machtfährten«; »Bestandteile der Wunderkraft« nennt man folgende vier Eigenschaften, die Sammlung (→ Samādhi) bewirken und die Grundlage für die Betätigung der magischen Kräfte (→ Riddhi) bilden: Konzentration 1. der Absicht (Chanda), 2. der Willenskraft (→ Vīrya), 3. des Geistes (→ Chitta), 4. des Erforschens und Erwägens (Mīmāmsā).

Rime (Ris-med), tibet., wörtl.: »unparteiisch«; Bezeichnung für eine Strömung im → Tibetischen Buddhismus, die im 19. Jh. in Osttibet ihren Ursprung hatte. Aus dem Bedürfnis heraus entstanden, sektiererische Tendenzen bei der Bewertung des Lehrguts der einzelnen Schulen zu beseitigen und jede Überlieferung in ihrer Eigenständigkeit zu akzeptieren, wurde diese Bewegung von dem → Sakyapa-Lehrer Jamyang Khyentse Wangpo (1820–1892) initiiert. Unter seinen zahlreichen Schülern waren die wichtigsten Chogyur Dechen Lingpa (1829–1870) und → Jamgon Kongtrul (1811–1899). In der Person und den Werken Jamgon Kongtruls wird die »unparteiische« Grundhaltung dieser Bewegung am deutlichsten, und besonders in den Schulen der → Karma-Kagyüs und der → Nyingmapas ist ihr Einfluß noch heute spürbar. Das Hauptanliegen dieser Lehrer und der nachfolgenden Schülergenerationen war eine klare Strukturierung des Lehrmaterials, die sich am Vorbild der → Gelugpa-Schule orientierte.

Rimpoche tibet. → Lama

Rinchen Sangpo (Rin-chen bzaṅ-po), tibet., »Schönes Juwel«; 958–1055, wichtige Persönlichkeit im → Tibetischen Buddhismus, dessen Tätigkeit die zweite Ausbreitung der buddhist. Lehre von Westtibet aus einleitete. Er soll 108 verschiedene Klöster gegründet haben, unter denen das bekannteste Toling war. Berühmtheit erlangte er jedoch als Übersetzer von Tantra-Werken. Diese Übersetzungen wurden als »neu« bezeichnet, um sie von denen der alten Schule (→ Nyingmapa) zu unterscheiden. Ausführlich überliefert ist das Zusammentreffen des Rinchen Sangpo mit → Atīsha, den er nach anfänglichen Zweifeln als Lehrer akzeptierte.

Rinzai-Schule (chin. Lin-chi-tsung, jap. Rinzai-shū); eine der bedeutendsten Schulen des Zen in China. Sie geht auf den großen chin. Zen-Meister → Lin-chi I-hsüan (jap. Rinzai Gigen) zurück. Zu Beginn des 11. Jh. spaltete sich die Rinzai-Schule in zwei Linien auf, die Rinzai-Yōgi-Linie (Yōgi-Schule) und die Rinzai-Ōryō-Linie (Ōryō-Schule).
Die Rinzai-Schule ist eine der beiden Schulen des Zen, die in Japan heute noch lebendig sind. Ende des 12. Jh. brachte → Eisai Zenji die Linie des Rinzai-Ōryō-Zen als erste Schule des Zen nach Japan, wo sie jedoch bald erlosch. Das Rinzai-Zen, das in Japan eine neue Blüte erlebte, geht auf chin. und jap. Meister der strengen Rinzai-Yōgi-Linie zurück, aus der große jap. Meister wie Ben'en (auch Shōichi Kokushi, 1202–1280), Shōmyō (auch Daiō Kokushi, 1235–1309), Myōchō Shūhō (auch Daitō Kokushi, 1282–1338) und Musō Soseki (auch Musō Kokushi, 1275–1351) hervorgingen, die in der Frühzeit des Zen in Japan Wesentliches zur Verbreitung dieses geistigen Schulungsweges in Japan beitrugen. Auch spätere große Meister wie Bassui Zenji, Ikkyū Sōjun und der Reformator des Rinzai-Zen in Japan, → Hakuin Zenji, gehören dieser Linie des Rinzai-Zen an.
In der Rinzai-Schule wird vor allem die → Kōan-Praxis als ein besonders schneller Weg zur Verwirklichung von → Erleuchtung (auch Kenshō, Satori) betont. In der → Sōtō-Schule, der anderen in Japan noch heute lebendigen Schule des Zen, liegt die Betonung stärker auf dem Mokushō-Zen und damit auf der Praxis von → Shikantaza.

Risshō Koseikai, jap., wörtl.: »Gesellschaft zur Errichtung des Rechten und Gemeinschaft zum Werden (von Buddha)«; moderne buddhist. Volksbewegung Japans, die auf die Lehren von

→ Nichiren zurückgeht. Sie wurde 1938 von Niwano Nikkyō (geb. 1906) und Naganuma Myōkō (1889–1957) gegründet. Kennzeichnend für die Risshō Koseikai ist eine Verbindung der ursprünglichen Buddha-Lehre mit dem Glauben an die erlösende Kraft des → *Lotos-Sūtra.* Mittelpunkt der Verehrung ist der Buddha → Shākyamuni als Verkörperung der transzendenten Wahrheit. Die Praxis besteht im Rezitieren des Namens des *Lotos-Sūtra.* – Risshō Koseikai verfügt über Organisationen zur Sozialhilfe und Erziehung, über eigene Verlage und Presseorgane.

Ritsu-Schule, jap., wörtl.: »Disziplin-Schule«; Schule des jap. Buddhismus, die aus der chin. Urform dieser Richtung (→ Lü-tsung) hervorgegangen ist. Sie wurde im Jahr 754 vom chin. Mönch → Chien-chen (jap. Ganjin) nach Japan gebracht. Diese Schule betont die Wichtigkeit des formellen Einhaltens der → Vinaya-Regeln für die buddhist. Praxis. Besonderen Wert legt sie auf die korrekte Durchführung der → Ordinationszeremonien. Die Ritsu-Schule besteht bis heute, doch war sie nie von großer Bedeutung, was auf die starke Tradition einer nicht-formellen Disziplin in den anderen buddhist. Richtungen zurückzuführen ist. Diese messen den Regeln selbst weniger Wert bei als dem Geist, der ihnen zugrunde liegt. Ein weiterer Faktor für den geringen Einfluß der Ritsu-Schule war das Aufkommen einer rein mahayanist. Ordinationsform in der → Tendai-Schule.

Rūpadhātu, Skrt. → Triloka

Rūpaloka, Skrt. → Triloka

S

Saddharmapundarīka-Sūtra, Skrt. → *Lotos-Sūtra*

Sādhana, Skrt.; abgeleitet von *sādh:* »zum Ziel gelangen«, soviel wie »Mittel zur Vollendung«.
Im → Vajrayāna-Buddhismus Bezeichnung für eine bestimmte Art von Ritualtexten und die darin aufgeführten Meditationsübungen. Sādhana-Texte beschreiben detailliert die als geistige

Wirklichkeit zu erfahrenden Gottheiten und den gesamten Prozeß von der bildhaften Visualisierung bis zur Auflösung in die formlose Meditation. Zu der Ausführung dieser für den Tibetischen Buddhismus zentralen religiösen Praxis bedarf es der Ermächtigung und der Einweihung in die mit einer bestimmten Gottheit verbundene Übung durch den Meister (→ Guru). Damit verbunden ist die Übermittlung des der Gottheit zugeordneten → Mantra.

Sahasrāra-Chakra, Skrt. → Chakra, 7.

Saichō, genannt Dengyō Daishi, 767–822, Begründer des Klosterzentrums auf dem Berg Hiei und der jap. → Tendai-Schule, deren Lehren er neben jenen des → Hua-yen und des esoterischen Buddhismus (→ Mi-tsung) im Jahre 804 in China studierte. Er betonte die Universalität der Tendai-Lehren und die Wichtigkeit eines moralisch reinen Lebenswandels. Er befürwortete die Praxis des »Shikan« (chin. → Chih-kuan), einer Form der Meditation, in der die Tendai-Mönche auf dem Berge Hiei in einer zwölf Jahre dauernden Schulung unterwiesen wurden. Er wollte in seinem Kloster ein rein mahayanist. Ordinationszentrum schaffen. Dieser Plan scheiterte aber am Widerstand anderer Richtungen. 822 starb Saichō auf dem Berg Hiei.

Sakridāgāmin (Sakṛdāgāmin), Skrt. (Pali: Sakadāgāmin), wörtl.: »Einmalwiederkehrer«; bezeichnet jene Heilige, die die zweite Stufe auf dem überweltlichen Pfad (→ Ārya-Mārga, → Ārya-Pudgala) erreicht haben. Sie werden vor der Erlangung des Nirvāna nur noch einmal wiedergeboren. Bei ihnen sind die drei Wurzeln des Unheilsamen, Gier, Haß und Wahn (→ Akushala) nur in geringem Maß vorhanden.

Sakyapa (Sa-skya-pa), tibet.; nach dem in Südtibet gelegenen Kloster Sakya (wörtl.: »Graue Erde«) benannte Hauptschule des → Tibetischen Buddhismus. Gemäß einer Prophezeiung des → Atisha wurde das Kloster Sakya im Jahre 1073 gegründet, und seine der Khön-Familie zugehörigen Äbte widmeten sich vor allem der Überlieferung eines Zyklus von → Vajrayāna-Lehren, die unter dem Namen »Weg und Ziel« (→ Lamdre) bekannt sind.

Diese Schule bemühte sich um eine systematische Ordnung des → Tantra-Schrifttums, wandte ihre Aufmerksamkeit aber auch Problemen der buddhist. Logik zu und hatte zwischen dem 13. und 14. Jh. großen politischen Einfluß in Tibet.

Samādhi, Skrt., wörtl.: »Fixieren, Festmachen«. (jap. Sanmai oder Zanmai). Die Sammlung des Geistes auf ein einziges Objekt durch die (allmähliche) Beruhigung der Geistestätigkeit. Samādhi ist ein nicht-dualistischer Bewußtseinszustand, in dem das Bewußtsein des erfahrenden »Subjekts« mit dem erfahrenen »Objekt« eins wird – da ist *nur* der Erfahrungsinhalt. Dieser Bewußtseinszustand wird oft als »Einspitzigkeit des Geistes« bezeichnet; dieser Ausdruck ist jedoch irreführend, weil er die Vorstellung der »Konzentration« auf einen Punkt und der »Gerichtetheit« des Geistes hervorruft. Doch Samādhi ist weder die angespannte Konzentration auf einen Punkt, noch ist der Geist von hier (Subjekt) nach dort (Objekt) gerichtet, was ein dualistischer Erfahrungsmodus wäre. – Die Fähigkeit, den Samādhi-Zustand zu erreichen, ist Vorbedingung für die Versenkung (→ Dhyāna).

Samādhirāja-Sūtra, Skrt., wörtl.: »Sūtra des Königs der Sammlung«; Sūtra des → Mahāyāna in 40 bzw. 42 Kapiteln, wovon nur 16 des Sanskrit-Originals erhalten sind, der Rest existiert nur in chin. und tibet. Übersetzung. Seine Lehre ist dem des → *Prajñāpāramitā-Sūtra* verwandt und behandelt die wesenhafte Identität aller Dinge.

Samantabhadra, Skrt. (chin. P'u-hsien, jap. Fugen), wörtl.: »Der Allumfassend Gute« oder »Der Ringsum Segensreiche«; einer der bedeutendsten Bodhisattvas des Mahāyāna-Buddhismus. Er wird als Schützer all jener, die die Lehre darlegen, verehrt und verkörpert die »Weisheit der Wesensgleichheit«, d. h. das Begreifen der Einheit von Gleichheit und Verschiedenheit.
Samantabhadra wird oft gemeinsam mit → Shākyamuni und → Mañjushrī dargestellt. Er reitet auf einem weißen sechszähnigen Elefanten, der die alle Hindernisse überwindende Kraft der Weisheit repräsentiert; die sechs Zähne symbolisieren die Überwindung des Haftens an den sechs Sinnen.
Samantabhadra ist → Vairochana zugeordnet. Seine Symbole

sind das alle Wünsche erfüllende Juwel und der Lotos oder aber eine Buchrolle mit dem Text seines Meditations-Sūtra.
Im → Vajrayāna ist Samantabhadra der »Ursprungsbuddha« (Ādi-Buddha), der den Erfahrungsgehalt des Dharmakāya (→ Trikāya) repräsentiert.

Samāpatti, Skrt., Pali; Betrachtung. Beinhaltet die Vier Versenkungen (→ Dhyāna), die → Vier Sphärenstufen und manchmal auch den sog. Erlöschungszustand (→ Nirodha-Samāpatti).

Sambhogakāya, Skrt. → Trikāya

Samsāra (Saṃsāra), Skrt., wörtl.: »Wanderung«.
Der »Kreislauf der Existenzen«, eine Folge von Wiedergeburten, die ein Wesen innerhalb der verschiedenen Existenzweisen (→ Gati) durchmacht, solange es nicht Erlösung erlangt hat und ins → Nirvāna eingegangen ist. Das Gefangensein im Samsāra ist durch die drei »Wurzeln des Unheilsamen« (→ Akushala), durch Haß (Dvesha), Gier (→ Trishnā) und Wahn (→ Avidyā), bedingt. Die Art der Wiedergeburten innerhalb des Samsāra wird vom → Karma der Wesen bestimmt. Im Mahāyāna bezeichnet Samsāra die Welt des Phänomenalen und wird als wesenhaft identisch mit dem Nirvāna angesehen.

Samskāra (Saṃskāra), Skrt., wörtl.: »Eindruck, Nachwirkung«. (Pali: Sankhara); i. allg. übersetzt mit »Gestaltungen«, »psychische Formkräfte« oder »Tatabsichten«, bezeichnet Samskāra sowohl die Tätigkeit des Gestaltens als auch den passiven Zustand des Gestaltetseins (→ Samskrita).
Samskāra bildet den vierten der → Skandhas und das zweite Glied der Kette des Bedingten Entstehens (→ Pratītya-Samutpāda). Die Gestaltungen umfassen alle Willensimpulse oder Tatabsichten, die einer Tat vorausgehen. Da Taten körperlich, sprachlich oder geistig sein können, unterscheidet man körperliche, sprachliche und geistige Tatabsichten. Ihr Vorhandensein bedingt eine neuerliche Wiedergeburt, fehlen sie, wird kein → Karma erzeugt, und es kommt zu keiner weiteren Wiedergeburt. Außerdem bedingen sie auch die Art der Wiedergeburt, da sie gut, schlecht oder neutral sein können und ihre Qualität die des Be-

wußtseins (→ Vijñāna) prägt, das nach der Lehre des Bedingten Entstehens durch sie entsteht, sich nach dem Tode eines Wesens einen Mutterschoß sucht und das Werden einer neuen empirischen Person bedingt.

Samskrita (Saṃskṛta), Skrt. (Pali: Sankhata), etwa: »gestaltet, bedingt«; alle in Beziehung zueinander stehende und einander bedingende Erscheinungen, deren wesentliche Merkmale Entstehen, Bestehen, Veränderung und Vergehen sind. Daher ist alles Bedingte leer, unbeständig, nicht-wesenhaft (siehe dazu → Anātman) und voller Leiden.

Samsvedaja, Skrt. → Chatur-Yoni

Samudāya, Skrt. → Vier Edle Wahrheiten

Samvriti-Satya (Saṃvṛti-Satya), Skrt., etwa: »Konventionelle Wahrheit«; die relative Wahrheit der Welt der Phänomene im Gegensatz zur absoluten oder Endgültigen Wahrheit (→ Paramārtha-Satya). Die »Zwei Wahrheiten« werden von verschiedenen Schulen des Buddhismus verschieden definiert; siehe dazu die Darlegung der buddhist. Lehrmeinungen durch → Tsongkhapa in seiner Schrift *Der kostbare Kranz der Lehrmeinungen,* dt. in: Geshe Lhündub Söpa/Jeffrey Hopkins, *Der Tibetische Buddhismus,* Düsseldorf/Köln 1977.

Samyak-Prahānāni, Skrt. → Vier Vollkommene Anstrengungen

Samyak-Sambuddha, Skrt. (Pali: Sammā-Sambuddha), wörtl.: »Voll Erwachter«; bezeichnet ein Wesen, das Vollkommene Erleuchtung erlangt, die zur Erlösung führende Lehre, nachdem sie der Welt verlorengegangen war, aus sich selbst heraus wiederentdeckt, selbst verwirklicht und der Welt verkündet hat. Die von ihm verwirklichte Erleuchtung wird Samyak-Sambodhi (Erleuchtung eines Allbuddha) genannt. Ein Samyak-Sambuddha zeichnet sich durch Allwissenheit (→ Sarvajñatā) und den Besitz der Zehn Kräfte (→ Dashabala) aus.
Samyak-Sambuddha ist auch einer der → Zehn Titel eines Buddha.

Samyojana (Saṃyojana), Pali, Skrt., wörtl.: »Fesseln«; im Hīnayāna werden zehn Arten von Fesseln angenommen, die ein Wesen an den Kreislauf der Wiedergeburten (→ Samsāra)ketten: 1. Persönlichkeitsglaube (→ Drishti); 2. Zweifelsucht (→ Vichikitsā); 3. Hängen an Riten und Regeln; 4. Gier (→ Trishnā, → Kāma); 5. Haß; 6. Begehren nach Feinkörperlichkeit; 7. Begehren nach Unkörperlichkeit; 8. Eingebildetsein; 9. Aufgeregtheit; 10. Unwissenheit (→ Avidyā).
Wer frei ist von den ersten drei Fesseln, ist ein → Shrota-Āpanna. Wer auch die vierte und fünfte Fessel weitgehend überwunden hat, hat die Stufe eines → Sakridāgāmin erreicht. Hat man die ersten fünf Fesseln völlig abgelegt, ist man ein → Anāgāmin. Das Freisein von allen zehn Fesseln kennzeichnet den → Arhat.

Samyuktāgama, Skrt. → Āgama, → Nikāya, → *Samyutta-Nikāya*

Samyutta-Nikāya, Pali (Skrt.: Samyuktāgama), wörtl.: »vereinte Sammlung«; 3. Sammlung (→ Nikāya, → Āgama) des Sūtra-Pitaka. Sie besteht aus zahlreichen kurzen Texten, die mit dem Leben und Wirken des Buddha zusammenhängende Begebenheiten behandeln. Sie sind nach dem Anlaß, aus dem sie vorgetragen wurden, den angeführten Rednern, nach ihrem Thema u. ä. geordnet.

Sāñchī, Stadt in Mittelindien, wo zwischen dem 3. vorchristl. und 1. nachchristl. Jh. die ersten Denkmäler buddhist. Kunst entstanden sind. Dabei handelt es sich vor allem um → Stūpas, die den Urtypus des Stūpa darstellen, aus dem sich alle anderen Formen entwickelten.

San-chieh-Schule (chin. San-chieh chiao, wörtl.: »Schule der Drei Stufen«); Richtung des Buddhismus während der Sui- und T'ang-Dynastie. Der Name der von Hsin-hsing (540–594) begründeten Schule bezieht sich auf die Einteilung der Dauer der buddhist. Lehre in drei Stufen: 1. Periode des Wahren → Dharma, während der man sich strikt an die Worte des Buddha hielt. Diese dauerte 500 Jahre, gerechnet vom → Parinirvāna des Buddha. 2. Periode des verfälschten Dharma, während der die

wahre Lehre von pseudo-buddhist. Lehren verdeckt war (1000 Jahre); 3. Periode des Verfalls des Dharma, in der die Lehre in Mißkredit geraten und vom Auslöschen bedroht ist (10 000 Jahre). Angeblich begann diese 3. Periode ca. 550 n. Chr. und dauert noch an.
Hsin-hsing und seine Anhänger waren überzeugt, allein im Besitz der für diese Stufe richtigen Lehre zu sein. Sie betonten die Wichtigkeit des Einhaltens der Regeln (→ Shīla), altruistischer Taten und asketischer Praxis (so nahmen sie z. B. nur einmal pro Tag Nahrung zu sich). Da sie andere Richtungen und selbst die Herrscher beschuldigten, »häretische« Lehren zu vertreten, wurde die Schule der Drei Stufen im Jahr 600 offiziell verboten, hörte aber erst nach 845 tatsächlich auf zu existieren.

Sangai, jap. für → Triloka

Sangha (Saṃgha), Skrt., wörtl.: »Menge, Schar«.
Die buddhist. Gemeinde. Im engeren Sinn besteht der Sangha aus Mönchen (→ Bhikshu) und Nonnen (→ Bhikshunī) sowie Novizen (→ Shrāmanera). Im weiteren Sinn zählen auch die Laienanhänger (→ Upāsaka) zum Sangha.

San-lun-Schule, chin., wörtl.: »Schule der drei Abhandlungen«; chin. Form des ind. → Mādhyamaka. Der Name bezieht sich auf die drei grundlegenden Werke der Schule: die *Mādhyamaka-Kārikā* und das *Dvādashadvāra-Shāstra* des → Nāgārjuna und das *Shata-Shāstra* des → Āryadeva, die im 5. Jh. von → Kumārajīva ins Chinesische übersetzt und kommentiert wurden. Kumārajīva gab sie an seine Schüler → Tao-sheng, → Seng-chao und Seng-lang weiter. Letzterer grenzte die San-lun-Schule gegen die → Satyasiddhi-Schule ab und kann daher als deren tatsächlicher Begründer angesehen werden.
Im 6. Jh. waren die bedeutendsten Vertreter dieser Schule → Fa-lang und → Chi-tsang, unter denen die San-lun-Schule einen großen Aufschwung erlebte. Im 7. Jh. wurde sie von Ekwan, einem korean. Schüler von Chi-tsang, nach Japan gebracht. – Nach Aufkommen der → Fa-hsiang-Schule verlor die San-lun-Schule an Bedeutung.

Sanron-Schule, von jap. *sanron:* »drei Abhandlungen«; jap. Form der chin. → San-lun-Schule, die ihrerseits auf das ind. → Mādhyamaka zurückgeht. Diese Schule wurde von dem korean. Mönch Ekwan im Jahre 625 nach Japan gebracht und von zwei seiner Schüler weiter verbreitet. Diese begründeten zwei Strömungen innerhalb der Sanron-Schule (→ Jōjitsu-Schule).
Die Sanron-Schule war in Japan nie eine unabhängig organisierte Richtung; ihre Lehren wurden von Anhängern aller buddhist. Schulen studiert, da sie für das Verständnis des → Mahāyāna wesentliche Elemente enthalten, die als theoretische Basis für viele Schulen dienten.

San-tsang → Hsüan-tsang

Sārnāth, Stadt bei Benares (heute Isipatana), wo der historische Buddha → Shākyamuni seine erste Lehrrede nach seinem Erwachen (→ Bodhi) hielt. Diese wird in der Überlieferung als das »Inbewegungsetzen des Rades der Lehre« bezeichnet (→ Dharma-Chakra).

Sarvajñatā, Skrt., »Allwissenheit«; bezeichnet das Wissen eines Buddha (→ Samyak-Sambuddha), und stellt eines seiner entscheidensten Attribute dar.
Im Hīnayāna wird Allwissenheit als Wissen um alles, was zum Erlangen der Erlösung nötig ist, aufgefaßt, da jede andere Form der Allwissenheit vom Buddha selbst abgelehnt wurde.
Im Mahāyāna wird Sarvajñatā als das Wissen um alle Dharmas und ihr Wahres-Wesen, das leer (→ Shūnyatā) ist, interpretiert und oft mit Weisheit (→ Prajñā) gleichgesetzt.

Sarvāstivāda, Skrt., etwa: »die Lehre, die besagt, daß alles *ist*«; hinayanist. Schulrichtung, die sich unter der Herrschaft des Königs → Ashoka von den → Sthaviras abgespalten hat. Der Name dieser Schule geht auf ihre Grundthese zurück, daß alles, Vergangenes, Gegenwärtiges und Zukünftiges, gleichzeitig besteht. Die Sarvāstivādins waren vor allem in Kaschmir und → Gandhāra vertreten. Sie stehen am Übergang zwischen → Hīnayāna und → Mahāyāna.
Die Sarvāstivādins verfügten über einen eigenen, in Skrt. abge-

faßten Kanon, der z. T. in chin. und tibet. Übersetzung erhalten ist. Die bedeutendsten Werke dieser Schule sind das → *Abhidharmakosha* von → Vasubandhu, das *Mahāvibhāshā* (»Große Exegese«), das unter dem Vorsitz von → Vasumitra beim Konzil von Kaschmir entstanden ist und dem die Schule den Namen → Vaibhāshika, unter dem sie ebenfalls bekannt ist, verdankt. Das *Mahāvibhāshā* stellt eine Zusammenfassung der Sarvāstivāda-Lehre dar und ist das jüngste der sieben Werke des → Abhidharma-Pitaka. Weitere wichtige Werke sind das *Abhidharmahridaya,* das »Das Herz des → Abhidharma« in zehn Kapiteln wiedergibt. Die *Vibhāshā* von Kātyāyaniputra stellt ebenfalls eine Zusammenfassung der Lehre dar. Eine Beschreibung des mythischen Universums des Buddhismus liefert die *Lokaprajñapti.* Zu Fragen der Disziplin ist nur die *Vinaya-Vibhāshā* erhalten.

Satipatthāna (Satipaṭṭhāna), Pali (Skrt. Smriti-Upasthāna), wörtl.: »Vier Erweckungen (Grundlagen) der Achtsamkeit«; eine der grundlegenden Meditationsübungen des Hīnayāna, die darin besteht, die Achtsamkeit der Reihe nach auf Körper, Empfindungen (→ Vedanā), den Geist (→ Chitta) und die Geistobjekte zu richten. Diese Methode ist im → *Satipatthāna-Sutta* ausführlich beschrieben, und der Buddha soll gesagt haben, daß sie allein zum Verwirklichen des Nirvāna führen könne. Satipatthāna ist eine heute auch im Westen viel geübte Form der Meditation, die sowohl als Meditation im Sitzen als auch während aller Tätigkeiten des Lebens geübt werden kann.

Satipatthāna-Sutta (Satipaṭṭhāna-Sutta), Pali, wörtl.: »Lehrrede über die Erweckung der Achtsamkeit«; im → *Majjhima-Nikāya* und → *Dīgha-Nikāya* enthaltene Lehrrede über die Methode der Erweckung der Achtsamkeit (→ Satipatthāna), eine der wichtigsten Meditationsformen des Hīnayāna.

Sattvasamatā, Skrt.; Identität aller Wesen. Die feste Überzeugung, daß zwischen den einzelnen Lebewesen kein Unterschied besteht, ist die Grundlage für das Erbarmen (→ Karunā), das das Handeln eines Bodhisattva bestimmt.

Satyasiddhi-Schule, Skrt. (chin. Ch'eng-shih; jap. → Jōjitsu), wörtl.: »Schule der Vollkommenheit der Wahrheit«; Schule des chin. Buddhismus, die auf den Lehren der ind. → Sautrāntikas basiert. Grundlegender Text dieser Schule ist die *Satyasiddhi* des → Harivarman (4. Jh.), die im 5. Jh. von → Kumārajīva ins Chinesische übersetzt wurde.

Diese Schule wird als hinayanist. eingestuft, da sie sich direkt auf die Lehren des Buddha, die Sūtras, beruft. Ihre Grundthese besteht in der Verneinung jeglicher wahren Existenz: Weder Geist noch Materie sind wirklich. Sie lehrt aber eine zweifache Wahrheit: die »weltliche«, konventionelle, und die »höchste« Wahrheit. Gemäß der ersteren erkennt die Satyasiddhi-Schule die phänomenale Existenz der → Dharmas an; diese entstehen bedingt, sind veränderlich und existieren nur für eine begrenzte Zeit. Von der Ebene der Höchsten Wahrheit aus gesehen sind alle Dharmas leer (→ Shūnyatā). Die Satyasiddhi-Schule vertritt somit die Auffassung, daß sowohl die Person (→ Pudgala) als auch die Dharmas leer sind, und wurde deshalb oft als mahayanist. angesehen. Doch im Unterschied zum echten Mahāyāna, das eine transzendente Leere annimmt, ist die Leere der Satyasiddhi-Schule nur durch Destruktion oder Abstraktion zu erreichen: Jedes Objekt wird in seine Moleküle und weiter in seine Atome zerlegt, bis man schließlich zur Leere gelangt. Es ist eine antithetische Leere im Gegensatz zur synthetischen Leere der San-lun-Schule.

Sautrāntika, Skrt.; hinayanist. Schulrichtung, die um ca. 150 v. Chr. aus der → Sarvāstivāda-Schule hervorging. Wie ihr Name besagt, stützen die Anhänger sich ausschließlich auf das → Sūtra-Pitaka und lehnen das → Abhidharma-Pitaka des Sarvāstivāda sowie dessen Theorie des »Alles ist« ab.

Die Sautrāntikas gehen von der Existenz eines feinen Bewußtseins aus, das die Basis des menschlichen Lebens bildet und von einer Wiedergeburt in die nächste übergeht. Im Unterschied zu den → Vātsīputrīyas, die die Existenz einer ganzen »Person« postulieren, die von Existenz zu Existenz weiterbesteht, sehen die Sautrāntikas nur das Bewußtsein als Träger des Daseinskreislaufs (→ Samsāra) an; in diesem Bewußtsein gehen die restlichen vier → Skandhas beim Tod des Wesens auf. Diese

Vorstellung eines kontinuierlich existierenden Bewußtseins hat starken Einfluß auf die Schule des → Yogāchāra ausgeübt.
Bei den Sautrāntikas ist die Theorie der Augenblicklichkeit alles Existierenden am stärksten ausgeprägt: Sie sehen in jeder Existenz nichts als eine pausenlose Abfolge von Momenten; Dauer ist Schein, eine Illusion, die nur durch die dichte Abfolge einzelner Momente hervorgerufen wird.
Das → Nirvāna stellt für die Sautrāntikas ein rein negatives spirituelles Ereignis dar, es ist Nicht-Sein; der Erlöste ist vernichtet.

Sayadaw, birman., Lehrer; birman. Titel für buddhist. Mönche, der eigentlich nur den Äbten von Klöstern zusteht, aber vielfach auch als Ehrentitel für Mönche i. allg. verwendet wird.

Schule der Drei Stufen → San-chieh-Schule

Schweigen des Buddha, der historische Buddha → Shākyamuni weigerte sich, auf viele metaphysische Probleme seiner Zeit eine definitive Antwort zu geben. Diese Haltung wird als das »Schweigen des Buddha« bezeichnet.
Seine Schüler fragten ihn immer wieder, ob ein Selbst existiere oder nicht (→ Anātman); ob ein Erleuchteter nach seinem Tod auf irgendeine Weise weiterbestehe oder nicht; ob die Welt ewig und unendlich sei oder nicht. Sein Schweigen auf diese Fragen begründete der Buddha damit, daß Antworten darauf in keiner Weise den Fortschritt auf dem Weg fördern würden, sie nicht zum Überwinden der Leidenschaften und Erlangen von Weisheit beitrügen. Er befürchtete, die Beschäftigung mit diesen Fragen würde die Menschen vom Beschreiten des Erlösungsweges, der zur Befreiung vom Leiden führt, abhalten.

Sechs Häuser (und) Sieben Schulen (chin. Liu-chia ch'i-tsung); Strömungen in der frühen Phase des chin. Buddhismus (4. Jh.), die alle aus der Beschäftigung mit dem → *Prajñāpāramitā-Sūtra* entstanden sind und besondere Methoden der Exegese des Begriffes → Shūnyatā (Leere) darstellen. Sie entwickelten sich unter dem Einfluß der zu dieser Zeit in gebildeten Kreisen verbreiteten Lehren des Neotaoismus, dessen zentraler Gedanke des → Wu (Nichts) dem buddhist. Konzept von Shūnyatā nahesteht.

Die buddhist. Mönche versuchten anfangs, Shūnyatā mit Hilfe dieses chin. Gedankengutes zu erfassen. Da die verschiedenen Interpretationen von Shūnyatā sich beträchtlich voneinander unterschieden, kam es zur Bildung von »Sechs Häusern und Sieben Schulen«: Schule der Erscheinungen als solche; Schule der gespeicherten Eindrücke; Schule der Illusionen; Schule des Nicht-Sein des Geistes; Schule der kausalen Kombination; Schule des grundlegenden Nicht-Seins und die abgewandelte Schule des grundlegenden Nicht-Seins als Hauptrichtungen.

Seng-chao, 374 oder 378–414, bedeutender Vertreter der → San-lun-Schule des chin. → Mādhyamaka. Seng-chao, der aus Ch'ang-an (heute Xian) stammte, beschäftigte sich anfänglich mit den Lehren des → Lao-tzu und des → Chuang-tzu. Nach der Lektüre des → *Vimalakīrtinirdesha-Sūtra* wurde er Mönch und studierte unter → Kumārajīva die Texte des → Nāgārjuna. Seine Berühmtheit als Denker und Schriftsteller beruht vor allem auf drei Abhandlungen: über die Unveränderlichkeit der Dinge; über die Leerheit (→ Shūnyatā) des Nicht-Wirklichen; über »→ Prajñā ist nicht Wissen«. Darin versucht er aufzuzeigen, daß das Absolute und das Relative, das Phänomenale und das Essentielle nichts Getrenntes und Gegensätzliches sind. Die Vielfalt der Erscheinungen basiert nicht auf einer unveränderlichen Substanz; für Seng-chao sind Substanz und Erscheinung dasselbe.
Seine Werke, die hohes literarisches Niveau aufweisen, stellen eine echte Synthese zwischen chin. und ind. Gedankengut dar.

Sentsang → Hsüan-tsang

Shaḍāyatana (Ṣaḍāyatana), Skrt. (Pali: Salāyatana), etwa: »sechs Grundlagen, Bereiche«; bezeichnet die sechs Objekte der Sinnesorgane: Seh-, Hör-, Riech-, Schmeckobjekte, Körpereindruck und Geistobjekte (→ Āyatana).
Als 5. Glied der Kette des Bedingten Entstehens (→ Pratītya-Samutpāda) stellen sie die Bereiche der Sinnentätigkeit dar, die sich den Sinnesorganen des entstandenen Wesens (→ Nāmarūpa) nach seiner Geburt darbieten und die Berührung (→ Sparsha) mit den Gegenständen der Umwelt ermöglichen.

Shākya (Śākya), Skrt. (Pali: Sakka); Adelsgeschlecht, aus dem der historische Buddha, → Siddhartha Gautama, stammt und das einen der 16 Staaten, in die das damalige Indien gespalten war, regierte. Die Shākyas bewohnten das Gebiet des heutigen Südnepal, ihre Hauptstadt war → Kapilavastu, wo der Buddha geboren wurde und aufgewachsen ist. Der Vater des Buddha, Suddhodana, war damals König des Staates der Shākyas.
Die Shākyas bildeten eine aristokratische Republik, die von einem Ältestenrat (Sangha) regiert wurde, aber bis zu einem gewissen Maß vom Staat → Koshala abhängig war. Der Stamm wurde noch zu Lebzeiten des Buddha von einem feindlichen König aus Koshala fast gänzlich vernichtet.

Shākyamuni (Śākyamuni), Skrt., wörtl.: »der Weise aus dem Geschlecht der → Shākyas«; Beiname von → Siddhartha Gautama, dem Begründer des Buddhismus (→ Buddha-Dharma) und historischen Buddha, der dem Stamm der Shākyas angehörte. Diesen Beinamen erhielt Siddharta, nachdem er sich von seinen Lehrern getrennt hatte und beschloß, den Weg zur Erlösung allein zu finden.
»Shākyamuni« wird oft in Verbindung mit »Buddha« (Buddha Shākyamuni) gebraucht, um den historischen von anderen Buddhas abzugrenzen.

Shamatha (Śamatha), Skrt., wörtl.: »Ruhiges Verweilen«. In der → Gelugpa-Schule des Tibetischen Buddhismus wird betont, daß die »Sammlung« (→ Samādhi) eine gezielte Entwicklung von »Ruhigem Verweilen« und »Besonderer Einsicht« (→ Vipashyanā) voraussetzt. Der Aspekt des Ruhigen Verweilens bringt den Geist zur Ruhe, während die Besondere Einsicht durch analytische Überprüfung zur Schau der Wahren-Wirklichkeit, der Leere (→ Shūnyatā), führt. In einer vorbereitenden Übung wird anfangs Shamatha entwickelt und später in Verbindung mit Vipashyanā immer mehr verfeinert. Das Ruhige Verweilen wird mit einem stillen und heiteren See verglichen, in dem sich der »Fisch der Besonderen Einsicht« tummelt.

Shambhala (Śambhala), Skrt.; Name eines mythischen Königreiches, dessen geographische Zuordnung nicht sicher ist, das aber der Legende nach im Nordosten von Indien liegt. Es gilt als Ursprungsland der → Kālachakra-Lehren und spielt mitsamt seiner Symbolik als »Quelle des Glücks« eine zentrale Rolle im → Tibetischen Buddhismus. Ausschlaggebend ist dabei der Mythos, daß aus Shambhala die Retter der Menschheit kommen werden, wenn die Welt von Krieg und Zerstörung beherrscht wird.

Shāntideva (Śāntideva), Skrt., Vertreter der mahayanist. Schule der → Mādhyamikas. Shāntideva, nach der Legende ein Königssohn aus Südindien, wirkte im 7./8. Jh. als Mönch an der Klosteruniversität → Nālandā. Er ist der Verfasser zweier erhaltener Werke, des *Shikshāmuchchaya* (»Sammlung der Regeln«) und des *Bodhicharyāvatāra* (»Eintritt in das Leben zur Erleuchtung«). Letzteres wird bis heute im → Tibetischen Buddhismus als Lehrtext verwendet (dt. v. E. Steinkellner, Düsseldorf/Köln 1981).

Shāntirakshita → Mādhyamika

Shan-wu-wei, chin. für Shubhākarasimha → Mi-tsung

Shāriputra (Śāriputra), Skrt. (Pali: Sāriputta); Hauptschüler des Buddha. Shāriputra war brahmanischer Abstammung. Kurz nach dem Erwachen (→ Bodhi) des Buddha trat er gemeinsam mit seinem Jugendfreund → Mahāmaudgalyāyana dem buddhist. Orden bei und erlangte aufgrund seiner Weisheit schnell Berühmtheit. Er soll ein paar Monate vor dem Buddha gestorben sein. Oft findet man in Klöstern die Statuen Shāriputras und Mahāmaudgalyāyanas vor der des Buddha. Shāriputra zählt zu den → Zehn Großen Jüngern des Buddha.

Sharīra (Śarīra), Skrt., wörtl.: »Leib, Hülle«.
Reliquien des Buddha → Shākyamuni oder eines Heiligen, die vor allem in → Stūpas und → Pagoden aufbewahrt und verehrt werden.
Der Reliquienkult hat wahrscheinlich unmittelbar nach dem Tode des Buddha Shākyamuni begonnen. Seine Asche wurde aufgeteilt, was zu Streitigkeiten zwischen den einzelnen Stämmen ge-

führt hat. Zu Reliquien im weitesten Sinn zählen auch → Sūtras, → Dhāranīs und Bildwerke des Buddha; sie können einem Stūpa oder einer Pagode »heiligen« Charakter verleihen.
Die Verehrung der Reliquien gewährt nach volkstümlicher Auffassung Schutz vor Mißgeschick.

Shāstra (Śāstra), Skrt., wörtl.: »Belehrung, Lehrbuch«. Abhandlungen über dogmatische und philosophische Fragen der buddhist. Lehre, die von mahayanist. Denkern verfaßt wurden und die philosoph. Aussagen der → Sūtras systematisch interpretieren. Sie haben stark didaktischen Charakter. – Die Shāstras stellen einen wesentlichen Teil des chin. → Tripitaka dar.

Shen-hsiang → Kegon-Schule

Shih, chin. → Hua-yen-Schule

Shikan, jap. für → Chih-kuan

Shikantaza, jap., wörtl.: »nichts als *(shikan)* treffend *(ta)* sitzen *(za)*«; eine Form der Übung von → Zazen, bei der es keine stützenden Hilfsmittel mehr gibt wie das von Anfängern geübte Zählen der Atemzüge (Susoku-kan) oder ein → Kōan. Nach → Dōgen Zenji ist Shikantaza – d. h. das Verweilen in einem Zustand gedankenfreier, hellwacher Aufmerksamkeit, die auf kein Objekt gerichtet ist und an keinem Inhalt haftet – die höchste oder reinste Form des Zazen, das Zazen, wie es alle Buddhas der Vergangenheit geübt haben.

Shikin, Skrt; Buddha eines früheren Weltzeitalters; siehe auch → Buddha, 1.

Shīla (Śīla), Skrt. (Pali: Sīla), »Verpflichtungen, Gebote«; bezeichnet die ethischen Richtlinien, die im Buddhismus das Verhalten von Mönchen, Nonnen und Laien bestimmen und die die Voraussetzung für jeden Fortschritt auf dem Weg zum Erwachen (→ Bodhi) bilden. Die zehn Shīlas für Mönche und Nonnen (→ Bhikshu, Bhikshunī) und Novizen (→ Shrāmanera) sind: 1. Vermeiden von Töten; 2. Nicht Gegebenes nicht nehmen;

3. Vermeiden von unerlaubter sexueller Betätigung; 4. Vermeiden von unrechter Rede; 5. Abstehen vom Genuß berauschender Getränke; 6. Vermeiden, nach der Mittagsstunde feste Nahrung zu sich zu nehmen; 7. Meiden von Musik, Tanz, Schauspiel und anderen Vergnügungen; 8. Abstehen von der Verwendung von Parfüms und Schmuckgegenständen; 9. Vermeiden, in hohen weichen Betten zu schlafen; 10. Vermeiden, mit Geld und anderen Wertsachen in Berührung zu kommen.
Die ersten fünf Shīlas gelten auch für buddhist. Laien (→ Upāsaka, Upasikā), die an bestimmten Tagen wie → Uposatha die ersten acht einhalten.

Shingon-Schule, jap., wörtl.: »Schule des Wahren Wortes (→ Mantra)«; Schule des esoterischen Buddhismus, die von → Kūkai (Kobo Daishi, 774–835) begründet wurde. Kūkai hat die Lehren des → Mi-tsung in China studiert und dann im Shingon systematisiert. Die »Schule des Wahren Wortes« mißt den »Drei Geheimnissen« (→ Körper, Rede, Geist) besonders große Bedeutung bei. Jeder Mensch besitzt diese drei Fähigkeiten, die alle Geheimnisse, die zur Erlangung der Buddhaschaft führen, in sich bergen.
Die mit den Drei Geheimnissen verbundenen Rituale werden im Shingon mündlich vom Meister an den Schüler weitergegeben, was einen wesentlichen Unterschied zu den exoterischen, für die Öffentlichkeit bestimmten Schulen des Buddhismus darstellt. Diese esoterischen Lehren wurden nach Auffassung der Shingon-Schule von → Vairochana, dem kosmischen Buddha, als absolute Wahrheit dargelegt, und nur der Initiierte kann sie begreifen lernen. Vairochana, der der zentrale Buddha der Schule ist, ist das Universum selbst, ohne Anfang und Ende. Er zeichnet sich durch die vollkommene Harmonie der sechs Elemente Erde, Wasser, Feuer, Luft, Raum und Bewußtsein aus.
Nach der Lehre dieser Schule kann die wahre Bedeutung der esoterischen Lehren nicht durch Worte, sondern nur durch künstlerische Darstellungen erfaßt werden. Daraus erklärt sich die Wichtigkeit der → Mandalas im Shingon.
Die Shingon-Schule verleugnet aber trotz ihres esoterischen Charakters nicht die Wichtigkeit unserer Welt und des Glücks im jetzigen Leben. Aus der korrekten Durchführung der einzelnen

Rituale kann unmittelbarer materieller Nutzen gezogen werden. Diese Auffassung hat im Lauf der Entwicklung das Aufkommen abergläubischer Praktiken begünstigt, wogegen sich verschiedene Strömungen innerhalb des Shingon richten. Die Shingon-Schule ist auch heute noch eine der größten buddhist. Schulen Japans.

Shinran, eig. Shōnin Shinran, 1173–1262, Begründer des → Jōdo-shin-shū des jap. Buddhismus, Schüler von Hōnen (→ Jōdo-shū). Der von Shinran vertretene Buddhismus hat nur mehr wenig Ähnlichkeit mit der urspr. Lehre. Die Drei Kostbarkeiten des Buddhismus (→ Triratna) wurden in eine verwandelt: das grundlegende Gelübde des Buddha → Amitābha (jap. Amida), d. i. das 18. seiner insgesamt 48 Gelübde. Das Mönchsideal wurde aufgegeben: Shinrans Anhänger bilden eine reine Laiengemeinschaft, er selbst heiratete. Nach Shinrans Lehre ist das Streben nach Erleuchtung durch eigene Anstrengung sinnlos. Er geht von der Erfahrung der »anderen Kraft« (→ Tariki) des Buddha Amida aus. Die Befreiung ist ausschließlich durch die Hilfe und Gnade des Amida zu erlangen. Shinran reduziert die Praxis auf das Rezitieren von Amidas Namen (→ Nembutsu), das er als Ausdruck des Dankes diesem Buddha gegenüber auffaßt und das sogar überflüssig wird, wenn der innere Glaube an Amida stark genug ist.
Shinrans Aussprüche wurden von seinem Schüler Yuiembō gesammelt und sind unter dem Titel *Tannishō* bekannt. Yuiembō versuchte damit, die Lehren seines Meisters festzulegen, um Spaltungstendenzen unter seinen Anhängern zu unterbinden. In Shinrans *Shō-shin nembutsu ge* (»Hymne an den Wahren Glauben in Nembutsu«), das von seinen Anhängern täglich rezitiert wird, sind die Grundlagen der Praxis der Schule des → Reinen Landes zusammengefaßt.

Shin-Schule, jap. → Jōdo-shin-shū

Shinshō, jap. für Shen-hsiang → Kegon-Schule

Shin-shū, jap. → Jōdo-shin-shū

Shintoismus (jap. Shintō, wörtl.: »Weg der Götter«); Urreligion Japans. Als organisiertes Glaubens- und Ritensystem existiert der Shintoismus ungefähr seit Beginn unserer Zeitrechnung. In der frühen Form war er eine primitive Naturreligion, die die Verehrung von Naturgottheiten zum Inhalt hatte. Im 5. und 6. Jh. wurde er stark vom chin. Konfuzianismus, von dem er die Ahnenverehrung übernahm, und vom Buddhismus, von dem er einige philosoph. Gedanken und Riten entlehnte, beeinflußt und konstituierte sich als komplexes religiöses System, spielte aber nur eine untergeordnete Rolle. 1868 wurde er zur Staatsreligion erhoben, der jap. Kaiser als göttlich verehrt. 1945 verlor er seine Vorrangstellung als Staatsreligion, 1946 verzichtete der Kaiser auf jeden Anspruch auf »Göttlichkeit«.

Shi-Tennō, jap. → Himmelskönige

Shraddhā (Śraddhā), Skrt., wörtl.: »Glaube, Vertrauen« (Pali: Saddhā). Die innere Haltung des Vertrauens und der Hingabe an den Buddha und die von ihm verkündete Lehre. Shraddhā bildet somit die Grundlage für die ersten beiden Glieder des → Achtfachen Pfades, rechte Ansicht und rechter Entschluß, und ist eines der fünf → Balas. Im Mahāyāna spielt Shraddā eine noch wichtigere Rolle, da sie als die Tugend, aus der sich alle anderen entwickeln, angesehen wird und auch Menschen, die den Weg der Meditation und Selbstdisziplin nicht gehen können, den Zugang zum Heilsziel öffnet. Dem Buddhismus ist allerdings Glauben im Sinne des »Reinen Glaubens« des Christentums fremd. Shraddhā besteht vielmehr in der Überzeugung, die dem Schüler aus der Prüfung der Lehre durch eigene, direkte Erfahrung erwächst. Blinder Glaube in die Worte des Buddha oder eines Meisters sind dem Wesen des Buddhismus entgegengesetzt, und der Buddha hat seine Anhänger selber davor gewarnt.
Das gläubige Vertrauen in den Buddha → Amitābha ist jedoch der wesentliche Faktor in der Praxis der Schule des → Reinen Landes, die oft mit einem »Weg des Glaubens« gleichgesetzt wird.

Shraddhānusārin, Skrt. (Pali: Saddhānusārin); Anhänger des Glaubens bzw. eine der zwei Arten von Anwärtern auf den

»Stromeintritt« (→ Shrota-Āpanna). Der Shraddhānusārin tritt nicht wie der → Dharmānusārin, der Anhänger der Lehre, dank seines intellektuellen Verständnisses der buddhist. Lehre in den überweltlichen Pfad (→ Ārya-Mārga) ein, sondern aufgrund seines gläubigen Vertrauens (→ Shraddhā) in die Lehre.

Shramana (Śramaṇa), Skrt. (Pali: Samanna; chin. Shamen); Asket, Mönch. Eine andere Bezeichnung für buddhist. Mönche, die urspr. auf solche, die ein asketisches Leben führten, angewandt wurde.

Shrāmanera (Śrāmaṇera) bzw. Shrāmanerikā, Skrt.; Novize, Novizin; Bezeichnung für männliche bzw. weibliche buddhist. Novizen, die sich bei der niederen → Ordination verpflichtet haben, die zehn → Shīlas einzuhalten. Die Novizen sind oft Kinder. Das Mindestalter für die Ordination zum Shrāmanera beträgt sieben Jahre; das war das Alter des Sohnes des historischen Buddha, → Rāhula, des Patrons der Shrāmaneras, als er dem → Sangha beitrat.
Die Novizen werden Mönchen (→ Bhikshu) oder Nonnen (→ Bhikshunī) anvertraut, die sie in der Lehre und den Disziplinregeln unterweisen und sie auf ihrem Weg führen. Dafür sind die Novizen die Diener der Mönche und Nonnen und nehmen ihnen die alltäglichen Arbeiten ab. Ein Shrāmanera oder eine Shrāmanerikā können, haben sie das erforderliche Alter erreicht, nach einer Probezeit von vier Monaten zum Mönch oder zur Nonne ordiniert werden.

Shrāvaka (Śrāvaka), Skrt., wörtl.: »Hörer«; bezeichnet ursprünglich die persönlichen Schüler Buddhas oder Schüler im allgemeinen. Im Mahāhyāna sind damit, im Gegensatz zu → Pratyeka-Buddhas und Bodhisattvas, jene Schüler gemeint, die nach persönlicher Erleuchtung streben und diese nur durch das Hören der Lehre, die Einsicht in die → Vier Edlen Wahrheiten und die Nicht-Wirklichkeit des Phänomenalen erlangen können. Das höchste Ziel stellt für sie das Nirvāna ohne Erdenrest dar (→ Nirupadhishesha-Nirvāna). Der Shrāvaka entspricht somit der Stufe des → Arhat.

Shrāvakayāna (Śrāvakayāna), Skrt., wörtl.: »Fahrzeug der Hörer«; bezeichnet das erste der drei sog. »Fahrzeuge«, die zur Erlangung des Nirvāna führen können (→ Triyāna). Das Shrāvakayāna führt zur Arhatschaft und kann mit dem → Hīnayāna gleichgesetzt werden.

Shrīmālādevī-Sūtra (Śrīmālādevī-Sūtra), Skrt., »Sūtra der Prinzessin Shrīmālā«; Mahāyāna-Sūtra, das im 5. Jh. zum ersten Mal ins Chinesische übersetzt wurde. Es spielte in der Anfangszeit des Buddhismus in Japan eine bedeutende Rolle; Prinz Shōtoku soll einen Kommentar dazu verfaßt haben.

Shrota-Āpanna (Śrotāpanna), Skrt. (Pali: Sotāpanna), wörtl.: »In den Strom Eingetretener«; bezeichnet den ersten Grad der Heiligkeit im Hīnayāna (→ Ārya-Mārga, → Ārya-Pudgala), den ein Anhänger des Glaubens (→ Shraddhā) oder der Lehre (→ Dharmānusārin) erreichen kann. Ein in den Strom Eingetretener ist frei von den ersten drei Fesseln der individualistischen Ansicht, des Zweifels und des Hängens an Riten und Regeln (→ Samyojana), hat sich aber noch nicht von den Leidenschaften (→ Klesha) befreit. Er muß höchstens siebenmal wiedergeboren werden, und dies nur in einer der guten Existenzweisen (→ Gati), um die Erlösung zu erlangen. Hat er aber teilweise schon den Hang zur Sinnenlust (→ Kāma) und Böswilligkeit gemeistert, so braucht er nur mehr zwei bis drei Wiedergeburten.

Shubhākarasimha → Mi-tsung

Shūnyatā (Śūnyatā), Skrt. (Pali: Sunnatā, jap. Kū), wörtl.: »Leere, Leerheit«; zentraler Begriff des Buddhismus. Im alten Buddhismus erkannte man, daß alle zusammengesetzten Dinge (→ Samskrita) leer, unbeständig (→ Anitya), nicht-wesenhaft (→ Anātman) und leidvoll (→ Duhkha) sind. Die Leere wurde im Hīnayāna nur auf die »Person« bezogen; im → Mahāyāna dagegen werden *alle* Dinge als nicht-wesenhaft, d. h. als leer von einer Selbstnatur (→ Svabhāva) angesehen. Alle Dharmas sind im Grunde ohne selbständige, dauerhafte Substanz, sind nichts als reine Erscheinungen; sie existieren nicht außerhalb der Leere. Shūnyatā trägt und durchdringt alle Phänomene und macht erst ihre Entwicklung möglich. Aus dieser Auffassung der Leerheit alles Seienden darf man allerdings nicht auf einen bloßen Nihilismus schließen: Sie bedeutet nicht, daß die Dinge nicht existieren, sondern nur, daß sie nichts als Erscheinungen darstellen. Shūnyatā wird im Mahāyāna vielfach mit dem Absoluten gleichgesetzt, da es frei von Dualität und empirischen Formen ist. Darüber hinaus liefern die einzelnen Schulen unterschiedliche Interpretationen von Shūnyatā.

Shūnyatāvāda → Mādhyamika

Shūrangama-Sūtra (Śuraṃgama-Sūtra), Skrt. (jap. *Ryōgenkyō*); das »Sūtra des Heldenhaften«, das nur in chin. Übersetzung erhalten ist, hat auf die Entwicklung des Mahāyāna-Buddhismus in China großen Einfluß ausgeübt. Es betont die Kraft des → Samādhi, wodurch Erleuchtung erlangt werden kann, und erklärt die verschiedenen Methoden der Leerheitsmeditation (→ Shūnyatā), durch deren Praxis jeder, egal ob Mönch oder Laie, die Erleuchtung eines → Bodhisattva verwirklichen kann. Das Sūtra ist vor allem im Zen sehr beliebt.

Siddhānta, Skrt., etwa: »Lehrmeinung«. Im → Tibetischen Buddhismus Bezeichnung für die durch schriftliche Überlieferung und Beweisführung festgelegte Meinung der verschiedenen philosoph. Schulen Indiens und ihre Zusammenstellung in Form von Kompendien. Schon bei der Einführung des Buddhismus nach Tibet existierten solche Werke, aber erst die Schule der → Gelugpa legte besonders konzise Darstellungen vor. Die Lehrmeinungen selbst werden unterteilt in die der »Außenstehenden« (Nicht-Buddhisten) und die der »Innenstehenden« (Buddhisten). Die verschiedenen Systeme der buddhistischen Lehre sind → Vaibhāshika und → Sautrāntika sowie → Yogāchāra und → Mādhyamaka. Zu den bedeutendsten Autoren der Siddhānta-Literatur zählen Jamyang Shäpa (1648–1721) und Könchok Jigme Wangpo (1728–1781).

Siddhārtha Gautama, Skrt. (Pali: Siddhatta Gotama); Begründer des Buddhismus (→ Buddha-Dharma), der historische → Buddha. Siddhārtha wurde 566 oder 563 v. Chr. in eine adelige Familie des Geschlechts der Shākya in Kapilavastu, einer Stadt im heutigen Nepal, geboren. Sein Vater, Suddhodana, war das Oberhaupt der Shākyas; seine Mutter, Māyādevi, die Siddhārtha im Lumbinī-Hain zur Welt brachte, starb sieben Tage nach seiner Geburt. Siddhārtha wurde von seiner Tante mütterlicherseits, Mahāprajāpatī, aufgezogen. In begüterten Verhältnissen wohlbehütet aufgewachsen, heiratete er mit 16 Jahren Yashodharā. Mit 29, nach der Geburt seines Sohnes Rāhula, zog er in die Hauslosigkeit und schloß sich verschiedenen asketischen Lehrern an, ohne sein Ziel, die Befreiung, zu erreichen. Er gab daher den asketischen Lebenswandel auf, wendete sich der Meditation zu und verwirklichte mit 35 die Vollkommene Erleuchtung, das »Erwachen« (Bodhi). Nach anfänglichem Schweigen – da er sich der Nicht-Mitteilbarkeit des in der Erleuchtung Erfahrenen bewußt war –, begann er auf Bitten anderer seine auf der Erfahrung der Erleuchtung basierenden Einsichten darzulegen. Für den Rest seines Lebens zog er lehrend von Ort zu Ort, und eine große Anzahl von Jüngern sammelte sich um ihn. Siddhārtha Gautama, dem der Name Shākyamuni (»der Weise aus dem Geschlecht der Shākyas«) verliehen wurde, starb mit 80 an einer verdorbenen Speise.

Siddhi, Skrt., etwa: »vollkommene Fähigkeit«.
Im Kontext des buddhist. Yoga, wie er vor allem im → Vajrayāna geübt wird, die vollkommene Beherrschung der Kräfte des Körpers und der Natur. Das Vajrayāna kennt acht gewöhnliche Siddhis: 1. das Schwert, das unbesiegbar macht; 2. das Augenelixier, mit dem die Götter gesehen werden; 3. Schnelligkeit beim Laufen; 4. Unsichtbarkeit; 5. die jungerhaltende Lebensessenz; 6. die Fähigkeit zu fliegen; 7. die Herstellung bestimmter Pillen; 8. Macht über die Welt der Geister und Dämonen. Von diesen acht Fähigkeiten wird die Erleuchtung (das Erwachen, → Bodhi) als »außergewöhnliche« oder höchste Siddhi unterschieden. In den Biographien der 84 → Mahāsiddhas wird die Erlangung dieser Fähigkeiten detailliert beschrieben.

Sīvathikā, Pali → Leichenfeldbetrachtung

Skandha, Skrt. (Pali: Khanda), wörtl.: »Gruppe, Anhäufung«; Bezeichnung für die fünf Gruppen, die alles, was allgemein als »Persönlichkeit« angesehen wird, konstituieren: 1. Körperlichkeit (→ Rūpa); 2. Empfindungen (→ Vedanā); 3. Wahrnehmung (Skrt. Samjñā, Pali: Sannā); 4. psychische Formkräfte, Gestaltungen (→ Samskāra); 5. Bewußtsein (→ Vijñāna). Diese Gruppen werden auch häufig als »Gruppen des Anhaftens« (Upādāna-Skandha) bezeichnet, da sich außer bei → Arhats und Buddhas die Gier (→ Trishnā) an sie haftet und sie an sich zieht und sie so Objekte des Anhaftens bilden und Leiden bewirken.
Die Merkmale der Skandhas sind: Geburt, Alter und Tod, Dauer, Veränderung. Sie werden als nicht-wesenhaft (→ Anātman), nicht-beständig (→ Anitya), leer (→ Shūnyatā) und leidvoll (→ Duhkha) angesehen.

Smriti (Smṛti), Skrt., wörtl.: »Erinnerung, Tradition« (Pali: Sati). Im Buddhismus verstanden als »Achtsamkeit« oder »Wachsamkeit«, bezeichnet Smriti die Achtsamkeit auf alle geistigen und körperlichen Vorgänge. Damit ist die »rechte Achtsamkeit« gemeint, die das 7. Glied des → Achtfachen Pfades, eines der Sieben Erleuchtungsglieder (→ Bodhyanga) und eine der Fünf Fähigkeiten (→ Bala) darstellt und deshalb als »recht« angesehen wird, weil sie dem Ziel des Buddhismus, der Aufhebung des Leidens, dient. Da sie frei von verfälschenden Einflüssen ist, kann sie Einsicht in die vergängliche, unbefriedigende und nicht-wesenhafte Natur aller Erscheinungen vermitteln, was Vorbedingung für das Erlangen der Leidfreiheit und der Erlösung ist. In diesem Sinne wird Achtsamkeit in den Vier Grundlagen der Achtsamkeit (→ Satipatthāna) geübt.

Soe-Tae San → Won-Buddhismus

Sōka Gakkai, jap., wörtl.: »Wissenschaftliche Gesellschaft zur Schaffung von Werten«; moderne buddhist. Massenbewegung in Japan, die 1930 von dem Volksschullehrer Makiguchi Tsunesaburō (1871–1944) gegründet wurde. Ihre Lehren wurzeln im Gedankengut von → Nichiren. Die Verehrung des Nichiren sowie der »Drei großen Mysterien« (→ Nichiren-Schule) und des → *Lotos-Sūtra* bilden die Grundlage der Praxis der Sōka Gakkai.

Sopadhishesha-Nirvāna (Sopadhiśeṣa-Nirvāṇa), Skrt. (Pali: Savupadisesa-Nibbāna); Nirvāna mit einem Rest von Bedingtheit, vortodliches Nirvāna. In dieser Art des Nirvāna sind alle Leidenschaften (→ Klesha), die die wesentliche Ursache für eine Wiedergeburt in einer neuen Existenz nach dem Tode darstellen, aufgehoben. Es wird vor dem Tode erlangt; die Daseinsgruppen (→ Skandha) bleiben bestehen, d. h., das Individuum ist weiterhin empirisch faßbar.

Sōtō-Schule (chin. Ts'ao-tung-tsung, jap. Sōtō-shū); neben der → Rinzai-Schule die bedeutendste Schule des Zen. Sie geht auf den großen chin. Zen-Meister Tung-shan Liang-chieh (jap. Tōzan Ryōkai) und dessen Schüler Ts'ao-shan Pen-chi (jap. Sōzan Honjaku) zurück. Nach dem jeweils ersten Schriftzeichen der Namen der beiden Gründer wurde sie Ts'ao-tung- (jap. Sōtō-)Schule genannt.
In der 1. Hälfte des 13. Jh. wurde die Tradition der Sōtō-Schule durch den jap. Meister → Dōgen Zenji von China nach Japan übertragen; dort gehört das Sōtō-Zen neben dem Rinzai-Zen zu den bis heute lebendigen Übertragungslinien des Zen. Während das Ziel der Schulung in beiden Schulen im wesentlichen dasselbe ist, unterscheiden sich Sōtō- und Rinzai-Zen doch in der Art und Weise der Schulung – wenngleich die Grenzen auch hier nicht scharf zu ziehen sind. Im Sōtō-Zen wird die → Kōan-Praxis stärker betont.

Sparsha (Sparśa), Skrt. (Pali: Phassa), »Berührung, Kontakt«; bezeichnet das Zusammentreffen von Sinnesorganen und entsprechendem Sinnesobjekt unter Hinzutreten von Bewußtsein (→ Vijñāna), das Empfindungen (→ Vedanā) hervorruft. Sparsha stellt den bloßen Kontakt des Bewußtseins mit dem Objekt dar, das erste Gewahrwerden eines Sinneseindrucks ohne Wahrnehmung von charakteristischen Eigenschaften. Man unterscheidet sechs Arten von Sparsha: Seh-, Hör-, Riech-, Schmeck-, Körper- und Geistberührung. Sparsha gehört zu der Daseinsgruppe der psychischen Formkräfte (→ Skandha, Samskāra) und ist das sechste Glied der Kette des Bedingten Entstehens (→ Pratītya-Samutpāda).

Speicherbewußtsein → Ālaya-Vijñāna

Ssu-shih-erh-chang ching, chin. für → *Sūtra in 42 Abschnitten*

Sthavira, Skrt., etwa: »Anhänger der Ältesten«; eine der beiden hinayanist. Schulrichtungen, in die sich die Urgemeinde beim 3. → Konzil von Pātaliputra gespalten hat. Die Spaltung erfolgte aufgrund von Streitigkeiten über die Natur des → Arhat. Ein Mönch namens Mahādeva soll folgende fünf Thesen darüber vorgebracht haben: 1. Ein Arhat kann noch verführt werden, d. h., er kann nächtliche Samenergüsse haben; 2. er ist noch nicht frei von Unwissenheit (→ Avidyā); 3. er unterliegt noch Zweifeln über die Lehre; 4. er kann mit fremder Hilfe auf dem Weg zur Erlösung fortschreiten; 5. er kann, u. a. durch das Aussprechen gewisser Laute, die Sammlung (→ Samādhi) und so das Vorankommen auf dem Erlösungsweg fördern. Die Gruppe der Sthaviras lehnte diese Thesen ab, ihre Gegner, die → Mahāsānghikas, stimmten ihnen zu.
Die Sthavira spalteten sich um 240 v. Chr. weiter in die Schulen der → Vātsīputrīyas, des → Sarvāstivāda und der → Vibhajyavādins.

Sthiramati, Philosoph des → Yogāchāra, der im 6. Jh. lebte. Er schrieb einige bedeutende Kommentare zu den Werken des → Vasubandhu (z. B. zum → *Abhidharmakosha*) und des → Nāgārjuna, wobei er versuchte, Verbindendes in den Lehren des Yogāchāra und der → Mādhyamikas herauszuarbeiten. Er vertrat einen gemäßigten Idealismus.

Stotra, Skrt., wörtl.: »Hymne, Lobgesang«; ein Lobgesang auf den Buddha bzw. große Meister oder Gottheiten des Buddhismus. Siehe auch → Kangyur/Tengyur.

Stūpa, Skrt. (Pali: Thūpa, singhales. Dagoba, tibet. Chörten), wörtl.: »Haarknoten«; charakteristische Ausdrucksform buddhist. Baukunst, eines der Hauptsymbole des Buddhismus und Mittelpunkt von Tempeln und Klöstern.
Urspr. war der Stūpa ein Grabmal über den sterblichen Überresten (→ Sharīra) des historischen Buddha und anderer Heiliger;

er diente aber auch als Symbol für verschiedene entscheidende Ereignisse in Buddha → Shākyamunis Leben und wurde an den jeweiligen Orten (→ Lumbinī, → Bodh-Gayā, → Kushinagara, → Sārnāth usw.) errichtet. Spätestens unter König → Ashoka (3. Jh. v. Chr.) war die Verehrung von Heiligen allgemein üblich; aus seiner Zeit sind auch die ersten Stūpas erhalten.
Nicht jeder Stūpa birgt Reliquien im eigentlichen Sinne; an deren Stelle werden im Innern des Stūpa auch heilige Texte, Bildwerke u. ä. verwahrt, die ihnen ihre sakrale Substanz verleihen. Vielfach sind Stūpas auch reine Symbolbauten wie z. B. → Borobudur und die plastischen → Mandalas in Tibet.
Seit der Frühzeit des Buddhismus ist die Verehrung des Stūpa, in dem der Buddha »anwesend« ist, bekannt. Diese erfolgt meist durch das Umwandeln im Sinne des Sonnenlaufs, aber auch durch andere Formen der Verehrung (→ Pūjā). Dabei werden aber nicht die Reliquien als solche verehrt; die Stūpas sind vielmehr Hilfsmittel zur Meditation und Symbol des Erleuchtungszustandes.
In Tibet und im lamaist. China lebt der alte Typus mit Halbkugelkörper zwischen Basis und Spitze weiter. Die Chörten (»Opferbehältnisse«) genannten dreidimensionalen Formen werden im Tibetischen Buddhismus als Symbole für Körper, Rede und Geist des Buddha angesehen. Ihre Größe reicht von kleinen Objekten, die auf Altären stehen, bis zu weithin sichtbaren monumentalen Bauwerken. Ab einer gewissen Größe werden die Chörten rituell umwandelt, und zwei der bedeutendsten Chörten in Nepal sind noch heute Ziel von Pilgerreisen.
Die Symbolik des Chörten orientiert sich am Gedankengut des → Mahāyāna. Die vier unteren Stufen stehen für die vier positiven Geisteszustände Liebe, Erbarmen, Freude und Gelassenheit; die zehn Stufen, die an der darauf befindlichen Basis beginnen und bis zum Mittelteil reichen, werden als die zehn Stufen (→ Bhūmi) der spirituellen Entwicklung des Bodhisattva interpretiert. Das Zentrum oder der »Körper« des Chörten symbolisiert den Erleuchtungsgeist (→ Bodhichitta) und enthält zuweilen das Bildnis einer Gottheit.
Über diesem Mittelteil erheben sich 13 Schirme von unterschiedlicher Größe; sie sollen verschiedene Methoden darstellen, mit denen die buddhist. Lehre (→ Dharma) verbreitet wird. Auf die-

sen Schirmen ruht ein fünfblättriger Lotos, Symbol für die Eigenschaften der fünf Buddha-Familien (→ Buddhakula), und die Spitze des Chörten bildet eine auf einer Mondsichel ruhende Sonnenscheibe, das Zeichen der kosmischen Erhabenheit der Lehre.
Es existiert ferner eine Typologie von acht in ihrer Anlage nur geringfügig verschiedenen Chörten, die sich aus der Erinnerung an die acht wesentlichen Akte im Leben des Buddha Shākyamuni entwickelte. Der Kult des Chörten als sichtbares Zeichen der Lehre wurde vor allem von → Atīsha nach Tibet eingeführt, und der Chörten ist heute noch Sinnbild der → Kadampa-Lehre.

Subhūti, Schüler des Buddha, der sich durch seine Fähigkeiten in der Meditation der Güte (→ Maitrī, → *Mettā-Sutta*) auszeichnete. In den → *Prajñāpāramitā-Sūtras* des Mahāyāna erklärt meist Subhūti aufgrund seiner tiefen Einsicht die Lehre von → Shūnyatā (Leere). Subhūti zählt zu den → Zehn Großen Jüngern des Buddha.

Sukhāvatī, Skrt., wörtl.: »das Glückvolle«; das sog. Westliche Paradies, das → Reine Land des Westens, eines der bedeutendsten im Mahāyāna aufgekommenen Buddha-Länder. Es wird von Buddha → Amitābha beherrscht, der es durch sein karmisches Verdienst geschaffen hat. Durch gläubige Hingabe an Amitābha und durch das Rezitieren seines Namens kann man dort wiedergeboren werden und bis zum endgültigen Eingehen ins Nirvāna ein glückvolles Leben führen.
Sukhāvatī wird in den dem Amitābha gewidmeten Sūtras *(→ Amitābha-Sūtra, → Sukhāvatī-Vyūha, → Amitāyurdhyāna-Sūtra)* ausführlich beschrieben. Wenn diese Beschreibungen im Volksglauben auch als die einer »Lokalität« verstanden wurden, so sind sie doch im tieferen Sinn Umschreibungen eines Bewußtseinszustands.

Sukhāvatī-Vyūha, Skrt., wörtl.: »Sūtra des Landes der Glückseligkeit«, auch *Aparimitāyur-Sūtra* (»Sūtra des unendlichen Lebens«) genannt; eines der drei grundlegenden Sūtras der → Reines-Land-Schule. Es existiert in einer längeren und einer kürzeren *(→ Amitābha-Sūtra)* Fassung und wurde zwischen 147 und

713 zwölfmal ins Chinesische übersetzt. Dieses Sūtra beschreibt den Werdegang des Buddha → Amitābha sowie die Herrlichkeiten seines Reinen Landes → Sukhāvatī.
Es beginnt mit einem Dialog zwischen → Ānanda und dem Buddha, in dem dieser von einem Mönch namens Dharmākara erzählt, der sich als König, durch eine Rede des Buddha bewogen, zum Buddhismus bekehrte und den Thron aufgab, um sich ganz der Erlangung der Buddhaschaft widmen zu können. Er legte 48 Gelübde ab, in denen er gelobte, bei Erlangung der Buddhaschaft ein → Reines Land zu errichten, in dem alle, die sich voll gläubigen Vertrauens an ihn wenden, wiedergeboren und bis zu ihrem endgültigen Eingehen ins Nirvāna ein Leben in Frieden und Glückseligkeit führen würden.

Sumeru, Skrt. identisch mit → Meru

Sūtra, Skrt., wörtl.: »Leitfaden«. (Pali: Sutta, jap. Kyō); Lehrrede des → Buddha. Die Sūtras sind im 2. Teil des buddhist. Kanons (→ Tripitaka), dem sog. »Korb der Lehrreden« (Sūtra-Pitaka) zusammengefaßt.
Die Sūtras sind uns in Pali, Sanskrit sowie in chin. und tibet. Übersetzungen erhalten. Nach der Tradition sollen sie direkt auf den Buddha zurückgehen. Die Grundform jedes Sūtra bildet ein Prosatext, der jeweils mit den Worten »Also habe ich gehört« eingeleitet wird. Diese Worte werden → Ānanda, einem Schüler des Buddha, in den Mund gelegt; er soll die Lehrreden des Buddha im Gedächtnis behalten und beim 1. buddhist. → Konzil unmittelbar nach dem Tod des Buddha rezitiert haben. Nach diesen einleitenden Worten werden die Umstände, die den Buddha veranlaßt haben, diese Lehrrede zu halten, sowie Ort, Jahreszeit usw. angegeben. Danach folgt die eigentliche Unterweisung, manchmal in Form eines Dialogs. Der Stil der Sūtras ist einfach, populär und didaktisch orientiert. Sie sind reich an Parabeln und Allegorien. In manche Sūtras sind auch »Lieder« (Gāthā) eingefügt. Jedes Sūtra bildet eine in sich geschlossene Einheit.
Die hinayanist. Sūtras sind in »Sammlungen« gegliedert, die im Pali-Kanon → Nikāya, in der Sanskrit-Fassung → Āgama heißen; es sind: *Dīgha-Nikāya, Majjhima-Nikāya, Samyutta-Nikāya, Anguttara-Nikāya* und *Khuddaka-Nikāya* (siehe dort).

Neben diesen hinayanist. Sūtras sind auch eine Vielzahl von mahayanist. Sūtras erhalten. Sie sind urspr. in Sanskrit abgefaßt, liegen aber zum Großteil nur in chin. oder tibet. Übersetzung vor. Ihre Entstehungszeit ist zwischen dem 1. Jh. v. Chr. und dem 6. Jh. n. Chr. anzunehmen. Sie haben ihre äußere Form den Sūtras des Hīnayāna entlehnt, beginnen ebenfalls mit den Worten »Also habe ich gehört« und der Angabe des Ortes, des Anlasses und der anwesenden Personen. Man unterscheidet drei Arten von Mahāyāna-Sūtras: → Vaipulya-Sūtras, → Dhāranīs und unabhängige Sūtras.
Die wichtigsten unabhängigen Sūtras sind: *Saddharmapundarīka-Sūtra* (→ *Lotos-Sūtra*), *Lankāvatāra-Sūtra, Lalitavistara, Samādhirāja-Sūtra, Sukhāvati-Vyūha-Sūtra, Dashabhūmika, Bhadrakalpika-Sūtra, Brahmajāla-Sūtra, Gandavyūha-Sūtra, Shrīmālādevī-Sūtra, Amitābha-Sūtra, Amitāyurdhyāna-Sūtra, Vimalakīrtinirdesha-Sūtra, Shūrangama-Sūtra* (siehe jeweils dort).

Sūtra des Goldenen Lichtes (Skrt. Suvarnaprabhāsa-Sūtra); Mahāyāna-Sūtra, das eine wesentliche Rolle für die Verankerung des Buddhismus in Japan spielte, da es u. a. den politischen Aspekt des Buddhismus betont und daher bei der herrschenden Klasse Japans in hohem Ansehen stand.

Sūtra in 42 Abschnitten (Skrt. *Dvāchatvārimshat-Khanda-Sūtra*), erstes Sūtra, das ins Chinesische übersetzt wurde. Das *Ssu-shih-erh-chang ching* soll von Gesandten des Kaisers → Ming-ti, die in den westlichen Gebieten Chinas (d. i. Zentralasien) nach buddhist. Schriften suchten, mitgebracht und von den ind. Mönchen Matanga und Chu-fa-lan im Jahre 67 übersetzt worden sein. In diesem Sūtra, das zugleich das erste buddhist. Schriftstück in chin. Sprache darstellt, werden die wesentlichen Lehren des → Hīnayāna wie die der Vergänglichkeit (→ Anitya) und der Gier (→ Trishnā) erklärt. Es sind viele verschiedene Fassungen dieses Sūtra erhalten, die sich zum Teil inhaltlich beträchtlich voneinander unterscheiden.

Sūtra-Pitaka (Sūtra-Piṭaka), Skrt. (Pali: Sutta-Pitaka); wörtl.: »Korb der Schriften«; ein Teil des buddhist. Kanons (→ Tripitaka). Das Sūtra-Pitaka enthält die der Tradition nach vom histo-

rischen Buddha → Shākyamuni stammenden Lehrreden (→ Sūtra).
Das Sūtra-Pitaka besteht in seiner Sanskrit-Version aus vier Sammlungen (→ Āgama), in seiner Pali-Rezension, die als einzige vollständig überliefert ist, aus fünf → Nikāyas.

Sutta-Nipāta, Pali → *Khudakka-Nikāya*

Sutta-Pitaka, Pali → Sūtra-Pitaka

Svabhāva, Skrt., wörtl.: »Selbstnatur«.
Im Mahāyāna werden in Weiterentwicklung der → Anātman-Lehre des Hīnayāna alle Dinge als leer von einer Selbstnatur, d. h. frei von einer sich selbst genügenden, unabhängigen Existenz oder einer dauerhaften Substanz aufgefaßt. Dies bedeutet jedoch nicht, daß sie gar nicht existieren, sondern nur, daß sie nichts als bloße Erscheinungen sind und nicht die Wahre-Wirklichkeit darstellen, d. h. keine Wesenhaftigkeit (Svabhāvatā) besitzen. Diese Art von Leere (→ Shūnyatā) wird als Svabhāva-Shūnyatā bezeichnet und ist ein zentraler Gedanke in der → Prajñāpāramitā-Literatur und der Schule der → Mādhyamikas.

Svādhishthāna-Chakra, Skrt. → Chakra, 2.

Svastika, Skrt., abgeleitet von *svasti:* »Glück, Heil«.
Das uralte Svastika-Zeichen, das Hakenkreuz, wird im Buddhismus interpretiert als Symbol des Rades der Lehre (→ Dharma-Chakra) oder der buddhist. Lehre im allgemeinen.

T

T'ai-hsü, 1889–1947, bedeutender chin. Mönch, der wesentlich an der Belebung und Reformierung des Buddhismus in China durch eine Regenerierung des → Sangha, ein modernen Bedürfnissen angepaßtes Studium der buddhist. Lehre und einer Neuordnung des Klostersystems beteiligt war. Er ist der Gründer der Buddhistischen Gesellschaft Chinas, die 1947 über 4 Millionen Anhänger zählte, und des seit 1922 bestehenden Instituts für buddhistische Studien, das maßgeblich zur Wiederbelebung der → Fa-hsiang-Schule beitrug. T'ai-hsü betonte die Übereinstimmung dieser Lehre mit den Erkenntnissen der modernen Wissenschaften und zog dadurch eine große Anzahl junger Intellektueller an. Eine seiner wichtigsten Leistungen bestand in der Harmonisierung der Philosophien der Fa-hsiang-, → Hua-yen- und → T'ien-t'ai-Schule, womit er sein Ziel, eine Synthese der wichtigsten Richtungen des chin. Buddhismus herzustellen, verwirklichte.

Taishō Issaikyō, jap., moderne Ausgabe des chin. → Tripitaka, die in den Jahren 1924–1934 von dem jap. Buddhismusforscher Takakusu herausgegeben wurde. Sie umfaßt 100 Bände mit 3360 → Sūtras und anderen Schriften.

Tannishō, jap. → Shinran

Tantra, Skrt., wörtl.: »Gewebe, Zusammenhang, Kontinuum«. Im → Tibetischen Buddhismus Bezeichnung für verschiedene Arten von Texten (medizinische Tantras, astrologische Tantras etc.), in erster Linie jedoch Oberbegriff für die Grundwerke des → Vajrayāna und die von diesen beschriebenen Meditationssysteme. Die Verkündigung der Tantras wird Buddha → Shākyamuni zugeschrieben in seiner Manifestation als Dharmakāya (→ Trikāya). Tantra heißt hier »Kontinuum« oder »System«. Diese stark auf die menschliche Erlebnisfähigkeit ausgerichtete Überlieferung beschreibt die spirituelle Entwicklung in Hinsicht auf die Kategorien Basis, Weg und Frucht. Die Basis ist die praktizierende Person, der Weg besteht aus den meditativen Pfaden, die diese Basis reinigen, und die Frucht ist der Zustand, den diese Praktiken als Wirkung herbeiführen. Um diese drei Phasen geht es in allen Ausdrucksformen des Tantra.
Eine Einführung in das Tantra des Tibetischen Buddhismus ist: *Tantra in Tibet.* Das *geheime Mantra des Tsong-ka-pa*, hrsg. von J. Hopkins, Düsseldorf/Köln 1980.

Tao-an, 312–385, bedeutendster chin. buddhist. Gelehrter des 4. Jh. Sein wesentlicher Beitrag zur Entwicklung des chin. Buddhismus bestand in der Verbindung zweier Aspekte der buddhist.

Praxis: → Prajñā und → Dhyāna. Er gilt als Begründer einer Richtung des frühen chin. Buddhismus, die er aus seiner Beschäftigung mit dem → *Prajñāpāramitā-Sūtra* entwickelte: die Lehre vom »Grundlegenden Nicht-Sein« (→ Sechs Häuser und Sieben Schulen).
Tao-an erstellte außerdem den ersten Katalog von Sūtras, die zu seiner Zeit schon in chin. Übersetzung vorlagen, regelte die Namengebung der Mönche und stellte in Ermangelung eines vollständigen → Vinaya-Pitaka Richtlinien für das Zusammenleben seiner Anhänger auf. Ferner gilt er als der Urheber des → Maitreya-Kultes. Aufgrund seiner Betonung der Wichtigkeit der Praxis der Meditation wird er als einer der Väter des → Dhyāna-Buddhismus in China und von manchen als der eigentliche Begründer des → Zen angesehen.

Tao-hsüan → Lü-tsung

Tao-sheng, 355–434, bedeutender chin. Mönch und Begründer der → Nirvāna-Schule des frühen chin. Buddhismus. Er war Mitarbeiter von → Kumārajīva, mit dem er an der Übersetzung des → *Lotos-Sūtra* und des → *Vimalakīrtinirdesha-Sūtra* arbeitete. Tao-sheng vertrat einige revolutionäre Thesen, die großen Einfluß auf die weitere Entwicklung des Buddhismus in China hatten: Er war der Auffassung, daß ausnahmslos alle Wesen, also auch die → Ichchantikas, → Buddha-Natur besitzen, die durch eine plötzliche Erleuchtung verwirklicht werden kann. Er schuf eine Synthese zwischen den Lehren des → *Mahāparinirvāna-Sūtra* und des → *Prajñāpāramitā-Sūtra.* – Von seinen Werken ist nichts mehr erhalten; sie sind nur fragmentarisch in Sammelwerken und Kommentaren überliefert.

Tārā, Skrt. (tibet. Dölma), wörtl.: »die Retterin«; eine Emanation des Bodhisattva → Avalokiteshvara, die aus seinen Tränen entstanden sein soll, um ihn in seinem Wirken zu unterstützen. Sie verkörpert den weiblichen Aspekt des Erbarmens und ist im → Tibetischen Buddhismus eine sehr populäre Gottheit. Der Kult der Tārā wurde im 11. Jh. vor allem durch → Atīsha verbreitet; seither ist die Tārā einer der am meisten verwendeten → Yidams. Es gibt 21 Formen der Tārā, die ikonographisch durch Farbe,

Körperhaltung und Attribute unterschieden werden und sich wiederum in friedvoller oder rasender → Erscheinungsform manifestieren können. Die häufigsten Formen sind die Grüne und die Weiße Tārā; die beiden Gemahlinnen des tibet. Königs Songtsen Gampo (7. Jh.) werden als Verkörperungen dieser beiden Tārās angesehen.
Eine Studie über die Bedeutung der Tārā für den Tibetischen Buddhismus ist: S. Beyer, *The Cult of Tārā,* Berkeley 1973.

Tariki, jap., wörtl.: »Kraft des Anderen«; Erlösung durch die Kraft eines Anderen. Gemeint ist hier die Kraft des Buddha → Amitābha, der nach Überzeugung der Schulen des Reinen Landes all jene, die seinen Namen voller Hingabe rezitieren und ihm absolut vertrauen, erlöst und in seinem Reinen Land (Sukhāvatī) wiedergeboren werden läßt.
Tariki wird gebraucht im Gegensatz zu → Jiriki (»eigene Kraft«). Im Sinne dieser Unterscheidung wird vor allem das Zen als eine Jiriki-Schule bezeichnet.

Tathāgata, Skrt., Pali, wörtl.: »Der so Dahingelangte (so Gekommene, Vollendete)«; bezeichnet einen auf dem Weg der Wahrheit zur Höchsten Erleuchtung (→ Samyak-Sambuddha) Gelangten und ist einer der → Zehn Titel des Buddha, dessen er sich selbst bediente, wenn er von sich oder anderen Buddhas sprach.

Tathāgata-Garbha, Skrt., wörtl.: »Keim des Tathāgata«, soviel wie »den Tathāgata (d. h. den Buddha) in sich enthaltend«; mahayanist. Konzept, das besagt, daß allen Lebewesen der mit dem Absoluten, der universalen Realität identische Buddha in Form seines Körpers der Großen Ordnung (Dharmakāya, → Trikāya) innewohnt. Tathāgata-Garbha bezeichnet daher die jedem Wesen eigene Buddhaschaft in verborgener, nicht manifester Form, die den Keim der Erlösung (→ Bodhi) darstellt. Der Tathāgata-Garbha ist ein positiver Aspekt der Lebewesen, der auch nach dem Eingehen ins → Nirvāna als spirituelles Ereignis unverändert weiterbesteht.

Tathatā, Skrt., »Soheit«; zentraler Begriff des → Mahāyāna, der das Absolute, das Wahre-Wesen aller Dinge bezeichnet. Im allg. wird Tathatā als unveränderlich, unbeweglich, jenseits aller Begriffe und Unterscheidungen liegend interpretiert. Die »Soheit« ist das Gegenteil vom »Scheinbaren« der Phänomene, ist formlos, ungeschaffen und frei von Selbstnatur (→ Svabhāva). Tathatā als das So-Sein der Dinge und ihre Nicht-Zweiheit stellt das Erwachen (→ Bodhi) als Höchste Erleuchtung durch die Verwirklichung der Identität von Subjekt und Objekt dar. – Tathatā ist gleichbedeutend mit → Tathāgata-Garbha, → Buddha-Natur, Dharmakāya (→ Trikāya), → Dharmatā.

Tendai-Schule, jap. Ausformung der chin. → T'ien-t'ai-Schule, die → Saichō (Dengyō Daishi) im 8. Jh. von China nach Japan brachte. In der Lehre bestehen keine wesentlichen Unterschiede zwischen der chin. und der jap. Form der Schule. Ein bedeutender Vertreter der Tendai-Schule war → Ennin.

Tengyur, tibet. → Kangyur/Tengyur

Terma (gTer-ma), tibet., wörtl.: »Schatz«. Im Tibetischen Buddhismus Bezeichnung für einen religiösen Text, der während der ersten Verbreitung des Buddhismus im 8. Jh. an geheimen Orten verborgen wurde, um zu gegebener Zeit von einer qualifizierten Person, dem sog. Tertön, entdeckt und neu interpretiert zu werden. Vor allem in der → Nyingmapa-Schule, aber auch in der → Bön-Schule und später in der → Rime-Bewegung gelten die Termas als autoritative Werke. Das Aufbewahren religiöser Literatur an versteckten Orten ist schon aus früher ind. Zeit überliefert. So soll → Nāgārjuna die Lehren, die er später verbreitete, im Reich der Schlangengeister (→ Nāga) gefunden haben, die sie dort vor Unbefugten behüteten.

Tertön, tibet. → Terma

Thangka, tibet. → Thanka

Thangtong Gyelpo (Thaṅ-stoṅ rgyal-po), tibet., wörtl.: »König der Wildnis«. Ein berühmter Lehrer des → Tibetischen Buddhismus im 15. Jh., von dem es heißt, er sei 125 Jahre alt geworden.

Einer seiner wichtigsten Beiträge ist ein Text zur Praxis der Meditation (→Sādhana) über →Avalokiteshvara, der noch heute in der →Karma-Kagyü-Schule verwendet wird und im 19. Jh. von Lehrern wie →Jamgon Kongtrul und dem 15. →Karmapa Khachab Dorje kommentiert wurde. Thangtong Gyelpo errichtete von Eisenketten gehaltene Brücken in ganz Tibet, und die von ihm begründete Schule trug auch den Namen »Eisenbrücke-Schule«. Er gilt ferner als Begründer verschiedener Aspekte der tibet. Volkskultur, wie etwa des Schauspiels, und es ist auch eine auf ihn zurückgehende Tradition der →Chöd-Lehre überliefert. Für die Schule der →Nyingmapa spielt Thangtong Gyelpo eine wichtige Rolle als einer der sog. Schatzfinder (→Terma).

Thanka (Thaṅ-ka), auch Thangka transkribiert, etwa: »Bild, Malerei«. Im →Tibetischen Buddhismus ein in Seidenstoff eingefaßtes Rollbild, das verschiedene religiöse Funktionen erfüllt. Die Ikonographie der traditionell festgelegten Motive beruht auf drei Prinzipien: Ausdruck, Proportionen, Detailarbeit; der Auftrag zur Herstellung eines Thanka und das Malen selbst werden als äußerst verdienstvolle Handlung angesehen.
Die mit pflanzlichen und mineralischen Farben auf Leinwand aufgetragenen Motive dienen einerseits der visuellen Vergegenwärtigung allg. buddhist. Lehrgutes, wie im Falle von Darstellungen des Lebensrades (→Bhava-Chakra) oder der Vorgeburtsreihen des Buddha (→Jātaka). Andererseits nehmen Thankas eine wichtige rituelle Funktion ein, wie etwa die ikonographisch detaillierten Malereien von zentralen Persönlichkeiten einer bestimmten Lehre oder Schule für den Akt der Zufluchtnahme (→Kyabdro). Die größte Bedeutung kommt dem Thanka jedoch bei der Ausübung eines →Sādhana zu, wo das Bild die Aufgabe einer Gedächtnisstütze zur Visualisierung übernimmt. Gemalte →Mandalas erfüllen den gleichen Zweck.

Thera, Pali; Mönche (→Bhikshu), die entweder schon viele Jahre dem Orden angehören oder sich durch besondere Weisheit und Gelehrtheit bzw. durch folgende vier Eigenschaften auszeichnen: ehrenhafter Charakter; vollkommenes Beherrschen der wichtigsten Lehren des Buddhismus; Praxis in der

Versenkung (→ Dhyāna); das Bewußtsein, durch das Auslöschen geistiger Befleckungen Freiheit erreicht zu haben.

Thera-Gāthā, Pali → *Khuddaka-Nikāya*

Theravāda, Pali, wörtl.: »Lehre der Ordensältesten«; hinayanist. Schule (auch Pali-Schule genannt), die zur Gruppe der → Sthaviras gehört und sich aus der Richtung der → Vibhajyavādins entwickelt hat. Sie wurde von Moggaliputta Tissa (→ Konzile) gegründet und 250 v. Chr. von → Mahinda nach Ceylon gebracht, wo sie von den Mönchen des Klosters Mahāvihāra vertreten wurde. Uneinigkeiten über disziplinäre Fragen führten aber auch innerhalb des Theravāda zu Spaltungen. Heute ist der Theravāda in den südasiatischen Ländern (Sri Lanka, Burma, Thailand, Kambodscha, Laos) verbreitet.

Therī, Pali; Älteste in der Gemeinschaft von buddhist. Nonnen (→ Bhikshunī), gerechnet ab dem Eintritt in den → Sangha. (Siehe dazu auch → Thera.)

Therī-Gāthā, Pali → *Khuddaka-Nikāya*

Thronsitz des Buddha, wird meist in dreierlei Form gestaltet: als Löwenthron, als Lotosblüte oder als sanduhrförmiger Berg → Meru. Der Löwe ist einerseits das Symbol des Herrschers, andererseits verkörpert er auch die alles besiegende Macht der buddhist. Lehre.
Die Lotosblüte ist Symbol der Reinheit, wird aber auch als Sinnbild des Kosmos interpretiert. Sie kommt dem Buddha als universellem geistigen Herrscher und Verkörperung des Absoluten zu. Diese Form des Sitzes des Buddha finden wir erstmals in der Kunst von → Gandhāra im 3./4. Jh., vor allem bei Darstellungen des die Lehre darlegenden Buddha.
Der dritte Typus ist vor allem in China und Japan verbreitet und besteht aus einem rechteckigen oder runden, nach oben und unten ausladenden Podest, das sich gegen die Mitte hin verjüngt, also die Form einer Sanduhr aufweist. Dieser Thronsitz symbolisiert den Weltenberg Meru.

Tibetischer Buddhismus, in der westl. Literatur auch Lamaismus genannt, eine nicht nur in Tibet, sondern auch in den angrenzenden Himālaya-Ländern praktizierte Form des → Mahāyāna-Buddhismus. Das Spezifische des Tibetischen Buddhismus ist die Verschmelzung der alten Mönchsregeln des → Sarvāstivāda mit den kultischen Methoden des → Vajrayāna. Die Grundlagen des Tibetischen Buddhismus wurden im 8. Jh. unter der Schutzherrschaft des Königs Trisong Detsen (755–797) von dem ind. Gelehrten Shāntirakshita und → Padmasambhava gelegt. Diese sog. Erste Verbreitung der buddhist. Lehre in Tibet endete Mitte des 9. Jh. Die Schule der → Nyingmapa beruft sich in ihren Unterweisungen auf diese Epoche. Nach der politisch motivierten Verfolgung des Buddhismus kam es erst im 11. Jh. zu einer Wiederbelebung. Es entwickelten sich u. a. die Schulen der → Kagyüpa und der → Sakyapa, und ein Großteil des buddhist. Schrifttums Indiens wurde ins Tibetische übersetzt (→ Kangyur/Tengyur). Vom Ende des 14. Jh. an entwickelte sich die Schule der → Gelugpa, die letzte der vier Hauptschulen des Tibetischen Buddhismus. Jede dieser vier großen Lehrtraditionen zeichnet sich aus durch eine eigene Synthese von philosoph. Theorie und deren praktischer Anwendung in der Meditation.

Tibetisches Totenbuch → *Bardo Thödol*

T'ien-t'ai-Schule, chin., wörtl.: »Schule der himmlischen Plattform«; Schule des Buddhismus, die von → Chih-i (538–597) ihre endgültige Form erhielt. Ihre Lehre basiert auf dem → *Lotos-Sūtra,* daher wird sie oft auch als »Lotos-Schule« bezeichnet.
Die T'ien-t'ai-Schule sieht in → Nāgārjuna ihren 1. Patriarchen, da ihre Auffassung von den Drei Wahrheiten auf die von Nāgārjuna vertretene These zurückgeht, daß alles bedingt Entstandene leer (→ Shūnyatā) ist. Die Schule geht davon aus, daß alle Phänomene Ausdruck des Absoluten, der »Soheit« (→ Tathatā) sind, was in den Drei Wahrheiten zum Ausdruck kommt. Sie unterscheidet die Wahrheit von der Leere, der zeitlichen Begrenztheit, d. h. des Scheinbaren, und der Mitte:
Die 1. Wahrheit besagt, daß die → Dharmas keine unabhängige Wirklichkeit besitzen und daher leer sind.
Die 2. Wahrheit besagt, daß ein Dharma aber über eine zeitlich

begrenzte »scheinbare« Existenz als Phänomen verfügt und durch die Sinne wahrgenommen werden kann.
Die 3. Wahrheit ist eine Synthese der 1. und 2. Sie ist die Wahrheit der »Mitte«, die über den beiden anderen steht und sie einschließt. Diese Wahrheit der Mitte wird gleichgesetzt mit der »Soheit«, dem wahren Zustand, der nicht außerhalb der Phänomene zu finden ist. Demnach sind Phänomen und Absolutes eins.
Diese Auffassung betont die Idee der Totalität und des gegenseitigen Durchdringens: Das Ganze und seine Teile sind eins, alle Dharmas sind so miteinander verschmolzen, daß jedes die anderen mitenthält. Leere, Scheinbarkeit und Mitte sind identisch und gehen in einem Dasein auf: »Der ganze Kosmos ist in einem Senfkorn enthalten«, und »ein Gedanke ist die 3000 Welten«, wie es die Meister dieser Schule ausdrücken, d. h., ein Gedanke ist die Universalität aller Dinge.
Die Praxis der Schule besteht im Üben der Meditationsmethode → Chih-kuan und beinhaltet esoterische Elemente wie die Verwendung von → Mudrās und → Mandalas.
Die T'ien-t'ai-Schule wird i. allg. als eine umfassende Richtung des Buddhismus angesehen, da sie alle Extreme und Einseitigkeiten anderer Schulen synthetisiert, was sich in ihrer Klassifizierung der Lehre des Buddha in »Fünf Perioden und Acht Lehren« widerspiegelt. Sie gilt als »universell«, da sie die Vorstellung der universellen Erlösung vertritt, die möglich ist, weil alle Lebewesen und Dinge → Buddha-Natur besitzen und weil sie alle zur Verfügung stehenden Mittel zur Verwirklichung von Erleuchtung anwendet. Die wichtigsten Werke der T'ien-t'ai-Schule sind: *Mahā-Shamata-Vipashyanā* (chin. *Mo-he chih-kuan*), die *Sechs wunderbaren Tore des Dharma* (chin. *Liu-miao-fa-men*) sowie Kommentare zum *Lotos-Sūtra,* die alle von Chih-i stammen.
Die Schule wurde im 9. Jh. von → Saichō (767–822), einem Schüler des 10. Patriarchen der Schule, Tao-sui, nach Japan gebracht, wo sie unter dem Namen → Tendai bekannt ist und eine der bedeutendsten buddhist. Richtungen darstellt.

T'ien-wang, chin. → Himmelskönige

Tilopa (Ti-lo-pa), tibet., etwa: »Mann, der Sesam zerstößt«; 988–1069, einer der berühmtesten → Mahāsiddhas und erster menschlicher Lehrer der → Mahāmudrā-Überlieferung. Er vereinigte verschiedene buddhist. → Tantra-Systeme Indiens und gab diese Methoden an seinen Schüler → Nāropa weiter. Unter dessen Namen (→ Nāro Chödrug) breiteten sich die Lehren des Tilopa in Tibet aus und waren vor allem für die Schule der → Kagyüpa von großer Bedeutung. Der Name »Tilopa« leitet sich von der Tatsache ab, daß er seinen Lebensunterhalt durch die Herstellung von Sesamöl verdiente.

Ti-lun-Schule, chin., wörtl.: »Schule der Abhandlung über die Länder«; Richtung des frühen chin. Buddhismus, die sich auf einen Kommentar des → Vasubandhu zum → *Dashabhūmika* gründet, der von → Bodhiruchi, Ratnamati und Buddhasanta im Jahre 508 n. Chr. ins Chinesische übersetzt wurde. Ein Zweig dieser Richtung ist der Vorläufer der → Hua-yen-Schule.

Ti-ts'ang, chin. (Skrt. → Kshitigarbha), wörtl.: »Schoß der Erde«; 1. Einer der vier großen Bodhisattvas im chin. Buddhismus, der nach volkstümlicher Auffassung die Höllenbewohner (→ Naraka) erlöst. Der ihm zugeordnete Berg ist der Chiu-hua-shan in Südchina, wo er während der T'ang-Dynastie in der Gestalt eines korean. Prinzen gelebt haben soll. Nach seinem Tode verweste seine Leiche nicht; über ihr wurde ein Tempel errichtet, der noch heute existiert.
Ti-ts'ang wird als Mönch dargestellt, der in der rechten Hand einen Metallstab hält, an dem sechs klingelnde Ringe befestigt sind und der ihm die Tore zur Hölle öffnet. In der linken Hand hält er das wunscherfüllende Juwel, dessen Strahlen die Höllen erleuchten und die Qualen der Verdammten lindern. Auf seinem Kopf trägt Ti-ts'ang manchmal eine Krone, wie sie chin. Mönche bei Totenfeiern aufsetzen. Manchmal wird er auch auf einem Lotosthron sitzend dargestellt.
2. Chin. Zen-Meister, → Lo-han Kuei-ch'en.

Traidhātuka, Skrt. → Triloka

Trailokya, Skrt. → Triloka

Trichīvara, Skrt., »dreiteilige Robe«; bezeichnet die Robe eines buddhist. Mönches oder einer Nonne. Sie besteht aus dem Unterkleid *(antaravāsaka),* einem um die Lenden und Oberschenkel geschlungenen Tuch aus fünf Stoffteilen; dem Oberkleid *(uttarāsanga),* das ebenfalls aus Stoffteilen zusammengesetzt ist und beim täglichen Bettelgang, Zeremonien u. ä. getragen wird, sowie aus dem Mantel *(sanghāti),* der nur zu festlichen Anlässen getragen wird und aus 9–25 Stoffteilen besteht. Die Robe ist gewöhnlich aus Baumwolle, kann aber auch aus Seide und anderen Materialien sein. Die gebräuchlichste Farbe ist ockergelb, doch variiert sie stark von Land zu Land. So tragen die chin. Mönche z. B. blaue oder braune, tibet. Mönche rote und die jap. Zen-Mönche schwarze Roben. Sie sind aus mehreren Stoffteilen zusammengesetzt, da ursprünglich die Kleidung der Mönche und Nonnen ein Flickengewand aus Lumpen war, das ihre Armut unterstrich.

Trikāya, Skrt., wörtl.: »Drei Körper«; bezeichnet die drei Körper, die ein Buddha nach mahayanist. Auffassung besitzt. Die Basis dieser Lehre bildet die Überzeugung, daß der Buddha eins ist mit dem Absoluten und sich in der Welt des Relativen manifestiert, um sich aktiv für das Heil aller Wesen einsetzen zu können. Die drei Körper sind:

1. Dharmakāya (»Körper der Großen Ordnung«), das Wahre-Wesen des Buddha, das mit der transzendenten Wirklichkeit, der Essenz des Universums, identisch ist. Der Dharmakāya ist die Einheit des Buddha mit allem Seienden. Zugleich stellt er auch das »Gesetz« (→ Dharma), die von Buddha gepredigte Lehre, dar.
2. Sambhogakāya (»Körper des Entzückens«), der Körper der Buddhas, die in einem »Buddha-Paradies« (→ Reines Land) die in ihnen verkörperte Wahrheit genießen.
3. Nirmānakāya (»Körper der Verwandlung«), der irdische Körper, in dem die Buddhas den Menschen erscheinen, um ihren Entschluß zu erfüllen, alle Wesen zur Erlösung zu führen.

Für das Zen bezeichnen die drei Körper des Buddha drei Ebenen der Wirklichkeit, die jedoch, in wechselseitiger Beziehung stehend, ein Ganzes bilden. Der Dharmakāya (jap. Hosshin) ist das kosmische Bewußtsein, das Eins-Sein, das jenseits aller Begriffe liegt. Dieses Substrat von Vollendung und Vollkommenheit, aus dem alle belebten und unbelebten Formen sowie die moralische

Ordnung erwachsen, verkörpert sich in → Vairochana (jap. Birushana).
Der Sambhogakāya (jap. Hōjin) ist das Erlebnis der Ekstase der → Erleuchtung, des Dharma-Geistes des Buddha und der Patriarchen und der geistigen Übungen, die sie überliefert haben. Er wird symbolisiert durch → Amitābha (jap. Amida).
Der Nirmānakāya (jap. Ōjin) ist der strahlende transformierte Buddha-Leib, personifiziert durch → Shākyamuni Buddha.
Im → Vajrayāna dient das Trikāya-Konzept dazu, die verschiedenen Erfahrungsebenen der Erleuchtung auszudrücken. Der Dharmakāya steht für die fundamentale Wahrheit der Leere (→ Shūnyatā), die allumfassende Höchste Wirklichkeit, die Erleuchtung an sich. Der Sambhogakāya und der Nirmānakāya, die sog. Formkörper, werden als Hilfsmittel angesehen, um die Erfahrung des Absoluten zu vermitteln. Im → Tibetischen Buddhismus werden Körper, Rede und Geist des Meisters (→ Guru) mit den drei Körpern gleichgesetzt und durch die Mantras OM – AH – HUNG symbolisiert.

Trilakshana (Trilakṣaṇa), Skrt. (Pali: Tilakkhana), »Drei Merkmale«; bezeichnet die drei Merkmale alles bedingt Entstandenen: Vergänglichkeit (→ Anitya), Leiden (→ Duhkha) und Unpersönlichkeit (→ Anātman).

Triloka, Skrt., wörtl.: »Drei Welten, Drei Sphären«, auch Trailokya, Traidhātuka. Drei verschiedene Welten oder Sphären, die das → Samsāra darstellen und innerhalb derer der Kreislauf der Existenzen aller Wesen durch die Sechs Daseinsformen (→ Gati) stattfindet. Die 3 Sphären sind: 1. Kāmaloka (Sphäre der Begierde, auch Kāmadhātu): hier herrschen sexuelle und andere Formen der Begierde. Kāmaloka umfaßt die Höllenbewohner (→ Naraka), die Menschen, Tiere, sechs Klassen von Göttern (→ Deva) und die → Asuras.
2. Rūpaloka (Sphäre der begierdelosen Körperlichkeit, auch Rūpadhātu): hier ist Begierde nach Sexualität und Nahrung weggefallen, doch die Möglichkeit des Genießens besteht weiter. Diese Sphäre beinhaltet diejenigen Götter, die in den Dhyāna-Himmeln weilen. Eine Wiedergeburt in dieser Welt ist durch das Praktizieren der Vier Versenkungen (→ Dhyāna) möglich.

3. Arūpaloka (Sphäre des Körperlosen, auch Arūpadhātu): dieser Bereich stellt ein rein geistiges Kontinuum dar und besteht aus den vier Himmeln, in denen man durch das Üben der → Vier Sphärenstufen wiedergeboren werden kann.

Tripitaka (Tripiṭaka), Skrt. (Pali: Tipitaka), wörtl.: »Dreikorb«; Kanon der buddhist. Schriften, bestehend aus drei Teilen: → Vinaya-Pitaka, → Sūtra-Pitaka, → Abhidharma-Pitaka. Der erste »Korb« enthält Berichte über die Entstehung des buddhist. → Sangha sowie die Disziplinregeln, die das Zusammenleben der Mönche bzw. Nonnen regeln. Der zweite umfaßt Lehrreden, die aus dem Munde des Buddha oder seiner unmittelbaren Schüler stammen sollen, und ist in fünf »Sammlungen« angeordnet: *Dīgha-Nikāya, Majjhima-Nikāya, Samyutta-Nikāya, Anguttara-Nikāya, Khuddaka-Nikāya* (siehe dort). Der dritte »Korb« stellt ein Kompendium buddhist. Psychologie und Philosophie dar.
Das Vinaya-Pitaka enthält einige der ältesten Teile des Kanons, die schon in den ersten Jahrzehnten nach dem Tode des Buddha entstanden sind. Nach der Spaltung in einzelne Schulen wurde dem Kanon der Abhidharma, der sich von Schule zu Schule unterscheidet, zugefügt, womit die Einheit der Überlieferung ein Ende fand. Jede Richtung besaß ihren eigenen Kanon; die einzelnen Fassungen unterschieden sich meist aber nur unwesentlich voneinander. Von diesen verschiedenen Versionen sind uns nur wenige erhalten.

Triratna, Skrt. (Pali: Tiratana), wörtl.: »Drei Kostbarkeiten«, auch »Drei Juwele oder Kleinodien«; die drei wesentlichen Bestandteile des Buddhismus: → Buddha, → Dharma, → Sangha, d. h. der Erwachte, die von ihm dargelegte Wahrheit und die gemäß dieser Wahrheit lebenden Anhänger. Festes Vertrauen in die Drei Kostbarkeiten bedeutet den »Stromeintritt« (→ Shrota-Āpanna). Die drei Kostbarkeiten sind Gegenstand der Verehrung und stellen Orte der »Zuflucht« dar: Der Buddhist nimmt zu ihnen Zuflucht, indem er die dreifache Zufluchtsformel spricht und sich so öffentlich als Buddhist bekennt (→ Trisharana). – Die Betrachtungen über die Drei Kostbarkeiten bilden drei der Zehn Betrachtungen (→ Anussati).

Trisharana (Triśaraṇa), Skrt. (Pali: Tisarana), wörtl.: »Dreifache Zuflucht«; Zufluchtnahme zu den Drei Kostbarkeiten (→ Triratna), Buddha, Dharma, Sangha, durch das Sprechen der dreifachen Zufluchtsformel, wodurch der Anhänger des Buddhismus sich als solcher bekennt. Dabei nimmt er Zuflucht zum Buddha als Lehrer, zur Lehre (Dharma) als »Medizin« und zu der Sangha genannten Gemeinschaft von Gefährten auf dem Weg. Die Zufluchtnahme ist Bestandteil der täglichen Praxis.

Trishiksha (Triśikṣa), Skrt. (Pali: Tisso-Sikkhā), wörtl.: »Dreifache Schulung«; die drei miteinander untrennbar verbundenen Bereiche der buddhist. Praxis. Diese sind: 1. Schulung in Sittlichkeit (Adhishīla-Shiksha, → Shīla); 2. Schulung des Geistes (Adhichitta-Shiksha, → Samādhi); 3. Schulung in Weisheit (Adhiprajñā-Shiksha, → Prajñā). Diese drei Bereiche umfassen die gesamte buddhist. Lehre.

Trishnā (Tṛṣṇā), Skrt., wörtl.: »Durst, Gier, Verlangen, Begehren« (Pali: Tanha); zentraler Begriff des Buddhismus. Trishnā ist jedes Begehren, das durch die Berührung eines Sinnesorgans mit einem entsprechenden Objekt entsteht und die Ursache des Anhaftens und damit des Leidens (→ Duhkha) bildet und die Wesen an den Daseinskreislauf (→ Samsāra) bindet. Das Überwinden und Aufgeben von Trishnā ist durch die Bewachung der Sinnesorgane, wodurch bei einer Berührung mit Sinnesobjekten keinerlei Leidenschaft und Begehren mehr aufkommt, möglich und führt zum Ende des Leidens.
Trishnā wird nach verschiedenen Gesichtspunkten klassifiziert:
1. Man unterscheidet sinnliches Begehren (Skrt. Kāma-Trishnā), Daseinsbegehren (Skrt. Bhava-Trishnā) und Selbstvernichtungsbegehren (Skrt. Vibhava-Trishnā). Diese drei Arten von Gier bilden den Inhalt der 2. der → Vier Edlen Wahrheiten von der Entstehung des Leidens. Sie veranlassen eine Tat und tragen die Frucht der Vergeltung bereits in sich.
2. Hinsichtlich der Sinnesobjekte unterscheidet man Gier nach Form, Klang, Duft, Geschmack, Körper- und Geisteindrücken.
3. Bezüglich der Drei Welten (→ Triloka) werden sinnliches Begehren, Begehren nach feinkörperlichem Dasein (Skrt. Rū-

pa-Trishnā) und nach unkörperlichem Dasein (Skrt. Arūpa-Trishnā) unterschieden.
Im Rahmen der Kette des Bedingten Entstehens (→ Pratītya-Samutpāda) wird Trishnā bedingt durch → Vedanā, die Empfindungen, und ruft seinerseits Ergreifen (→ Upādāna) eines Mutterschoßes hervor.

Triyāna, Skrt., wörtl.: »Drei Fahrzeuge«; drei »Fahrzeuge«, die zum Erlangen des → Nirvāna führen: Shrāvaka-Yāna, Pratyeka-Yāna und Bodhisattva-Yāna (→ Shrāvaka, → Pratyeka-Buddha, → Bodhisattva). Das → Mahāyāna setzt das Shrāvaka-Yāna gleich mit dem → Hīnayāna, das zur Arhatschaft (→ Arhat) führt; das Pratyeka-Yāna mit dem »Mittleren Fahrzeug« (Mādhyamayāna), das zur Buddhaschaft, die für sich selbst erlangt wird, führt, und das Bodhisattva-Yāna mit dem Mahāyāna, das nach unzähligen Leben von Selbstaufopferung zur höchsten Buddhaschaft führt.

Tsogchen, tibet. → Dzogchen

Tsongkhapa (Tsoṅ-kha-pa), tibet., wörtl.: »Mann aus dem Zwiebeltal«. Der als Reformator bekannte Gelehrte (1357–1419) begründete die Schule der → Gelugpa und schuf eine der bedeutendsten Lehrtraditionen des → Tibetischen Buddhismus. Zu einer Zeit geboren, als die Redaktion des tibet. Kanons (→ Kangyur/Tengyur) abgeschlossen war, unterzog Tsongkhapa diese Lehren einer gründlichen Überarbeitung und faßte sein Ergebnis vor allem in zwei Hauptwerken zusammen: *Lamrim Chenmo* (»Große Darlegung der Stufen des Weges«, auch: »Stufenweg zur Erleuchtung«) und *Ngagrim Chenmo* (»Große Darlegung des Geheimen Mantra«). Die größten Klöster Tibets wie Drepung, Sera und Ganden gehen auf Tsongkhapas Wirken zurück.

Tsung-mi, 780–841, 5. und letzter Patriarch der → Hua-yen-Schule des chin. Buddhismus. Tsung-mi tritt in seinen Werken für eine Kombination der philosoph. Hua-yen-Schule mit der Praxis des Zen ein. Er erläutert die komplizierten Theorien des Hua-yen, vor allem die des Fa-tsang, in verständlicher Form. Seine

Abhandlung über die »Ur-Natur des Menschen« (chin. *Yüan-jen lun*) ist eines der Standardwerke für die Schulung buddhist. Mönche in Japan geworden. Darin stellt er die Lehren der einzelnen buddhist. Richtungen seiner Zeit systematisch und kritisch dar und grenzt sie gegen andere Geistesströmungen ab.

Tulku (Sprul-sku), tibet., wörtl.: »Körper der Verwandlung«; im → Tibetischen Buddhismus Bezeichnung für eine Person, die nach bestimmten Prüfungen als Reinkarnation einer zuvor verstorbenen Persönlichkeit angesehen wird. Diese Vorstellung entwickelte sich aus der → Trikāya-Lehre und wurde in Tibet mit der Auffindung des 2. → Karmapa, Karma Pakshi (1204–1283), geschaffen. Der Tulku wurde als ein wichtiges Mittel angesehen, um die spirituelle und politische Kontinuität der Klosterinstitutionen zu gewährleisten. Neben den vier Oberhäuptern der Hauptschulen des Tibetischen Buddhismus gab es eine große Zahl von Tulku-Linien.

Tumo (gTum-mo), tibet.: »Innere Hitze«. Eine der »Sechs Doktrinen des Nāropa« (→ Nāro Chödrug), die vor allem durch die Biographie des → Milarepa im Westen bekannt wurde. Durch Regulierung des Atemrhythmus, Konzentration auf das Nabelzentrum (→ Chakra), und Visualisation bestimmter Silben wie etwa RAM und HAM (→ Mantra), gelingt es dem Übenden, seine Körperwärme willkürlich bis zu einem solchen Grad zu steigern, daß er gewissermaßen »in Flammen steht«. Diese aus Methoden des ind. Yoga entwickelte Technik war in Tibet nicht nur ein spezielles Mittel, um Erleuchtung zu erlangen, sondern wurde auch als Schutz gegen die extreme Kälte eingesetzt.

Tun-huang, Oasenstadt in der Provinz Kansu im Nordwesten Chinas, wo sich berühmte Höhlen, die unter dem Namen Mo-kao-k'u bekannt sind, befinden. Es ist dies die größte erhaltene Anlage buddhist. Kulthöhlen der Welt. Die frühesten stammen aus dem Anfang des 5. Jh. Heute sind noch 492 Höhlen erhalten, die sich in fünf Ebenen über eine Länge von 1 km erstrecken. Die Höhlen sind vor allem berühmt wegen ihrer Wandgemälde, die eine Fläche von 45 000 qm bedecken; sie bergen außerdem über 2400 bemalte Statuen. In einer der Höhlen (Nr. 16) wurden Tau-

sende von Schriftrollen, in der Mehrzahl Sūtras, entdeckt, die für die Erforschung des Buddhismus in Zentralasien und China von unschätzbarem Wert sind.
Die Wandmalereien illustrieren Geschichten aus den Sūtras oder stellen einzelne Buddha-Figuren dar sowie Szenen aus dem alltäglichen Leben. Die vor dem Ende des 6. Jh. entstandenen Malereien zeigen Begebenheiten aus dem Leben des Buddha → Shākyamuni; ab der T'ang-Dynastie herrschen Fresken vor, die das Westliche Paradies (→ Sukhāvatī) zeigen. Weitere Motive sind der Buddha → Maitreya, Illustrationen zum → *Buddhāvatamsaka-Sūtra,* → *Lotos-Sūtra* und → *Vimalakīrtinirdesha-Sūtra.*
Die Statuen stellen Buddhas, Bodhisattvas (vor allem den tausendarmigen → Avalokiteshvara und → Ti-ts'ang), → Lo-hans, verschiedene Arten von Göttern und andere mythologische Gestalten dar.

Tushita (Tuṣita), Skrt., wörtl.: »die Stillzufriedenen«; der von den »Stillzufriedenen Göttern« (→ Deva) bewohnte Himmel. Der Tushita-Himmel ist allen Buddhas vorbehalten, die nur noch einmal auf der Erde wiedergeboren werden müssen, um die letzten Karma-Reste abzustreifen. So gilt er als der Sitz des zukünftigen Buddha → Maitreya.

Tu-shun, auch Fa-shun genannt, 557–640, 1. Patriarch der → Hua-yen-Schule. Nach Beginn seiner Lehrtätigkeit schlossen sich ihm die Anhänger der → Ti-lun-Schule an, was den Anfang der Hua-yen-Schule darstellt.

U

Udāna, Skrt.; 1. eine bestimmte Form des → Prāna: der sich aufwärts bewegende Prāna-Strom, der den physischen und metaphysischen Teil unseres Wesens verbindet und, wenn er aktiviert wird, die spirituelle Entwicklung fördert. Durch ihn verläßt die Seele beim Tod den Körper.
2. → *Khuddaka-Nikāya.*

Ullambana, Skrt.; Fest der Hungrigen Geister (→ Preta); Festtag im chin. Buddhismus, der am 15. Tag des 7. Monats gefeiert wird. An diesem Tag werden Zeremonien abgehalten, bei denen Speisen, Blumen, Papiergeld, Kleider usw. geopfert und Sūtras rezitiert werden, um die Qualen der Verstorbenen in den schlechten Existenzweisen (→ Gati) zu lindern. Dieses Fest hat das erste Mal im Jahr 538 stattgefunden und wird auch heute noch gefeiert.

Upādāna, Skrt., Pali; jedes Anhaften, das Bindungen schafft, die die Wesen an das Dasein fesseln und von Wiedergeburt zu Wiedergeburt treiben. – Objekte des Anhaftens bilden die fünf → Skandhas; sie werden daher oft als Upādāna-Skandha bezeichnet. Im Rahmen der Kette des Bedingten Entstehens (→ Pratītya-Samutpāda) bewirkt Gier (→ Trishnā) das »Ergreifen eines Mutterschoßes« und setzt damit neues Werden (→ Bhava) in Gang.

Upādāna-Skandha, Skrt. → Skandha

Upādhyāya, Skrt.; buddhist. Lehrer, der für die Einhaltung der Riten und Regeln und der Disziplin innerhalb der Mönchsgemeinde zuständig ist. (Siehe auch → Āchārya.)

Upāli, Schüler des → Buddha. Upāli war urspr. der Barbier der → Shākya-Fürsten, hatte aber innerhalb des → Sangha eine ihnen übergeordnete Stellung inne, da er vom Buddha vor ihnen ordiniert wurde. Sein früherer Beruf bestimmte ihn dazu, die Köpfe der Mönche zu scheren. – Die Tradition sieht in ihm den Spezialisten für Disziplin- und Ritualfragen. Beim 1. Konzil wurde Upāli über die Regeln befragt; seine Antworten bildeten die Grundlage für die Kodifizierung des → Vinaya-Pitaka. – Er ist einer der → Zehn Großen Jünger des Buddha.

Upāsaka, weibl.: Upāsikā, Skrt., Pali, wörtl.: »Dabeisitzender«; buddhist. Laienanhänger, die sich durch die Dreifache Zufluchtnahme (→ Trisharana) als solche bekennen und geloben, die fünf → Shīlas einzuhalten.
Nach hinayanist. Auffassung sind die Laien vom letzten Ziel, der Erlösung, noch weit entfernt, da sie nicht bereit sind, ihr weltli-

ches Leben mit seinen Genüssen aufzugeben. Doch können sie vor allem durch das Üben der Tugend der Freigebigkeit (→ Dāna) Verdienste (→ Punya) anhäufen, die ihnen eine Wiedergeburt als Mönch bzw. Nonne und im weiteren als Heiliger (→ Arhat) ermöglichen und so auf dem Weg zum Nirvāna fortschreiten.
Im Hīnayāna sind die Laien die Träger des buddhist. Kultes, indem sie Lebensmittel, Kleider, Musik, Prozessionen usw. als Opfergaben darbringen. Von seiten der Mönchsgemeinde wird erwartet, daß die Laien für das materielle Wohl der Mönche und Nonnen sorgen.
Im Mahāyāna kommt den Laien eine größere Bedeutung zu, da ihnen die Möglichkeit, Erlösung zu erlangen, nicht länger abgesprochen wird. Die Idealfigur des Mahāyāna, der → Bodhisattva, ist Laie.

Upasampadā, Skrt. → Ordination

Upāya, Skrt.; Geschicklichkeit in der Methode.
1. Fähigkeit des → Bodhisattva, andere Wesen durch »Geschicklichkeit in der Methode« zum Erlangen der Befreiung zu führen, wobei alle erdenklichen Methoden und Tricks, von der einfachen Predigt bis zu dem aufsehenerregendsten Wunder, zur Anwendung gelangen können. Diese Fähigkeit, die eine der → Pāramitās darstellt, vervollkommnet der Bodhisattva auf der 7. Stufe seiner Laufbahn (→ Bhūmi).
2. Geschicklichkeit in der Darlegung der Lehre. Manche Schulen des Mahāyāna (→ T'ient'ai, → Hua-yen) sind der Auffassung, daß der historische Buddha selbst diese Methode angewandt habe, indem er nach dem Vermögen seiner Schüler gelehrt und zunächst nur das unvollständige Hīnayāna und erst am Ende seines Lebens das vollständige Mahāyāna, speziell das → *Lotos-Sūtra* gelehrt habe. (Siehe auch → Ekayāna, → Triyāna.)

Upekshā (Upekṣā), Skrt., wörtl.: »Nichtbeachtung, Vernachlässigung«. (Pali: Upekkhā); Gleichmut, eine der wichtigsten buddhist. Tugenden. Upekshā bezeichnet 1. einen Zustand, der weder Freude noch Leid, sondern unabhängig von beiden ist; 2. den Geist, der sich im Gleichgewicht befindet und über alle Unterscheidungen erhaben ist; in den buddhist. Texten ist Upekshā meist im zweiten Sinn zu verstehen. Upekshā bildet eines der Sieben Erleuchtungsglieder (→ Bodhyanga) und eines der Vier → Brahma-Vihāras.

Uposatha, Pali, wörtl.: »Fasten«; an den Tagen der Mondviertel stattfindende Feiern. Uposatha ist einer der wichtigsten Feiertage in den südostasiat. Ländern des → Theravāda-Buddhismus. Er ist der religiösen Besinnung der im Weltleben stehenden Laien gewidmet, die sich an diesem Tag einer strengeren Praxis unterziehen. Die Laien finden sich im Kloster ein, um an Verehrungen und Darlegungen der Lehre teilzunehmen sowie die Einhaltung der Sittenregeln (→ Shīla) zu geloben. Viele von ihnen halten an den Uposatha-Tagen acht Shīlas ein, fasten und verbringen den Tag in Meditation. An den Tagen des Voll- und Neumondes wird außerdem vor den versammelten Mönchen die Ordenssatzung (→ Pratimoksha) vorgetragen.

Uttarabodhi-Mudrā, Skrt. → Mudrā, 7.

V

Vachchagotta (Vaccagotta), einer der 41 »großen Mönche«, die im → *Anguttara-Nikāya* angeführt sind und zu den direkten Schülern des Buddha → Shākyamuni zählen. Vachchagotta war berühmt als Meditationsmeister und, wie es heißt, im Besitz vieler magischer Kräfte. Außerdem ist ein Wanderasket gleichen Namens bekannt, der den Buddha, wie es im → *Samyutta-Nikāya* heißt, gefragt hat, ob ein Selbst existiere oder nicht. Der Buddha verweigerte die Antwort auf diese Frage.

Vaibhāshika (Vaibhāṣika), Skrt., wörtl.: »Anhänger der Mahāvibhāshā«; Bezeichnung für die späte Phase des → Sarvāstivāda. Sie leitet sich von den zwei Werken (*Mahāvibhāshā* und *Vibhāshā*) ab, auf die sich diese Strömung beruft. Es sind wichtige Kommentare zu einem Teil des → Abhidharma der Sarvāstivāda-Schule.

Vaipulya-Sūtra, Skrt., wörtl.: »umfängliches Sūtra«; umfangreiche Sūtras des Mahāyāna, manchmal sogar Sammlungen selbständiger Sūtras, die alle einen bestimmten Aspekt der Lehre zum Inhalt haben. Zu den Vaipulya-Sūtras gehören: das → *Prajñāpāramitā-Sūtra,* das → *Buddhāvatamsaka-Sūtra* (kurz: *Avatamsaka-Sūtra*), und das → *Ratnakūta-Sūtra.* Der chin. Kanon zählt außerdem das → *Mahāparinirvāna-Sūtra,* das → *Mahāsamnipāta-Sūtra* und das → *Lotos-Sūtra* dazu.

Vairochana (Vairocana), Skrt., wörtl.: »der Sonnengleiche«. Einer der fünf transzendenten Buddhas, dem → Samantabhadra als transzendenter Bodhisattva und Buddha Krakuchchanda als irdischer Buddha zugeordnet sind. Vairochana wird vielfach mit der Geste der Höchsten Erleuchtung oder des Lehrens (→ Mudrā) dargestellt. Seine Symbole sind das Rad der Lehre (→ Dharma-Chakra) oder die Sonne.

Vaishālī (Vaiśālī), Skrt. (Pali: Vesāli); in der frühen Phase des Buddhismus bedeutende Stadt (heute Basarh), 40 km nordwestlich vom heutigen Patna zwischen Ganges und Himālaya gelegen. Vaishālī war die Hauptstadt der Lichchavis, die der Vajjī-Konföderation angehörten, welche → Ajātasattu angreifen wollte. → Shākyamuni besuchte häufig Vaishālī, wo ihm die Kurtisane Ambapāli ein → Vihāra schenkte. Hier sollen einige bedeutende Lehrreden gehalten worden sein. – 386 v. Chr. wurde in Vaishālī das 2. → Konzil abgehalten.

Vaisharadya, Skrt. → Vier Gewißheiten

Vajra, Skrt. (tibet. Dorje); der »Diamant«. Der Vajra hat im Buddhismus eine andere Bedeutung als im Hinduismus, wo Vajra der »Donnerkeil« Indras ist. Er ist hier keine Waffe, sondern ein Symbol des Unzerstörbaren, weshalb er als »Diamant« bezeichnet wird und die Übersetzung »Donnerkeil« im buddhist. Kontext falsch ist. Hier steht er für die Wahre-Wirklichkeit, die Leere (→ Shūnyatā), das Wesen oder die Essenz alles Seienden. Wie der Diamant ist diese Leere unzerstörbar, d. h. unvergänglich da ungeworden, und die makellose Reinheit und Durchsichtigkeit des Diamanten symbolisiert die – trotz aller Erscheinungen, die die

Leere trägt – vollkommene Makellosigkeit der Leere. Es ist dieser Aspekt der Wirklichkeit, den das Zen meint, wenn es angesichts der zahllosen Phänomene sagt: »Da ist nicht ein Ding.« Diese Leere ist jedoch nicht von den Dingen, allen Phänomenen, verschieden; sie ist eins und identisch mit ihnen – was sich nicht begrifflich »verstehen«, sondern nur in der → Erleuchtung erfahren läßt.

Vajrachchedikā-Prajñāpāramitā-Sūtra, Skrt. → Diamant-Sūtra

Vajradhara, Skrt. → Samantabhadra

Vajradhātu-Mandala, Skrt. → Shingon-Schule

Vajrapradama-Mudrā, Skrt. → Mudrā, 10.

Vajrasattva, Skrt., wörtl.: »Diamant-Wesen«; im → Vajrayāna-Buddhismus das Prinzip der Reinheit und der Läuterung. Vajrasattva verkörpert die Fähigkeit, geistige Verunreinigungen aller Art zu beseitigen, vor allem die vernachlässigten Pflichten gegenüber dem Lehrer und der eigenen spirituellen Entwicklung. Vajrasattva ist eine Form des Sambhogakāya (→ Trikāya); er vereinigt in sich die Gesamtheit der fünf Buddha-Familien (→ Buddhakula), so wie in seiner ikonographisch weißen Körperfarbe alle fünf Farben enthalten sind. Die rechte Hand des Vajrasattva hält einen → Dorje zum Herzen, der seine unzerstörbare Essenz bedeutet; seine Linke ruht mit einer Glocke auf der Hüfte als Zeichen seines Erbarmens. Das ihm zugeordnete Mantra von 100 Silben wird in allen Schulen des Tibetischen Buddhismus zur Reinigung des Geistes verwendet.

Vajrayāna, Skrt., wörtl.: »Diamant-Fahrzeug«; eine sich um die Mitte des 1. Jahrtausends vor allem in Nordost- und Nordwestindien konstituierende Schulrichtung des Buddhismus. Sie entwickelte sich aus den Lehren des → Mahāyāna und gelangte mit diesem von Indien und Zentralasien nach Tibet, China und Japan. Aus dem Bedürfnis heraus entstanden, die Vorstellungswelt des Buddhismus auf alte »magische« Praktiken auszudehnen, zeichnet sich diese Bewegung durch ein ausgeprägtes, als psychologische Methode zu verstehendes Ritualwesen aus. Seinen Ursprung hatte das Vajrayāna in kleinen Gruppen von Schülern, die sich um einen Meister (→ Guru) sammelten; die Verfügbarkeit des Vajrayāna in Form von schriftlich fixierten Texten (→ Tantra) sowie seine Aufnahme in klösterliche Institutionen stellt ein relativ spätes Stadium dieser Bewegung dar. Wegen der Verwendung bestimmter heiliger Silben (→ Mantra) bezeichnet der Tibetische Buddhismus das Vajrayāna auch als Mantrayāna.

Varada-Mudra, Skrt. → Mudrā, 6.

Vāsanās, Skrt., wörtl.: »Vorstellung, Verlangen; Eindruck«. → Ālaya-Vijñāna

Vasubandhu, hervorragender Gelehrter der Schule des → Sarvāstivāda und des → Yogāchāra, der auch als der 21. Patriarch in der ind. Linie des Zen gilt. Die Frage nach der historischen Persönlichkeit Vasubandhus wirft einige Probleme auf: Er wurde im heutigen Peshavar geboren, lebte in Kaschmir und starb in Ayodhyā. Er gilt als Bruder und Schüler von → Asanga, dem Begründer des Yogāchāra. Asanga soll ihn zum Mahāyāna-Buddhismus bekehrt haben. Demnach hätte Vasubandhu im 4. oder 5. Jh. gelebt. Der Indologe E. Frauwallner nimmt zwei verschiedene Vasubandhu an: den Yogāchārin (Vasubandhu der Ältere, 4. Jh.) und den Sarvāstivādin (Vasubandhu der Jüngere, 5. Jh.).
Der Sarvāstivādin ist Autor des → *Abhidharmakosha,* eines der bedeutendsten Werke seiner Schule. Der Yogāchārin Vasubandhu gilt zusammen mit Asanga als Begründer des Yogāchāra; ihm werden eine Reihe grundlegender Werke dieser Schule zugeschrieben: die *Vimshatikā-Vijñaptimātratāsiddhi* (»Nachweis, daß alles nur Erkenntnis ist, in 20 Strophen«), kurz *Vimshatikā.* Es sind sowohl das Original in Skrt. als auch chin. und tibet. Übersetzungen erhalten. Es stellt eine Zusammenfassung der Lehren des Yogāchāra dar.

Vātsīputrīya, Skrt.; Anhänger einer buddhist. Schule, die sich um 240 v. Chr. von den → Sthaviras abgespalten hat. Ein ande-

rer Name dieser Schule ist Pudgalavāda. Es ist diejenige Richtung des alten Buddhismus, die sich am weitesten von der orthodoxen Lehrauffassung entfernt hat.
Der Begründer der Schule, Vātsīputra, ein von den Sthaviras bekehrter Brahmane, stellte die These auf, es gäbe eine Person (→ Pudgala), die weder identisch mit den Fünf Daseinsgruppen (→ Skandha) noch verschieden von ihnen sei. Sie ist der Träger der Wiedergeburten, sichert die Vergeltung der Taten (→ Karma) und existiert sogar im → Nirvāna weiter. Diese Schule war eine der größten ihrer Zeit, doch stieß sie bei den Vertretern anderer Richtungen auf heftigen Widerstand, da man in der »Person« der Vātsīputrīyas nichts als ein abgewandeltes → Ātman, eine Seele, sah, deren Existenz vom Buddha geleugnet worden sein soll.

Vedanā, Skrt., Pali; »Empfindung« oder »Gefühl«; der Oberbegriff für alle Gefühle und Empfindungen. Hinsichtlich der Qualität lassen diese sich in drei Kategorien – angenehm, unangenehm und neutral – und fünf Klassen – geistig angenehm und unangenehm, körperlich angenehm und unangenehm, indifferent – einteilen. Bezüglich der sechs Sinnesorgane werden durch Seh-, Hör-, Riech-, Schmeck-, Körper- und Geisteindruck bedingte Gefühle unterschieden.
Vedanā ist der 2. der fünf → Skandhas und bildet im Rahmen der Kette des Bedingten Entstehens (→ Pratītya-Samutpāda) das 7. Glied, das durch Berührung (→ Sparsha) bedingt ist und seinerseits Begehren (→ Trishnā) hervorruft.

Vesak, auch Vesakha, Pali; bedeutendster Feiertag in den Ländern des → Theravāda-Buddhismus, der am Vollmondtag im Mai begangen wird. An diesem Tag werden gleichzeitig die Geburt, Erleuchtung und das Eingehen ins → Parinirvāna des historischen Buddha gefeiert. Die Vesak-Feierlichkeiten bestehen in der Darlegung der Lehre, einem Sich-Besinnen auf das Leben des Buddha, Prozessionen um das Heiligtum, den Schrein, des Klosters, Rezitationen usw. Die Bedeutung des Vesak-Festes geht über das rein historische Moment hinaus und ist eine Mahnung an die Notwendigkeit und Möglichkeit der Erleuchtung jedes einzelnen.

Vibhajyavādin, Skrt., wörtl.: »Verteidiger des zu Unterscheidenden«; hinayanist. Schulrichtung, die sich ca. 240 v. Chr. von den → Sthaviras abspaltete. Aus dieser Schule gingen die → Mahīshāsakas und der → Theravāda hervor. Ihre Lehre steht in vielen Punkten in Gegensatz zu der des → Sarvāstivāda. – Die Schule der Vibhajyavādins ist wahrscheinlich schon seit dem Ende des 7. Jh. ausgestorben.

Vibhanga, Skrt. → Abhidharma

Vichikitsā (Vicikitsā), Skrt. (Pali: Vicikichchā); Zweifel, Zweifelsucht, eines der Fünf Hemmnisse (→ Nīvarana) und eine der drei auf der ersten Stufe des Überweltlichen Pfades (→ Ārya-Mārga, → Shrota-Āpanna) abgeworfenen Fesseln (→ Samyojana). Im Buddhismus bedeutet Zweifelsucht soviel wie »Nichtverstehenwollen. Sie hat als Merkmal das Unschlüssige, als Wesen das Schwanken, als Äußerung die Unentschiedenheit oder das unsichere Zufassen, als Grundlage, daß man dem Zweifel verkehrte Aufmerksamkeit schenkt. Als Hemmung des Fortschritts hat man die Zweifelsucht zu betrachten« (*Visuddhi-Magga,* XIV).

Vier Berühmte Berge, vier Berge in China, die im Buddhismus als die »Heiligtümer« der sog. Vier Großen → Bodhisattvas gelten. Diese sollen der Überlieferung nach dort erschienen sein und die Lehre dargelegt haben.
1. *Wu-t'ai-shan* (Prov. Shansi) ist dem Bodhisattva → Wen-shu (Skrt. → Mañjushrī) geweiht; 2. *P'u-t'o-shan* (Prov. Chekiang) gilt als der Berg des Bodhisattva → Kuan-yin (Skrt. → Avalokiteshvara); 3. *O-mei-shan* (Prov. Szechwan) ist der heilige Berg des Bodhisattva P'u-hsien (Skrt. → Samantabhadra); 4. *Chiu-hua-shan* (Prov. Anhwei) ist das Heiligtum des Bodhisattva → Ti-ts'ang (Skrt. → Kshitigarbha).

Vier Edle Wahrheiten (Skrt. Ārya-Satya, Pali: Ariya-Satta); sie sind die Grundlage der buddhist. Lehre. Die Vier Edlen Wahrheiten sind: 1. die Wahrheit vom Leiden (→ Duhkha); 2. die Wahrheit von der Entstehung (Samudāya) des Leidens; 3. die Wahrheit von der Aufhebung (→ Nirodha) des Leidens; 4. die Wahrheit vom Weg, der zur Aufhebung des Leidens führt.

Die 1. Wahrheit besagt, daß alles Dasein leidvoll und unbefriedigend ist. Alles ist Leiden: Geburt; Krankheit; Tod; Vereinigung mit dem, was man nicht liebt; Trennung von dem, was man liebt; das Nicht-Erlangen dessen, was man begehrt; und die fünf Gruppen des Anhaftens (→ Skandha), die die Persönlichkeit bilden.
Die 2. Wahrheit gibt als Ursache des Leidens das Begehren, den Durst (→ Trishnā) nach Sinnenlust, Werden und Vergehen an. Dieses Begehren bindet die Wesen an den Daseinskreislauf (→ Samsāra).
Die 3. Wahrheit besagt, daß durch die restlose Aufhebung des Begehrens dem Leiden ein Ende gesetzt werden kann.
Die 4. Wahrheit gibt als Mittel zur Beendigung des Leidens den → Achtfachen Pfad an.
Nicht-Kenntnis der Vier Edlen Wahrheiten ist Nicht-Wissen (→ Avidyā).
Die Entdeckung der Vier Edlen Wahrheiten durch den Buddha stellt nach den verschiedenen Überlieferungen seine eigentliche Erleuchtung (→ Bodhi) dar. Buddha hat diese Wahrheiten in der → Predigt von Benares unmittelbar nach seiner Erleuchtung, als Beginn seiner Lehrtätigkeit, dargelegt.

Vier Erweckungen (Grundlagen) der Achtsamkeit → Satipatthāna

Vier Gewißheiten (Skrt. Vaisharadya); ein Kennzeichen eines Buddha. Die Vier Gewißheiten sind: 1. Gewißheit, daß ihm die vollkommene Erleuchtung nicht abgesprochen werden kann; 2. Gewißheit, daß alle Befleckungen (→ Āsrava) erschöpft sind; 3. Gewißheit, daß alle Hindernisse überwunden sind; 4. Gewißheit, den Pfad zum Verlassen des → Samsāra verkündet zu haben.

Vier Sphärenstufen (Skrt., Pali: Arūpasamādhi); Meditationsübungen aus der Frühzeit des Buddhismus, die das Ziel haben, sich stufenweise in immer höhere Bereiche des Unkörperlichen zu erheben. Die Vier Sphärenstufen sind: 1. die Sphäre der Unendlichkeit des Raumes (→ Ākāsha), die durch die vollständige Überschreitung der Form (→ Rūpa) und die Aufhebung aller Reaktionen und Unterscheidungen erreicht wird; 2. die Sphäre der Unendlichkeit des Erkennens (→ Vijñāna); 3. die Sphäre des Nichts; 4. die Sphäre jenseits von bewußt und unbewußt. Diese Übungen, die der Buddha wahrscheinlich aus der alten ind. Tradition übernommen hat und die ihrem Wesen nach nicht zu den übrigen Meditationsübungen passen, wurden im Laufe der Entwicklung mit den Vier Versenkungsstufen (→ Dhyāna) zu einer Übungsreihe verschmolzen. Die Vier Sphärenstufen bilden Glied 5–8 der neuen Reihe, in der die 4. Versenkungsstufe, die zwar zur Erlangung der höchsten Erkenntnis führen kann, nun nicht mehr an letzter Stelle zu stehen kommt, da in dieser noch nicht alle Bewußtseinsinhalte ausgeschaltet sind. Aus diesem Grund ist sie, dem Grundgedanken der Sphärenstufenleiter entsprechend, als niedriger anzusehen.

Vier Unermeßlichkeiten → Brahma-Vihāra

Vier Versenkungsstufen → Dhyāna

Vier Vollkommene Anstrengungen (Skrt. Samyak-Prahānāni, Pali: Sammā-Padhāna); eine der vom Buddha empfohlenen Meditationsübungen, die darauf abzielt, zukünftige unheilsame Dinge zu vermeiden und vorhandene zu beseitigen. Die Vier Vollkommenen Anstrengungen sind: 1. Anstrengung zwecks Zügelung (d. h. Vermeiden unheilsamer Dinge); 2. Anstrengung zwecks Überwindung (unheilsamer Dinge); 3. Anstrengung zwecks Entfaltung (heilsamer Dinge, vor allem der Erleuchtungsglieder, → Bodhyanga); 4. Anstrengung zwecks Erhaltung (heilsamer Dinge).
Die Vier Vollkommenen Anstrengungen sind identisch mit dem 6. Glied des → Achtfachen Pfades, der »Vollkommenen Anstrengung«.

Vihāra, Skrt., Pali, wörtl.: »Aufenthaltsort«; Aufenthaltsort der Mönche (→ Bhikshu), an den diese sich auch für Meditationen zurückziehen können. Die ersten Vihāras waren Häuser, die dem historischen Buddha → Shākyamuni für die entstehende Mönchsgemeinde (→ Sangha) zur Verfügung gestellt wurden.
Heute ist Vihāra meist gleichbedeutend mit Kloster; in Sri Lanka

und Thailand wird Vihāra auch als Bezeichnung der Halle verwendet, in der sich das Buddha-Bildnis befindet.

Vijñāna, Skrt., wörtl.: »Bewußtsein, Erkennen« (Pali: Viññāna); die sechs Arten von Bewußtsein (d. h. die der fünf Sinnesorgane und das Geistbewußtsein), die jeweils aus der »Berührung« (auch »Kontakt«) des Gegenstandes mit dem dazugehörigen Organ entstehen. Vijñāna ist eines der fünf → Skandhas und das 3. Glied der Kette des Bedingten Entstehens (→ Pratītya-Samutpāda).

Vijñānakāya, Skrt. → Abhidharma

Vijñānavāda, Skrt. → Yogāchāra

Vijñaptimātratā-Siddhi, Skrt. → Hsüan-tsang

Vimalakīrtinirdesha-Sūtra (Vimalakīrtinirdeśa-Sūtra), Skrt., wörtl.: »Die Predigt des Vimalakīrti«; bedeutendes Werk des Mahāyāna-Buddhismus, das vor allem in China und Japan großen Einfluß hat. Es ist ungefähr im 2. Jh. n. Chr. entstanden. Das Original ist verlorengegangen. Es existieren einige chin. Übersetzungen, die wichtigste stammt von → Kumārajīva (406). Seinen Namen leitet das Sūtra von der Hauptfigur, Vimalakīrti, ab, einem reichen Anhänger des Buddha, der mitten im weltlichen Leben steht und doch den Weg eines Bodhisattva geht. Der Betonung der Gleichwertigkeit des Lebens als Laienanhänger und als Mönch verdankt dieses Sūtra seine Popularität.
Das *Vimalakīrtinirdesha-Sūtra* ist eine Illustration der zur Erlösung führenden buddhist. Lebenseinstellung und der praktischen Anwendung der Erkenntnis der Leerheit (→ Shūnyatā) des Daseins. Es wird vor allem im Zen sehr geschätzt.

Vimalamitra → Dzogchen

Vimāna-Vatthu, Skrt. → *Khuddaka-Nikāya*

Vimoksha, Skrt. → Drei Befreiungen

Vimukti, Skrt. (Pali: Vimutti); Befreiung, Erlösung von dem Leiden durch Erkennen der Leidensursache und Vernichten des Leidens, d. h. durch das Realisieren der → Vier Edlen Wahrheiten und das Aufheben der Befleckungen (→ Āsrava). Vimukti ist das Auslöschen aller Illusionen und Leidenschaften. Es stellt die Befreiung aus dem karmischen Kreislauf von Leben und Tod (→ Samsāra) und das Verwirklichen des → Nirvāna dar.

Vinaya-Pitaka (Vinaya-Piṭaka), Skrt., Pali, wörtl.: »Korb der Disziplin«; dritter Teil des → Tripitaka, der die Regeln und Verordnungen betreffend des Zusammenlebens von Mönchen bzw. Nonnen enthält. Das Vinaya-Pitaka ist in verschiedenen Fassungen erhalten (z. B. Vinaya-Pitaka des → Theravāda, der → Dharmaguptaka, des → Sarvāstivāda).
Das Vinaya-Pitaka besteht aus drei Teilen: 1. Bhikshuvibhanga (»Erklärung der Mönchsregeln«), 2. Bhikshunīvibhanga (»Erklärung der Nonnenregeln«) und 3. Khandhaka.

Vinaya-Schule, eine Schulrichtung des Buddhismus in China und Japan, die vor allem die strenge Einhaltung der im Vinaya-Pitaka, dem dritten Teil des Tripitaka, niedergelegten Regeln betont. Hier wird das Leben von Mönchen bzw. Nonnen in allen Einzelheiten nach moralischen, ethischen und spirituellen Gesichtspunkten geregelt und die genauen Formen für das Zusammenleben in einem Kloster, die Ordination von Mönchen usw. dargelegt. In den großen buddhist. Klöstern in China und Japan, die oft Meister verschiedener buddhist. Denominationen beherbergten, war i. allg. ein Vinaya-Meister (Skrt. Upādhyāya) für die Mönchsordination zuständig.

Vinaya-Vibhāshā, Skrt. → Sarvāstivāda

Vipāka, Skrt., Pali, wörtl.: »Reifen, Frucht«; in der Lehre vom → Karma wird unter Vipāka das Reifen der »Frucht« (Phala) einer Tat verstanden. Ist diese Frucht reif, wirkt sie sich in irgendeiner Weise auf den Täter aus. Das Reifen der Taten kann in diesem Leben oder aber auch erst in der nächsten oder einer noch späteren Wiedergeburt eintreten. Es gilt als positiv, wenn eine negative Tat schon im gegenwärtigen Leben zur Reifung gelangt.

Vipashyanā (Vipaśyanā), Skrt. (Pali: Vipassanā); Einsicht, Hellblick; intuitives Erkennen der Drei Merkmale des Daseins (→ Trilakshana), nämlich der Vergänglichkeit (→ Anitya), Leidhaftigkeit (→ Duhkha) und Unpersönlichkeit (→ Anātman) aller körperlichen und geistigen Erscheinungen. Im Mahāyāna-Buddhismus wird Vipashyanā als die analytische Überprüfung des Wesens der Dinge, die zur Einsicht in das Wahre-Wesen der Welt, der Leere (→ Shūnyatā) führt, aufgefaßt. Diese Einsicht verhindert das Entstehen neuer Leidenschaften. – Vispashyanā ist einer der beiden für die Erlangung der Erleuchtung (→ Bodhi) wesentlichen Faktoren; der andere ist → Shamatha (Beruhigung des Geistes).

Vipashyin, Skrt.; Buddha eines früheren Weltzeitalters, siehe auch → Buddha, 1

Vipassanā, Pali → Vipashyanā

Vīrya, Skrt. (Pali: Viriya); Energie, Willenskraft; die Energie, die der unermüdlichen Anstrengung zugrunde liegt, Heilsames entstehen zu lassen und Unheilsames zu vermeiden, Unreines in Reines zu verwandeln.
Vīrya ist identisch mit dem 6. Glied des → Achtfachen Pfades und den → Vier Vollkommenen Anstrengungen; außerdem ist Vīrya eine der Fünf Kräfte (→ Bala), einer der → Pāramitā, eines der Sieben Erleuchtungsglieder (→ Bodhyanga) und eines der → Indriya.

Vishuddha-Chakra, Skrt. → Chakra, 5

Vishvabhū, Skrt.; Buddha eines früheren Weltzeitalters, siehe auch → Buddha, 1.

Visuddhi-Magga, Pali, wörtl.: »Weg der Reinheit«; bedeutendstes postkanonisches Werk des → Theravāda. Es wurde im 5. Jh. von → Buddhaghosha verfaßt. Der *Visuddhi-Magga* gibt die Lehre der Mahāvihāra-Richtung der Pali-Schule in systematischer Form wieder. Er gliedert sich in drei Teile mit insgesamt 23 Kapiteln: Kapitel 1–2 behandeln die Sittlichkeit (→ Shīla), Kapitel

3–13 die Sammlung (→ Samādhi) und Kapitel 14–23 die Weisheit (→ Prajñā). Der der Sammlung gewidmete Teil beschreibt ausführlich die verschiedenen Meditationsmethoden und -objekte des Theravāda, die die Entfaltung der Sammlung ermöglichen, und stellt auch die Früchte der Meditation dar. Im Abschnitt über Prajñā werden grundlegende Aspekte der buddhist. Lehre dargestellt (die Vier Edlen Wahrheiten, Pratītya-Samutpāda, Achtfacher Pfad u. ä.). Dt. Übers. v. Nyanatiloka, Konstanz 1952.

Vitarka-Mudrā, Skrt. → Mudrā, 2.

W

Wan-wu, chin., wörtl.: »Zehntausend Dinge oder Wesen«, stereotyper Ausdruck für die Gesamtheit der Erscheinungsformen im Universum. »Zehntausend« bedeutet hier einfach »unzählige« oder »alle«.

Weißer-Lotos-Gesellschaft, → Reines-Land-Schule

Weißer-Lotos-Schule (chin. Pai-lien-tsung); Richtung des → Reines-Land-Buddhismus, die von Mao Tzu-yüan im 12. Jh. gegründet wurde.
Die Weißer-Lotos-Schule war eine Vereinigung von Mönchen, Nonnen und Laien, deren Ziel es war, durch regelmäßiges Anrufen des Buddha → Amitābha und Einhalten der → Shīlas gutes Karma zu erzeugen, alle Leidenschaften zu überwinden und im Reinen Land wiedergeboren zu werden. Eine Besonderheit in der Praxis der Weißer-Lotos-Schule bestand in der täglichen »Bußübung«. Die Mitglieder waren strenge Vegetarier, die auch weder Wein noch Milch und Zwiebeln zu sich nahmen.
Diese Richtung des Buddhismus kam bald in Verruf, mit Dämonen in Verbindung zu stehen, und wurde mehrmals verboten, lebte aber weiter. In der Folge wurde neben Amitābha auch → Maitreya, der zukünftige Buddha, verehrt, und es drangen nichtbuddhist. Elemente ein. So wurde die Weißer-Lotos-Schule zu einer der sog. Geheimgesellschaften, die im 13.–15. Jh. eine wichtige Rolle bei Rebellionen und Bauernaufständen spielte.

Wei-t'o, chin. (Skrt. Veda); Gestalt in den buddhist. Klöstern Chinas, die sich mit der Statue des → Lachenden Buddha in der Halle der vier → Himmelskönige befindet. Wei-t'o, einer der Generäle des Hüters des Südens, trägt volle Kriegerrüstung: Seinen Kopf schmückt ein Helm, in der Hand hält er einen → Vajra oder eine Streitkeule, mit der er alle Feinde der buddhist. Wahrheit vernichtet, was ihn zum Hüter der Lehre macht.

Weltvereinigung der Buddhisten, engl. World Fellowship of Buddhists, kurz: WFB; internationale Vereinigung von Buddhisten, die 1950 von dem ceylones. Buddhismusforscher Malalasekera gegründet wurde. Ziel der Weltvereinigung der Buddhisten ist es, die buddhist. Lehre zu verbreiten und eine Annäherung zwischen den verschiedenen Strömungen innerhalb des Buddhismus zu erreichen.

Wen-shu, chin. Name für → Mañjushrī, der einer der sog. Vier Großen Bodhisattvas im chin. Buddhismus ist. Der Ort, wo er in China erschienen sein und die Lehre dargelegt haben soll, ist der Berg Wu-t'ai-shan (→ Vier Berühmte Berge), der bis heute das Ziel chin. Pilger ist, die Wen-shu ihre Verehrungen darbringen wollen. (Über die Form der Darstellung → Mañjushrī.)

Westliches Paradies → Sukhāvatī

Won-Buddhismus, korean., *won* wörtl.: »kreisrund«; moderne buddhist. Volksbewegung in Südkorea, die von Soe-Tae San (1891–1943) begründet wurde.
Die Praxis des Won-Buddhismus umfaßt zwei Aspekte: die Verwirklichung der → Buddha-Natur und die Übung des »zeitlosen und ortlosen Zen«, womit gemeint ist, daß die Anhänger des Won-Buddhismus danach streben, in allen Dingen den Buddha zu sehen und gemäß dieser Einsicht zu leben. Diese Art der Meditation wird »zeitlos und ortlos« genannt, weil sie nicht an bestimmte Meditationsstunden und -hallen gebunden ist, sondern immer und überall geübt wird.
Der Won-Buddhismus kennt nur ein einziges Meditationsobjekt: einen schwarzen Kreis auf einem weißen Feld, der den

kosmischen Buddha-Leib, den Dharmakāya (→ Trikāya) symbolisiert; von diesem Kreis leitet sich der Name dieser Richtung ab. Der Won-Buddhismus ist keine reine Mönchsreligion; den Mönchen ist die Heirat gestattet. Er kennt keine bestimmten Zeremonien und Rituale, sondern ist bestrebt, sich den Bedürfnissen des modernen Menschen anzupassen. So wurden die wichtigsten Sūtras in leicht verständliches Koreanisch übersetzt. Die Anhänger des Won-Buddhismus engagieren sich im sozialen und karitativen Bereich; in den Nachkriegsjahren errichteten sie zahlreiche Kindergärten, Schulen und Universitäten.

Wu-t'ai-shan, chin., wörtl.: »Berg der fünf Terrassen«; einer der → Vier Berühmten Berge Chinas, in der Provinz Shansi gelegen. Er ist eines der wichtigsten Ziele chin. Pilger, die auf dem Wu-t'ai-shan den Bodhisattva → Wen-shu (Skrt. Mañjushrī) verehren, der hier gelehrt haben soll. Der Berg ist ein bedeutendes Zentrum des mongol. Buddhismus. Die ersten Klöster wurden im 4.–5. Jh. errichtet; im 6. Jh. existierten bereits über 200, wovon 58 bis heute erhalten sind.

Wu-tsung, 814–846, chin. Kaiser der T'ang-Dynastie, der ein fanatischer Anhänger des Taoismus war. Er umgab sich mit taoist. Priestern (→ Tao-shih) und Alchemisten, hielt Fastenfeste (→ Chai) ab und versuchte sich in der Herstellung von lebensverlängernden Elixieren.
Auf Rat seiner taoist. Berater erließ er im Jahr 842 eine Reihe von antibuddhist. Dekreten. Diese Verfolgung des Buddhismus erreichte 845 ihren Höhepunkt: 260 000 buddhist. Mönche und Nonnen wurden gezwungen, ins weltliche Leben zurückzukehren. Die Kunstschätze von 4600 Klöstern wurden beschlagnahmt, und selbst buddhist. Familien mußten ihre Statuen und andere Ritualgegenstände den kaiserlichen Beamten übergeben. Dies stellte die folgenschwerste Verfolgung des Buddhismus dar, von der nach und nach auch alle anderen »ausländischen« Religionen betroffen wurden.

Y

Yab-Yum, tibet., wörtl.: »Vater (und) Mutter«; Bezeichnung für die in der tibet. Kunst häufig erscheinende Darstellung von männlichen und weiblichen Gottheiten in geschlechtlicher Vereinigung. In der differenzierten Symbolik des → Vajrayāna wird dadurch die Einheit des männlichen Prinzips (→ Upāya) und des weiblichen Prinzips (→ Prajñā) zum Ausdruck gebracht. Die als Statuen gefertigte und auf → Thangkas gemalten Yab-Yum-Motive dienen vor allem als Konzentrationshilfe für die durch das → Sādhana zu bewirkende Verschmelzung von femininer und maskuliner Energie im Übenden selbst.

Yaksha (Yakṣa), Skrt. (Pali: Yakkha); im buddhist. Kanon erwähnte Wesen, die götterartiger Natur sind und übernatürliche Kräfte besitzen. In manchen Fällen sind Yakshas wilde dämonische Wesen, die an einsamen Plätzen wohnen und den Menschen, vor allem jenen, die ein spirituelles Leben führen, feindlich gesinnt sind. Sie stören oft durch ihren Lärm die Meditation der Mönche und Nonnen.

Yama, Skrt. In der buddhist. Mythologie der Herrscher der Höllen (→ Naraka). Yama war urspr. ein König von → Vaishālī, der sich während eines blutigen Krieges wünschte, Herr der Höllen zu sein. Diesem Wunsch entsprechend wurde er als Yama wiedergeboren. Seine acht Generäle und 80 000 Gefolgsleute stehen ihm im Purgatorium beiseite. Dreimal pro Tag wird ihm und seinen Helfern als Strafe flüssiges Kupfer in den Mund gegossen, so lange, bis ihre Schandtaten gesühnt sind. Yama sendet den Menschen Alter, Krankheit und nahenden Tod als seine Boten, die die Menschen anhalten sollen, kein unmoralisches, leichtsinniges Leben zu führen. Yama residiert südlich von → Jambudvīpa in einem Palast von Kupfer und Eisen. – Yami, Yamas Schwester, regiert über die weiblichen Höllenbewohner.

Yamaka, Skrt. → Abhidharma

Yami, Skrt. → Yama

Yāna, Skrt., wörtl.: »Fahrzeug«. Das schon im Hīnayāna-Buddhismus entwickelte Konzept des »Gefährtes«, mit dem der Übende den Weg zur Erleuchtung (→ Bodhi) zurücklegt. Die verschiedenen Fahrzeuge entsprechen der jeweiligen Perspektive der spirituellen »Reise«, der Grundhaltung des Übenden und den Mitteln der Fortbewegung. Die Wahl des Fahrzeuges hängt nach Ansicht des → Tibetischen Buddhismus von der geistigen Reife des Schülers und der Befähigung des Meisters ab. Hier werden drei Fahrzeuge unterschieden: → Hīnayāna, → Mahāyāna und → Vajrayāna. Vom Standpunkt des Vajrayāna aus können die drei Fahrzeuge simultan praktiziert werden; diese Ansicht wird als → Ekayāna (»das eine Fahrzeug«) bezeichnet.

Yasha, Skrt. → Konzile, buddhistische

Yashodharā (Yaśodharā); Frau von → Siddhārtha Gautama, dem historischen Buddha und Mutter seines Sohnes → Rāhula.

Yathābhūtam, Skrt., Pali; wirklichkeitsgemäßes Erkennen; Erkennen der wahren Wirklichkeit, der »Soheit« (→ Tathatā, → Bhūtatathatā).

Yen-lo, chin. für → Yama

Yeshe Tsogyel (Ye-shes mtsho-rgyal), tibet., wörtl.: »Prinzessin des Sees der Weisheit«, 757–817; engste Vertraute des → Padmasambhava und bedeutendste Frauengestalt in der Überlieferung der → Nyingmapa-Schule. Nach einem Wunder bei ihrer Geburt benannt, dem Ansteigen eines nahegelegenen Sees, zog die Tochter aus der Adelsfamilie Kharchen schon im Alter von zwölf Jahren die Aufmerksamkeit des tibet. Königs Trisong Detsen auf sich und traf an dessen Hof auch auf den ind. Gelehrten Shāntirakshita. Von Padmasambhava zur Partnerin genommen, wurden ihr von diesem vor allem die Lehren des → Phurbu-Zyklus übermittelt. Yeshe Tsogyel kodifizierte zahllose Unterweisungen ihres Lehrers in → Terma-Texten und verfaßte auch seine Biographie. Gegen Ende ihres Lebens wirkte sie vor allem in Osttibet, und bis zum heutigen Tag wird sie als → Dākinī verehrt.

Yidam (Yid-dam), tibet., wörtl.: »fester Geist«. Im → Vajrayāna-Buddhismus Bezeichnung für die persönliche Gottheit, deren Charakter der individuellen psychologischen Veranlagung des Übenden entspricht. Yidams sind Manifestationen des → Sambhogakāya und werden bei meditativen Übungen (→ Sādhana) visualisiert, d. h. mit dem inneren Auge geschaut. Sie können eine friedvolle oder rasende → Erscheinungsform annehmen und gehören jeweils zu einer speziellen Buddha-Familie (→ Buddhakula). Zu den verbreitetsten Yidams gehören z. B. → Chenresi, die Grüne → Tārā oder Gottheiten, die nur in streng geheimen Lehren auftauchen wie Dorjephagmo (»Diamantsau«).

Yoga, Skrt., wörtl.: »Joch«, im Sinne von Anschirren an Gott, Vereinigung mit ihm suchen. Da jeder Weg zur Gotterkenntnis als Yoga bezeichnet werden kann, gibt es im Hinduismus zahlreiche Namen für die verschiedenen Yoga-Wege, die den jeweiligen Veranlagungen der nach Gotterkenntnis Strebenden angepaßt sind. Die im Westen bekanntesten und am ausführlichsten interpretierten hinduist. Yoga-Wege sind: → Karma-Yoga, selbstloses Handeln; → Bhakti-Yoga, hingebende Liebe zu Gott; → Rāja-Yoga, der »königliche Yoga«, der identisch ist mit dem Yoga des → Patañjali, einem der sechs → Darshanas; der tantrische → Kundalinī-Yoga; → Jñāna-Yoga, der Weg der abstrakten Erkenntnis.

Wird im Abendland von Yoga gesprochen, so meint man meist den → Hatha-Yoga, der auf Körperübungen (→ Āsana) in Verbindung mit Atemübungen (→ Prānāyāma) basiert. Dieser »körperliche« Yoga gilt in Indien jedoch nur als eine Vorbereitungsübung für die geistigen Yoga-Formen, die mit verschiedenen Meditationstechniken arbeiten.

Als Weg der Gotterkenntnis ist Yoga in seinem allgemeinsten Sinn kein ind. Privileg. Alle nach der fundamentalen Einheitserfahrung (sog. mystische Erfahrung) Strebenden, seien sie indianische Schamanen oder christliche Mystiker, sind in diesem Sinne Yogis. So bezeichnet man auch die tantrischen Praktiken des → Tibetischen Buddhismus als »Yoga« und seine großen Heiligen (z. B. → Milarepa) als Yogi.

Yogāchāra (Yogācāra), Skrt., wörtl.: »das Ausüben des Yoga« (auch Vijnānavāda, wörtl.: »die Schule, welche das Erkennen lehrt« genannt); von → Maitreyanātha, → Asanga und → Vasubandhu begründete Schule des ind. Mahāyāna-Buddhismus.
Dem zentralen Gedanken des Yogāchāra zufolge ist alles Wahrnehmbare »nur Geist« *(chittamātra);* die Dinge bestehen nur als Erkenntnis*vorgänge,* nicht als »Objekte«; außerhalb der Erkenntnis haben sie keinerlei Realität. Die »Außenwelt« ist demnach »reiner Geist«. Ebenso wie es keine Dinge als Objekte gibt, gibt es auch kein Subjekt der Erfahrung. Die Wahrnehmung ist ein Vorgang schöpferischer Imagination, der die Bilder der vermeintlichen äußeren Objekte schafft. Dieser Prozeß wird mit Hilfe des Begriffs »Speicherbewußtsein« (→ Ālaya-Vijñāna) erklärt. Im Yogāchāra fand ferner die Lehre von den drei Körpern des Buddha (→ Trikāya) ihre endgültige Form.
Bedeutende Vertreter der Schule waren neben den Begründern auch → Sthiramati und → Dharmapāla, die beide neue Richtungen innerhalb des Yogāchāra schufen (→ Fa-hsiang-Schule, → Hossō-Schule).

Yogāchārabhūmi-Shāstra, Skrt., wörtl.: »Abhandlung über die Länder des Yogāchāra«; grundlegendes Werk der Schule des → Yogāchāra, das der Überlieferung nach von → Asanga stammt und diesem vom zukünftigen Buddha → Maitreya eingegeben worden sein soll. Von der jüngsten Forschung wird es → Maitreyanātha zugeschrieben. Es ist eines der umfangreichsten Werke der buddhist. Literatur und stellt die Summe der Lehren des Yogāchāra dar. Das Original in Skrt. ist nur in Fragmenten erhalten, wir besitzen aber vollständige Übersetzungen in chin. und tibet. Sprache.

Yogi, Skrt.; einer, der den → Yoga übt. Die weibliche Form ist Yoginī.

Yojana, Skrt.; altind. Längenmaß, das auch in buddhist. Schriften oft verwendet wird. Es basiert auf der Entfernung, die eine Armee an einem Tag zurücklegen kann, d. h. 15–20 km.

Yün-kang, chin., wörtl.: »Wolkenhügel«; Grottenanlage in der Nähe der nordchin. Stadt Ta-t'ung (Provinz Shansi), die aus der Zeit zwischen 460 und 540 stammt und eines der größten Denkmäler buddhist. Kunst in China darstellt. Es existieren heute 53 Höhlen in einer Felswand, die sich über eine Länge von mehr als 1 km erstreckt. Dort sind insgesamt 50 000 Abbildungen von Buddhas, Bodhisattvas und verschiedenen Gottheiten enthalten. Die größte Buddha-Statue erreicht eine Höhe von 17 m und ist eine der größten in China.
Die ersten Grotten entstanden um 460. Die Arbeiten in der ersten Phase wurden von dem Mönch T'an-yao geleitet, unter dem die Grotten Nr. 16–20 aus dem Stein gemeißelt wurden. Das Motiv für diese Arbeiten war es, ein unzerstörbares Symbol der buddhist. Lehre zu schaffen. Der Grundriß der ersten Höhlen ist oval; in der 2. Phase (Höhlen 5–10) nahm er rechteckige Form an. In der Mitte dieser Grotten befindet sich jeweils eine Buddha-Statue, die den Buddha meist sitzend mit stehenden Begleitfiguren zeigt. Auf den Wänden, am Eingang und auf der Kuppel befinden sich viele kleine Buddha-Bilder, Darstellungen von Gottheiten, Illustrationen von Geschichten aus Sūtras und ornamentale Verzierungen. Die bedeutendsten Höhlen sind Nr. 5 und 6, in denen die Lebensgeschichte des Buddha → Shākyamuni von seiner Geburt bis zur Erlangung der Erleuchtung dargestellt ist. In anderen Höhlen finden sich Illustrationen zum → *Vimalakīrtinirdesha-Sūtra.* – Die spätesten Grotten stammen aus der Zeit der Sui-Dynastie (589–618).

Z

Zazen, jap. (chin. Tso-ch'an), wörtl. *za:* »Sitzen«, *zen:* (in) »Versunkenheit«; meditative Praxis, wie das Zen sie als den direktesten Weg zur → Erleuchtung (auch Satori, Kenshō) lehrt. Zazen ist allerdings keine Meditation im herkömmlichen Sinn, denn diese schließt, zumindest anfangs, ein Fixieren des Geistes auf ein »Meditationsobjekt« (z. B. ein Mandala oder die bildhafte Vorstellung eines Bodhisattva) oder das Nachsinnen über abstrakte Eigenschaften (z. B. »Vergänglichkeit« oder »liebendes Mitgefühl«) ein. Zazen jedoch soll den Geist aus der Knechtschaft

jeglicher Gedankenformen, Visionen, Dinge oder Vorstellungen befreien – wie erhaben und heilig diese immer sein mögen.
Auch solche Hilfsmittel der Zazen-Übung wie das → Kōan sind keine Meditationsobjekte im üblichen Sinn; das Wesen des Kōan ist das Paradoxon, also das, was – wie die wörtliche Übersetzung des griechischen Wortes sagt – »jenseits (gr. *para*) des Denkens (gr. *dokein*)« oder »jenseits des Vorstellbaren« ist.
In seiner reinsten Form ist Zazen das Verweilen in einem Zustand gedankenfreier, hellwacher Aufmerksamkeit, die jedoch auf kein Objekt gerichtet ist und an keinem Inhalt haftet (→ Shikantaza). Mit Beharrlichkeit und Hingabe über einen längeren Zeitraum geübt, versetzt Zazen den Geist des »Sitzenden« in einen Zustand vollkommener inhaltloser Wachheit, aus dem heraus er in einem plötzlichen Durchbruch zur Erleuchtung seines eigenen Wahren-Wesens oder Buddha-Wesens (Busshō), das mit dem Wesen des gesamten Weltalls identisch ist, gelangen kann.

Zehn Betrachtungen → Anussati

Zehn Ekelobjekte → Ashubha

Zehn Große Jünger des Buddha, die zehn wichtigsten Schüler des Buddha, die vor allem in den Sūtras des Mahāyāna häufig angeführt sind:
1.→ Mahākāshyapa, der als der 1. Patriarch der indischen Linie des Ch'an (→ Zen) angesehen wird; 2. → Ānanda, der »viel gehört hat«, der 2. ind. Patriarch des Zen. Er wird oft gemeinsam mit Mahākāshyapa vor der Gestalt des Buddha dargestellt. 3. → Shāriputra, der sich durch seine Weisheit auszeichnet und in den → Hīnayāna-Sūtras der wichtigste Schüler des Buddha ist; 4. → Subhūti, der Erklärer der Leerheit (→ Shūnyatā) des Seienden; 5. Pūrna, der Erklärer des → Dharma; 6. → Mahamaudgalyāyana, der sich durch seine übernatürlichen Kräfte auszeichnet; er bildet mit Shāriputra das wichtigste Jüngerpaar im Mahāyāna; 7. Katyāyana, der Meister der Diskussion und Exegese; 8. Aniruddha, der Meister in der Verwendung des »Himmlischen Auges« (→ Abhijñā); 9. → Upāli, der zuständig ist für Disziplin- und Ritualfragen; 10. → Rāhula, der Sohn des Buddha, Meister esoterischer Handlungen.

Zehn Kräfte → Dashabala

Zehn Titel eines Buddha, stereotype Bezeichnungen für einen Buddha, die sich in vielen Sūtras finden: Vollendeter (→ Tathāgata), Heiliger (→ Arhat), völlig Erleuchteter (→ Samyak-Sambuddha), mit Wissen und Wandel Begabter, Wohlgegangener, Weltenkenner, unübertrefflicher Menschenerzieher, Lehrer von Göttern und Menschen, Erwachter (Buddha), Erhabener.

Zen, jap.; eine Abkürzung des Wortes »Zenna« (auch »Zenno«), der jap. Lesart des chin. »Ch'an-na« (abgek. »Ch'an«), das wiederum die Übertragung des Sanskrit-Wortes → Dhyāna ist und die Sammlung des Geistes und die Versunkenheit bezeichnet, in der alle dualistischen Unterscheidungen wie Ich/Du, Subjekt/Objekt, wahr/falsch aufgehoben sind. Zen läßt sich exoterisch und esoterisch definieren:
Exoterisch gesehen ist Zen eine Schule des → Mahāyāna-Buddhismus, die sich im China des 6. und 7. Jh. aus der Begegnung des von → Bodhidharma nach China übermittelten → Dhyāna-Buddhismus mit dem Taoismus entwickelte. Als solche ist Zen eine Religion, deren Lehren und Praktiken darauf gerichtet sind, zur Selbst-Wesensschau (Kenshō, Satori) und schließlich zum vollen Erwachen (→ Erleuchtung) hinzuführen, wie es → Shākyamuni Buddha nach intensiver meditativer Selbstschulung unter dem Bodhi-Baum erlebte. Wie keine andere Schule des Buddhismus betont das Zen die Vorrangigkeit der Erleuchtungserfahrung und die Nutzlosigkeit von rituellen religiösen Übungen und intellektueller Auseinandersetzung mit der Lehre für die Erlangung der Befreiung (Erleuchtung). Als kürzesten, aber auch steilsten Weg zum Erwachen lehrt Zen die Praxis des Zazen, des »Sitzens in Versunkenheit«.
Das Charakteristische des Zen läßt sich in vier kurzen Aussagen zusammenfassen: 1. »(Eine) besondere Überlieferung außerhalb der (orthodoxen) Lehre« (*kyōge betsuden*); 2. »Unabhängigkeit von (heiligen) Schriften« (*furyū monji*); 3. »(und das) unmittelbare Deuten (auf des) Menschen Herz« (*jikishi ninshin*); 4. »(führen zur) Schau des (eigenen) Wesens (und zur) Buddha-Werdung« (*kenshō jōbutsu*). Diese prägnante Charakterisierung des Zen wird von der Zen-Tradition Bodhidharma, dem 1. Pa-

triarchen des Zen in China, zugeschrieben, während manche modernen Gelehrten vermuten, daß sie eher von dem späteren Zen-Meister Nan-ch'üan P'u-yüan (jap. Nansen Fugan) stammt.
Der Legende nach begann die »besondere Überlieferung außerhalb der orthodoxen Lehre« mit der berühmten Predigt von Shākyamuni auf dem → Geierberg (Gridhrakūta). Damals soll der Buddha, als eine große Schar von Jüngern sich um ihn versammelt hatte, um seine Darlegung des Dharma zu hören, nur schweigend eine Blüte in die Höhe gehalten haben. Einzig sein Schüler Kāshyapa begriff und lächelte – angesichts der Geste seines Meisters war er urplötzlich zur erleuchteten Sicht durchgebrochen und hatte damit die Essenz der Lehre des Buddha erfaßt. Damit hatte die erste Übertragung der »wortlosen Lehre« des Zen von Herz-Geist zu Herz-Geist (Ishin-Denshin) stattgefunden. Der Buddha bestätigte → Mahākāshyapa, wie sein erleuchteter Schüler von nun an genannt wurde, als 1. indischen Patriarchen in der Übertragungslinie. Im Zen, das oft auch als die »Schule des Buddha-Geistes« bezeichnet wird, spielt die »plötzliche Erleuchtung« (Tongo) seither eine hervorragende Rolle.
Über eine ungebrochene Kette der Übertragung soll der → Buddha-Dharma bis auf den 28. ind. Patriarchen, Bodhidharma, weitergegeben worden sein. Die ind. Periode und die von späteren chin. Texten angeführte Traditionslinie wird von den Historikern als »legendär« bezeichnet, da keinerlei historische Dokumente über sie vorliegen. Für das Zen selbst, in dem die von jedem erleuchteten Meister (solange er nicht lau geworden ist) leicht überprüfbare Echtheit der Erleuchtungserfahrung im Vordergrund steht, spielt die Historizität der frühen Patriarchen jedoch keine Rolle. Hier ist Wirklichkeit im wahrsten Sinn des Wortes »das, was wirkt«, die »lebendige Wahrheit« – die nichts gemein hat mit der toten »Realität« (d. h. »Dinglichkeit«, von lat. *res:* Ding) der gesicherten Daten, auf die die Wissenschaften eine ihnen unbegreifliche Wirklichkeit reduzieren möchten.
Als Bodhidharma Anfang des 6. Jh. seine Linie des Dhyāna-Buddhismus von Indien nach China übertrug, wurde er damit zum 1. Patriarchen der chin. Linie des Zen. Im Laufe der Übertragung bis auf den 6. chin. Patriarchen, → Hui-neng (638–713), entwikkelte sich aus der Verbindung der geistigen Essenz des Dhyāna-Buddhismus mit der dem Buddhismus in vielen Aspekten konge-

nialen Lehre und Lebensart des Taoismus jene Form der geistigen Schulung, die wir heute als Zen bezeichnen. Dies ist vor allem das Zen der auf Hui-neng zurückgehenden Südlichen Schule, welche die Lehre von der plötzlichen Erleuchtung (Tongo) betont. Eine andere Schulrichtung des Zen, die Nördliche Schule, die auf Shen-hsiu, einen »Rivalen« von Hui-neng, zurückging und die allmähliche Erleuchtung (Zengo) lehrte, war nur von kurzer Lebensdauer.

Mit Hui-neng und seinen Dharma-Nachfolgern (Hassu) begann die große Zeit des Zen, die vor allem in der T'ang-, aber auch noch zu Beginn der Sung-Zeit eine Vielzahl von großen Meistern hervorgebracht hat. Unter diesen trugen überragende Meister wie Ma-tsu Tao-i (jap. Baso Dōitsu), Pai-chang Huai-hai (jap. Hyakujō Ekai), Te-shan Hsüan-chien (jap. Tokusan Senkan), Tung-shan Liang-chieh (jap. Tōzan Ryōkai), Chao-chou Ts'ung-shen (jap. Jōshū Jūshin) und Lin-chi I-hsüan (jap. Rinzai Gigen) Wesentliches zur weiteren Ausformung der typischen Schulungsweise des Zen bei. Die Übertragungslinie der Südlichen Schule des Zen fächerte sich in die »Fünf Häuser, Sieben Schulen« (Goke-Shichishū) auf, das sind sieben nur in Details der Schulungsweise, nicht aber im wesentlichen Gehalt verschiedene Schulrichtungen der Zen-Tradition. Diese sind: die Sōtō-Schule, die Ummon-Schule, die Hōgen-Schule, die Igyō-Schule, die Rinzai-Schule und als Unterschulen des Rinzai-Zen die Yōgi-Schule sowie die Ōryō-Schule.

Von diesen Linien gelangten zwei, nämlich die Rinzai-Schule und die Sōtō-Schule, im 12. bzw. Anfang des 13. Jh. nach Japan, wo sie bis heute lebendig sind. Während das Zen in China nach der Sung-Zeit niederging und durch eine Vermischung mit der → Reines-Land-Schule des Buddhismus während der Ming-Zeit als echte Linie der Übertragung des Buddha-Dharma »von Herz-Geist zu Herz-Geist« aufhörte zu existieren, erlebte es in Japan eine neue Blüte. Dōgen Zenji, der das Sōtō-Zen nach Japan brachte, sowie Eisai Zenji, Shinchi Kakushin, Shōmyō u. a., die in der Tradition der Rinzai-Schule standen, begründeten zusammen mit einigen nach Japan eingeladenen chin. Zen-Meistern die jap. Zen-Tradition. Eine von dem chin. Meister Yin-yüan Lung-ch'i (jap. Ingen Ryūki) Mitte des 17. Jh. in Japan gegründete Zen-Schule, die Ōbaku-Schule, ist heute praktisch bedeutungslos und hat nur noch ein aktives Kloster, das Mampuku-ji in Uji bei Kyōto. Eine der hervorragendsten Gestalten des jap. Zen war Hakuin Zenji, der das jap. Rinzai-Zen im 18. Jh. nach einer Zeit des Niedergangs reformierte und ihm zu einem neuen Aufschwung verhalf.

Da seit einigen Jahrzehnten auch Menschen aus dem Westen in Japan Führung auf dem Zen-Weg suchen, übermitteln heute jap. Meister ihr Dharma auch Europa und den USA, und es gibt bereits einige westliche Dharma-Nachfolger. So könnte es sein, daß Zen einen weiteren Schritt auf seiner Wanderung über die Kontinente macht. Die Tatsache, daß einige Menschen im Westen inzwischen von einem oberflächlichen intellektuellen Interesse zu einer echten Zen-Praxis unter Anleitung autorisierter Meister fortgeschritten sind, läßt vermuten, daß das Zen auch im Abendland Wurzeln schlagen und Früchte tragen kann.

Esoterisch gesehen, ist Zen keine Religion, sondern die nicht definierbare, nicht vermittelbare (Fukasetsu), von jedem einzelnen nur für sich selbst erfahrbare Wurzel – frei von jeglichen Namen, Bezeichnungen und Begriffen –, aus der als *Ausdrucksform* dieser Erfahrung alle Religionen erst entspringen. In diesem Sinne ist Zen an keine religiöse Tradition, auch nicht an die buddhistische, gebunden. Es ist die von den großen Weisen, Heiligen und Religionsstiftern aller Zeiten und Kulturen erfahrene und mit den verschiedensten Namen bezeichnete »Ur-Vollkommenheit« alles Seienden, die der Buddhismus die »Identität von → Samsāra und → Nirvāna« genannt hat. Das Zazen ist daher keine »Methode«, die den in Unwissenheit (→ Avidyā) lebenden Menschen zum »Ziel« der Befreiung hinführt, sondern unmittelbarer Ausdruck und die Aktualisierung der in jedem Menschen in jedem Augenblick gegenwärtigen Vollkommenheit.

Zuflucht → Kyabdro

Zuflucht, Dreifache → Trisharana

Zweimal verborgene Schätze → Terma

Zweiunddreißig Merkmale der Vollkommenheit → Dvātrimshadvara-Lakshana

Literaturverzeichnis

Basistexte

Abhayadatta, Übersetzung s. Robinson 1979.

Abhidhamma-Pitaka, Übersetzung s. Davids 1974.

Abhidharmakosha, Übersetzungen s. Lamotte 1976; Vallée-Poussin 1923/26

Akshayamati-Pariprichchā, Übersetzung s. Chang 1983.

Anguttara-Nikāya, Übersetzung s. Nyanaponika 1985.

Ashokadatta-Vyākarana, Übersetzung s. Chang 1983.

Ashtasāhasrikā-Prajñāpāramitā-Sūtra, Übersetzung s. Conze 1973 (a).

Ashtashataka-Prajñāpāramitā-Sūtra, Übersetzung s. Conze 1955.

Ashvaghosha, Übersetzungen s. Bailey 1951; Hakeda 1967; Weller 1926, 1928.

Asmussen, Jes Peter (Übers.): *The Khotanese Bhadracaryādeśanā,* Kopenhagen 1961.

Atīsha, Übersetzung s. Sherburne 1983.

Aung, Shwe Zan / Davids, Caroline Rhys (Übers.): *Points of Controversy,* Pali Text Society (Transl. Series 5), Oxford 1915.

Avatamsaka-Sūtra s. *Buddhāvatamsaka-Sūtra*

Bardo Thödol, Übersetzung s. Dargyay 1980.

Batchelor, Stephen / Sherpa Tulku (Übers.): *A Guide to the Bodhisattva's Way of Life,* Dharamsala 1979.

Bays, Gwendolyn: *The Voice of Buddha,* 2 Bde., Boulder, Col., 1983.

Beyer, Stephan: *The Buddhist Experience,* Encino, Cal., 1974.

Blofeld, John (Übers.): *The Sutra of 42 Sections,* London 1947.

Brahmajāla-Sūtra, Übersetzung s. Weller 1971.

Buddhavamsa, Übersetzung s. Horner 1974/75.

Buddhāvatamsaka-Sūtra, Gesamtübersetzung s. Th. Clearly 1984, 1986, 1987; Übersetzungen von Auszügen und Kommentare s. Asmussen 1961; Chang 1971; Th. Cleary 1989; Hurvitz 1969.

Chan, Wing-tsit (Übers.): »The Thirty Verses of the Mind-Only-Doctrine«, in *Sourcebook of Chinese Philosophy,* Princeton 1957.

Chandragarbha-Prajñāpāramitā-Sūtra, Übersetzung s. Conze 1973 (b).

Chandragomin, Übersetzung s. Tatz 1985.

Chandrakīrti, (Teil-)Übersetzung s. Sprung 1979.

Chang, Garma C. C. (Übers.): *The Buddhist Teaching of Totality,* London 1971 (dt. *Die buddhistische Lehre von der Ganzheit des Seins*, Bern u. a. 1989).

–: *The Hundred Thousand Songs of Milarepa,* 2 Bde., Boulder, Col., 1977 (NA).

– (Hrsg.): *A Treasury of Mahayana Sutras*, Pennsylv. University Press 1983.
Chariyāpitaka, Übersetzung s. Horner 1974/75.
Chaturashīti-siddha-pravritti, Übersetzung s. Robinson 1979.
Chihman, Upāsikā (Übers.): *The Two Buddhist Books of Mahayana*, Hongkong 1936.
Cleary, Thomas (Übers.): *Entry into the Realm of Reality (A Commentary on the* Ganda-vyuha, *the final book of the Avatamsaka-Sutra)*, Boston & Shaftesbury 1989.
–: *The Flower Ornament Scripture (The Avatamsaka-Sutra)*, Bd. 1 Boulder & London 1984, Bd. 2 Boston & London 1986, Bd. 3 Boston & London 1987.
Conze, Edward (Übers.): »The Diamond Sutra«, in *Buddhist Wisdom Books*, London 1958.
–: *Pañcavimśati-Sāhasrika. The Large Sutra on Perfect Wisdom*, 2 Bde., London 1961/64.
–: *The Perfection of Wisdom in Eight Thousand Lines*, Berkeley, Cal., 1973 (a).
–: *Prajñāpāramitās. Selected Sayings from the Perfection of Wisdom*, London 1955.
–: *The Short Prajñāpāramitā Texts*, London 1973 (b).
Cowell, Edward B. (Übers.): *The Jātaka*, 6 Bde., Cambridge 1895/1907.
Dahlke, Paul (Übers.): *Suttapitaka. Das Buch der buddhistischen Urschriften*, 3 Bde., Berlin 1919/23.
Dargyay, Eva K. und Geshe Lobsang Dargyay (Übers.): *Das tibetische Buch der Toten*, Bern u. a. 1977.
Davids, Caroline Rhys (Übers.): *Abhidhamma Pitaka. A Buddhist Manual of Psychological Ethics*, Pali Text Society (Transl. Series 41), London 1974.
Dhammapadam, Übersetzungen s. Dahlke 1919; Eberhardt 1922; Franke 1923; Neumann 1893; Schroeder 1892; Schultze 1885; Schmidt 1954; Sparham 1983.
Dhammasangani, Übersetzung s. Davids 1974.
Dharmakīrti, Übersetzung s. Steinkellner 1973.
Dhvajāgra-Mahāsūtra, Übersetzung s. Waldschmidt 1959.
Diamant-Sūtra s. *Vajrachchedikā-Prajñāpāramitā-Sūtra*
Dīgha-Nikāya, Übersetzungen s. Dahlke 1920; Franke 1913; Neumann 1957.
Dīpamkarashrījñāna, Übersetzung s. Eimer 1978.
Dowman, Keith (Übers.): *Sky Dancer*. The Secret Life and Songs of the Lady Yeshe Tsogyel, London 1984.
Dvāchatvārimshat-Khanda-Sūtra, Übersetzungen s. Blofeld 1947; Hackman 1927; Hsüan Hua 1977; Soyen Shaku / Suzuki 1906.
Eimer, Helmut (Übers.): *Bodhipathapradīpa*, Asiat. Forschungen, Nr. 59, 1978.
Ensink, Jacob (Übers.): *The Question of Rāstrapāla*, Zwolle, Niederl. 1952.
Evans-Wentz, W. Y. (Hrsg.): *Milarepa. Tibets großer Yogi*, Bern 1978 (NA).

Fischer, Jakob / Takezo, Yokota (Übers.): *Das Sūtra Vimalakīrti, Das Sūtra der Erlösung,* Tōkyō 1944.
Franke, Rudolf Otto (Übers.): *Dhamma-Worte,* Jena 1923.
–: *Dīghanikāya. Das Buch der langen Texte,* Göttingen 1913.
Frauwallner, Erich (Übers.): *Philosophie des Buddhismus,* Berlin 1969.
Gäng, Peter (Übers.): *Das Tantra der Verborgenen Vereinigung*, München 1988.
Gampopa, Übersetzung s. Guenther 1959.
Gangottarā-Pariprichchā, Übersetzung in Chang 1983.
Geiger, Wilhelm (Übers.): *Samyutta-Nikaya. Die in Gruppen geordnete Sammlung,* 2 Bde., München 1925/30.
Gibson, Morgan & Murakami, Hiroshi (Übers.): *Tantric Poetry of Kūkai (Kōbō Daishi) Japan's Buddhist Saint*, with excerpts from the *Mahāvairocana-Sūtra* and I-Hsing's Commentary, Bangkok 1982.
Goddard, Dwight: *The Buddha's Golden Path,* London 1931.
Guenther, Herbert V. (Übers.): *The Jewel Ornament of Liberation by sGam. po.pa,* London 1959 (dt. *Juwelenschmuck der geistigen Befreiung*, München 1989).
–: *Kindly Bent to Ease Us. A Translation of Longchenpa's »Trilogy of Finding Comfort and Ease«,* 3 Bde., Emeryville, Cal., 1975/76
–: *The Life and Teaching of Naropa,* London 1963.
–: *The Royal Song of Saraha. A Study in the History of Buddhist Thought,* London 1969.
–: *A Visionary Journey*, Texte von Longchenpa, Boston & London 1989.
– / Kawamura, Leslie (Übers.): *Mind in Buddhist Psychology. A Translation of Ye-shes rgyal-mtshan's »The Necklace of Clear Understanding«,* Emeryville, Cal., 1975.
Guhyasamāja-Tantra, Übersetzung s. Gäng 1988.
Gunsser, Ilse-Lore (Übers.): *Reden des Buddha*, aus dem Palikanon, Stuttgart 1957.
Hackman, H. F. L. (Übers.): »Dvāchatvārimshat-Khanda-Sūtra«, in *Acta Orientalia,* Nr. 5, 1927.
Hakedo, Yoshito S. (Übers.): *The Awakening of Faith*, Attributed to Aśvaghosha, New York 1967.
Herz-Sūtra s. *Mahāprajñāpāramitā-Hridaya-Sūtra*
Hopkins, Jeffrey / Lati Rimpoche (Übers.): *The Buddhism of Tibet and the Key to the Middle Way by Tenzin Gyatso,* London 1975.
–: *Compassion in Tibetan Buddhism by Tsongka-pa,* London 1980 (a)
–: *The Precious Garland and the Song of the Four Mindfulnesses by Nāgārjuna and the Seventh Dalai Lama,* London 1975.
–: *Tantra in Tibet. Das Geheime Mantra des Tsong-ka-pa,* Düsseldorf/Köln 1980 (b).
Horner, I. B. (Übers.): *Minor Anthologies of the Pali Canon,* Teil III u. IV, Sacred Books of the Buddhists, London 1974/75.
–: *A General Explanation of the Vajra Prajñā Pāramitā Sūtra,* London 1974.

Hsüan Hua (Übers.): *General Explanation of the Buddha Speaks. Sutra in Fourty-Two-Selections,* San Francisco 1977.
–: *The Wonderful Dharma Flower Sutra,* San Francisco 1974.
Hurvitz, Leon N. (Übers.): »Mahāprajñāpāramitā-Hridaya-Sūtra«, in Lewis R. Lancaster (Hrsg.): *Prajñāpāramitā and Related Systems,* Berkeley, Cal., 1977.
–: *Scripture of the Lotus Blossom of the Fine Dharma,* New York 1976.
–: »The Vow to Live the Life of Samantabhadra«, in W. Th. De Bary, *The Buddhist Tradition . . .,* New York 1969.
Huth, Georg (Übers.): *Prātimoksha-Sūtra. Die tibetische Version der Naiḥsargika-prāya citika-dharmas,* Straßburg 1891.
Itivuttaka, Übersetzung s. Seidenstücker 1922.
Jātaka, Übersetzungen s. Cowell 1895/1907; Lüders o. J.
Kalupahana, David J. (Übers.): *Nagarjuna – The Philosophy of the Middle Way (Mūlamadhyamakakārikā)*, Albany, New York, 1986.
Kalzang, Thubten u. a. (Übers.): *Three Discourses of the Buddha,* Patna 1973.
Kāshyapa-Parivarta, Übersetzung s. Weller 1962/70
Kathavatthu, Übersetzung s. Aung/Davids 1915.
Katō, Bunnō u. a. (Übers.): *The Threefold Lotus Sutra,* New York 1975 (dt. *Das Dreifache Lotos Sūtra*, Wien 1989).
Kaushika-Prajñāpāramitā-Sūtra, Übersetzung s. Conze 1955.
Kawamura, Leslie (Übers.): *Golden Zephyr. The Garland of White Flowers. A Commentary on Nāgārjuna's »A Letter to a Friend«,* Emeryville, Cal., 1975.
Khuddakapātha, Übersetzung s. Seidenstücker 1910.
Komito, David Ross (Übers.): *Nāgārjunas Seventy Stanzas: A Buddhist Psychology of Emptyness*, Ithaca, New York, 1987.
Lalitavistara, Übersetzung s. Bays 1983.
Lamotte, Etienne (Übers.): *Abhidharmakosha,* Löwen 1976.
–: *L'Enseignement de Vimalakīrti,* Löwen 1962; engl. London 1976.
Lankāravatāra-Sūtra, Übersetzung s. Suzuki 1932.
Law, Bimala Churn (Übers.): *Designation of Human Types,* Pali Text Society (Transl. Series 12), Oxford 1924.
Lévi, Sylvain (Übers.): *Mahākarmavibhanga,* Paris 1932.
Lhalungpa, Lobsang P.: *The Life of Milarepa,* New York 1977.
Longchenpa, Übersetzung s. Guenther 1975/76, 1989.
Lotos-Sūtra s. *Saddharmapundarīka-Sūtra*
Lüders, Else (Übers.): *Buddhistische Märchen aus dem alten Indien,* Düsseldorf/Köln 1961.
Luk, Charles, d. i. Lu K'uan Yü (Übers.): *The Śūraṅgama Sūtra,* London 1966.
–: *The Vimalakīrti Nirdeśha Sūtra,* Berkeley 1972.
Mahākarmavibhanga, Übersetzung s. Lévi 1932.
Mahāparinirvāna-Sūtra, Übersetzung s. Yamamoto 1973/75.
Mahāprajñāpāramitā-Hridaya-Sūtra, Übersetzungen s. Blofeld 1980; Conze

1957; Hurvitz 1977; Rabten 1983; Suzuki 1934; Thomas 1952; Wayman 1977.

Mahāvairochana-Sūtra, Übersetzung von Auszügen mit Kommentar s. Gibson & Murakami 1982.

Majjhima-Nikāya, Übersetzungen s. Dahlke 1923; Neumann 1956; Schmidt 1978.

Marpa, Übersetzung s. Trungpa 1982.

Matics, Marion L. (Übers.): *Entering the Path of Enlightenment,* New York 1970.

Milarepa, Übersetzungen s. Chang 1977; Evans-Wentz 1978; Lhalungpa 1977.

Milindapanha, Übersetzungen s. Nyanatiloka 1919/24; Schrader 1907.

Mūlamadhyamakakārikā, Übersetzung s. Kalupahana 1986.

Muralt, Raoul v. (Hrsg.): *Meditations-Sūtra des Mahāyāna-Buddhismus,* 2 Bde., Obernhain 1973.

Murano, Senchū (Übers.): *The Lotus Sutra,* Tōkyō 1974.

Nāgārjuna, Übersetzungen s. Conze 1957; Walleser 1911; Kalupahana 1986; Komito 1987.

Ñāṇamoli, Bhikku (Übers.): *The Guide,* Pali Text Society (Transl. Serie 33), London 1962.

Nārada, U. (Übers.): *Conditional Relations,* Pali Text Society (Transl. Series 37, 42), London 1969.

–: *Discourse on Elements,* Pali Text Society (Transl. Series 34), London 1962.

–: *Pitaka Disclosure,* Pali Text Society (Transl. Series 35), London 1962.

Nāropa, Übersetzung s. Guenther 1963.

Nettipakarana, Übersetzung s. Ñāṇamoli 1962.

Neumann, Karl Eugen (Übers.): *Die Reden Gotamo Buddhos,* Bd. 1: *Mittlere Sammlung,* Zürich 1956 (NA).

–: dass. Bd. 2: *Längere Sammlung,* Zürich 1957 (a).

–: dass. Bd. 3: *Sammlung der Bruchstücke. Die Lieder der Mönche und Nonnen. Der Wahrheitspfad,* Zürich 1957 (b).

Nichiren, Übersetzung s. Yampolsky 1990.

Nyanaponika (Übers.): *Die Lehrreden des Buddha aus der angereihten Sammlung,* 5 Bde., Freiburg i. Br. 1985 (NA).

–: *Sutta-Nipāta,* Konstanz 1977 (rev. NA).

Nyanatiloka, Bhikku (Übers.): *Die Fragen des Milindo,* 2 Bde., München 1919/24.

–: *Visuddhi-Magga,* Konstanz 1952.

–: *Das Wort des Buddha,* München 1921.

Oldenberg, Hermann (Übers.): *Reden des Buddha,* München 1922.

Padmasambhava, Übersetzung s. Reynolds 1989, Pema Kunsang 1990.

Pañchashatikā-Prajñāpāramitā-Sūtra, Übersetzung s. Conze 1973 (b).

Pañchavimshatisāhasrikā-Prajñāpāramitā-Sūtra, Übersetzung s. Conze 1961/64.

Patthāna, Übersetzung s. Nārada 1969.

Paul, Diana (Hrsg.): *Die Frau im Buddhismus*, Hamburg 1981.
Pema Kunsang, Erik (Übers.): *Dakini Teachings*, Padmasambhava's Oral Instructions to Lady Tsogyal, Boston & Shaftesbury 1990.
Petakopadesa, Übersetzung s. Ñanamoli 1964.
Petavatthu, Übersetzung s. Stede 1914.
Prajñāpāramitā-Pañchashatikā-Sūtra, Übersetzung s. Conze 1973 (b).
Prajñāpāramitā-Sūryagarbha-Sūtra, Übersetzung s. Conze 1973 (b).
Prajñāpāramitā-Vajraketu- und *-Vajrapāni-Sūtra,* Übersetzung s. Conze 1973 (b).
Prātimoksha-Sūtra, Übersetzung s. Huth 1891.
Pratītyasamutpādādivibhanga-Nirdesha-Sūtra, Übersetzung s. Frauwallner 1969.
Price, A. F. (Übers.): *The Jewel of Transcendental Wisdom,* London 1947.
Puggalapannatti, Übersetzung s. Law 1914.
Rabten, Geshe: *Echoes of Voidness,* Annapolis, MD, 1983.
Rājadesha-Sūtra, Übersetzung s. Kalzang 1973.
Rāshtrapāla-Paripvichchā, Übersetzung s. Ensink 1952.
Ratnarāshi-Nāma-Mahāyānasūtra, Übersetzung s. Chang 1983.
Reynolds, John Myrdhin (Übers.): *Self-Liberation through seeing with naked awareness*, Being an Introduction to the Nature of One's Own Mind from *The Profound Teaching of Self-Liberation in the Primordial State of the Peaceful and Wrathful Deities*, A Terma Text of Guru Padmasambhava, Barrytown, New York, 1989.
Robinson, James B. (Übers.): *Buddhas Lions. The Lives of the Eighty-Four Siddhas, Caturaśīti-siddha-pravrtti* by Abhayadatta, Berkeley 1979.
Rockhill, William W. (Übers.): *The Life of the Buddha,* London 1884.
Saddharmapundarīka-Sutra, Übersetzungen s. Hurvitz 1976; Katō 1975; Murano 1974.
Samantabhadra-Prajñāpāramitā-Sūtra, Übersetzung s. Conze 1973 (b).
Samyutta-Nikāya, Übersetzung s. Geiger 1925/30.
Saraha, Übersetzung s. Guenther 1969.
Schmidt, Kurt (Übers.): *Buddhas Reden. Majjhimanikāya,* Berlin 1978.
–: *Dhammapada. Sprüche und Lieder,* Konstanz 1954.
Schrader, F. O. (Übers.): *Die Fragen des Königs Menandros,* Berlin 1907.
Schroeder, Leopold v. (Übers.): *Dhammapadam. Worte der Wahrheit,* Leipzig 1892.
Schultze, Theodor (Übers.): *Das Dhammapada,* Leipzig 1885.
Seidenstücker, Karl (Übers.): *Itivuttaka, Das Buch der Herrenworte,* Leipzig 1922.
–: *Udāna,* Augsburg 1920.
Shālistambha-Sūtra, Übersetzung s. Frauwallner 1969.
Shāntideva, Übersetzungen s. Batchelor / Tulku 1979; Matics 1970; Steinkellner 1981.
Sherburne, Richard (Übers.): *A Lamp for the Path and Commentary by Atīśa,* London 1983.

Shīlasamyukta-Sūtra, Übersetzung s. Kalzang 1973.
Shrīmālādevī-Sūtra, Übersetzungen s. Chang 1983; Wayman 1973.
Shūnyatāsaptatikārika, Übersetzung s. Komito 1987.
Shūrangama-Sūtra, Übersetzung s. Luk 1966.
Sokei-an (Übers.): *The Prajnā-Pāramitā-Sūtra,* New York 1945.
Soyen Shaku / Suzuki, D. T. (Übers.): *Sermons of a Buddhist Abbot,* Chicago 1906.
Sparham, Gareth (Übers.): *The Tibetan Dhammapada,* New Delhi 1983.
Sprung, Mervyn (Übers.): *Lucid Exposition of the Middle Way. The Essential Chapters from the Prasannapadā of Candrakīrti,* London 1979.
Stede, Wilhelm (Übers.): *Die Gespenstergeschichten des Peta Vatthu,* Leipzig 1914.
Steinkellner, Ernst (Übers.): »Buddha-Parinirvana-Stotra«, in *Wiener Zeitschr. f. d. Kunde d. Morgenlandes,* Nr. 17, 1973.
–: *Eintritt in das Leben zur Erleuchtung,* Düsseldorf/Köln 1981.
Streng, Frederick J.: *Emptiness. A Study in Religious Meaning,* Nashville, NY, 1967.
Sumatidārikā-Pariprichchā, Übersetzung s. Paul 1981.
Surata-Pariprichchā, Übersetzung s. Chang 1983.
Suttanipāta, Übersetzungen s. Neumann 1957 (b); Nyanaponika 1977.
Suzuki, Daisetsu Teitaro (Übers.): *The Lankāvatāra-Sūtra,* London 1932.
Svalpāksharā-Prajñāpāramitā-Sūtra, Übersetzung s. Conze 1955.
Tarthang Tulku (Übers.): *Mother of Knowledge. The Enlightenment of Yeshes mTsho-rgyal,* Berkeley 1983.
Tatz, Mark (Übers.): *Candragomin. Difficult Beginnings. Three Works on the Bodhisattva Path,* Boston 1985.
Theragāthā u. *Therīgāthā,* Übersetzung s. Neumann 1957 (b).
Thittila, P. (Übers.): *The Book of Analysis,* Pali Text Society (Transl. Series 39), London 1969.
Thomas, E. J. (Übers.): *Perfection of Wisdom,* London 1952.
Thurman, Robert A. F. (Übers.): *The Holy Teaching of Vimalakīrti,* London 1976.
Trikāya-Sūtra, Übersetzung s. Rockhill 1884.
Trungpa, Chögyam (Hrsg.): *The Life of Marpa The Translator,* Boulder, Col., 1982.
Tsongkhapa, Übersetzungen in Hopkins 1980 (a u. b); Wayman 1978.
Udāna, Übersetzung s. Seidenstücker 1920.
Udānavarga, Übersetzung s. Willemen 1978.
Udayanavatsarāja-Pariprichchā, Übersetzung s. Paul 1979.
Vajrachchedikā-Prajñāpāramitā-Sūtra, Übersetzungen s. Conze 1958; Hsüan Hua 1974; Price 1947; Sokei-an 1945; Walleser 1914.
Vallée-Poussin, Louis de la (Übers.): *L'Abhidharmakośa de Vasubandhu,* Paris 1923/26.
Vasubandhu, Übersetzungen s. Chan 1957; Frauwallner 1969; Vallée-Poussin 1923/26.

Vibhanga, Übersetzung s. Thittila 1969.
Vimalakīrtinirdesha-Sūtra, Übersetzungen s. Fischer / Takezo 1944; Lamotte 1962/67; Luk 1972; Thurman 1976.
Vimanavatthu, Übersetzung s. Horner 1974.
Visuddhi-Magga, Übersetzung s. Nyanatiloka 1952.
Waldschmidt, Ernst (Übers.): »Dhvajāgra-Mahāsūtra«, in *Nachr. d. Akad. d. Wiss.*, Göttingen 1959.
–: *Die Legende vom Leben des Buddha*, Hamburg 1991.
Walleser, Max (Übers.): *Die mittlere Lehre des Nagarjuna*, Heidelberg 1911.
–: *Prajñāpāramitā, die Vollkommenheit der Erkenntnis*, Göttingen 1914.
Wangyal, Geshe (Übers.): *The Prince Who Became a Cuckoo*, New York 1982.
Wayman, Alex (Übers.): *Calming the Mind and Discerning the Real. Buddhist Meditation and the Middle View*, New York 1978.
–: *The Lion's Roar of Queen Srimala*, New York 1973.
–: »Mahāprajñāpāramitā-Hridaya-Sūtra«, in Lewis R. Lancaster (Hrsg.): *Prajñāpāramitā and Related Systems*, Berkeley, Cal., 1977.
Weller, Friedrich (Übers.): »Das Brahmajālasūtra des chinesischen Dīrghagama«, in Asiat. Studien, Nr. 25, 1971.
–: *Kāshyapa-Parivarta*, 2 Bde., Berlin 1962/70
–: *Das Leben des Buddha von Aśvaghośa*, 2 Bde., Leipzig 1926/28.
Willemen, Charles (Übers.): *The Chinese Udānavarga*, Mélanges Chinoise et Bouddhique, Nr. 19, 1978.
Yamamoto, Kōshō (Übers.): *The Mahāyāna Mahāparinirvāna-Sūtra*, 2 Bde., Karinbunko, Japan, 1973/75.
Yampolsky, Philip B. (Hrsg.): *Selected Writings of Nichiren*, übers. v. Burton Watson u. a., New York 1990.
Yeshe Tsogyel, Übersetzungen s. Dowman 1984.

Sekundärliteratur

Allemen, Fred von: *Die Freiheit entdecken*, Vipassana-Meditation im Westen, Zürich o. J.
Anderson, Walt: *Der tibetische Buddhismus als Religion und Psychologie*, Bern 1983.
Arnold, Paul: *Unter tibetischen Lamas. Chronik einer geistigen Erfahrung*, Berlin 1971.
Ayya Khema: *Being Nobody, Going Nowhere*, Meditations on the Buddhist Path, London 1987.
–: *Buddha ohne Geheimnis*, Die Lehre für den Alltag, Zürich 1986.
–: *Meditation ohne Geheimnis*, Zürich 1988.
–: *Morgenröte im Abendland*, Buddhistische Meditationspraxis für westliche Menschen – Achtsamkeit und Einsicht als Schlüssel zur inneren Freiheit, Bern u. a. 1991.

–: *Sei dir selbst eine Insel*, Wege zur Emanzipation des Geistes, Zürich 1987.
Bacot, Jacques: *Le Bouddha,* Paris 1947.
Bareau, André: *Die Religionen Indiens,* Bd. 3, Stuttgart 1964.
Batchelor, Stephen: *The Faith to Doubt*, Glimpses of Buddhist Uncertainty, Berkeley 1990.
Bechert, Heinz / Gombrich, Richard: *Die Welt des Buddhismus,* München 1984.
Beckh, Hermann: *Buddha und seine Lehre,* Stuttgart 1980.
Bernbaum, E.: *Der Weg nach Shambhala,* Hamburg 1982.
Beyer, Stephan: *The Cult of Tara, Magic and Ritual in Tibet,* Berkeley 1973.
Birnbaum, Raoul: *Der Heilende Buddha,* Bern 1982.
Blofeld, John: *Die Macht des heiligen Lautes. Die geheime Tradition des Mantra,* Bern 1978.
–: *Rad des Lebens,* Zürich 1961.
–: *Selbstheilung durch die Kraft der Stille,* Bern 1983.
–: *Der Weg zur Macht,* Weilheim 1970.
Buddhadāsa Bhikku: *Zwei Arten der Sprache*, Eine Analyse von Begriffen der Wirklichkeit, Zürich 1979.
Burang, Theodor: *Tibetische Heilkunde,* Zürich 1974 (3. A.).
Chan, Wing-tsit: *Religiöses Leben im heutigen China,* München 1955.
Chang, Garma C. C.: *Mahamudra-Fibel,* Wien 1979.
Ch'en, Kenneth S. C.: *Buddhism in China,* Princeton 1964.
Chögyam, Ngakpa: *Der fünffarbige Regenbogen*, Energiearbeit mit der Farb- und Elementsymbolik des tibetischen Tantra, Freiburg im Breisgau 1988.
–: *Reise in den inneren Raum*, Ein Handbuch tibetischer Meditationstechniken, Paderborn 1990.
Cleary, Thomas: *Entry Into the Inconceivable*, An Introduction to Hua-Yen Buddhism, Honolulu 1983.
Clifford, Terry: *Tibetische Heilkunst,* Bern 1986.
Conze, Edward: *Buddhist Thought in India,* London 1962 (dt. *Buddhistisches Denken*, Frankfurt am Main 1988).
–: *Eine kurze Geschichte des Buddhismus,* Frankfurt am Main 1984.
Cozort, Daniel: *Highest Yoga Tantra*, An Introduction to the Esoteric Buddhism of Tibet, Ithaca, New York 1986.
Dalai Lama XIV (Tenzin Gyatso): *Das Auge der Weisheit*, Grundzüge der buddhistischen Lehre für den westlichen Leser, Bern u. a. 1975.
–: *Das Auge einer neuen Achtsamkeit*, München 1987.
–: *Logik der Liebe*, Aus den Lehren des Tibetischen Buddhismus für den Westen, München 1991.
–: *Mein Leben und mein Volk*, Die Tragödie Tibets, München 1982.
–: *Mein Tibet*, Frankfurt am Main 1991.
–: *Der Schlüssel zum Mittleren Weg*, Weisheit und Methode im Tibetischen Buddhismus, Hamburg 1991.
–: *Transzendent Wisdom*, A Commentary on the Ninth Chapter of Shantideva's Guide to the Bodhisattva Way of Life, Ithaca, New York 1988.

–: *Vorträge in Harvard,* Grafing 1991.
David-Néel, Alexandra: *Heilige und Hexer,* Leipzig 1931 u. ö.
–: *Meister und Schüler. Die Geheimnisse der lamaistischen Weihen aufgrund eigener Erfahrungen,* Leipzig 1934 u. ö.
–: *Vom Leiden zur Erlösung. Sinn und Lehre des Buddhismus,* Leipzig 1937.
–: *Ralopa. Der Meister geheimer Riten,* Bern 1980.
–: *Unsterblichkeit und Wiedergeburt,* Wiesbaden 1962.
De Bary, William Th. (Hrsg.): *The Buddhist Tradition in India, China and Japan,* New York 1969.
Dhiravamsa: *The Dynamic Way of Meditation*, The Release and Cure of Pain and Suffering, Wellingborough 1982.
Donden, Yeshi: *Health Through Balance*, An Introduction to Tibetan Medicine, Ithaca, New York 1986.
Dowman, Keith: *Der heilige Narr. Das liederliche Leben und die lästerlichen Gesänge des tantrischen Meisters Drukpa Künleg,* Bern 1982.
–: *Die Meister der Mahamudra*, Leben, Legenden und Lieder der vierundachtzig Erleuchteten, München 1991.
Dumoulin, Heinrich: *Begegnung mit dem Buddhismus,* Freiburg i. Br. 1982 (NA).
– (Hrsg.): *Buddhismus der Gegenwart,* Freiburg i. Br. 1970.
–: *Östliche Meditation und christliche Mystik,* Freiburg i. Br. 1966.
–: *Geschichte des Zen-Buddhismus I. Indien und China*, Bern und München 1985.
–: *Geschichte des Zen-Buddhismus II. Japan*, Bern und München 1986.
Eimer, Helmut: *Skizzen des Erlösungswegs in buddhistischen Begriffsreihen,* Bonn 1976.
Essen, Gerd-Wolfgang, und Thingo, Tsering Tashi: *Die Götter des Himalaya*, Bd. 1, Tafelband, Buddhistische Kunst Tibets, Die Sammlung Gerd-Wolfgang Essen, München 1989; Bd. 2, Systematischer Bestandskatalog, München 1989.
–: *Padmasambhava*, Leben und Wundertaten des großen tantrischen Meisters im Spiegel der tibetischen Bildkunst, Köln 1991.
Evans-Wentz, W. Y. (Hrsg.): *Der geheime Pfad der großen Befreiung,* Bern 1978 (3. A.).
–: *Das Tibetanische Totenbuch,* Freiburg 1980 (4. A.).
Finckh, Elisabeth: *Grundlagen tibetischer Heilkunde,* Ülzen 1975.
Frauwallner, Erich: *Geschichte der indischen Philosophie,* 2 Bde., Salzburg 1953/56.
–: *Die Philosophie des Buddhismus,* Berlin 1969.
Fremantle, Francesca, u. Chögyam Trungpa (Hrsg.): *Das Totenbuch der Tibeter,* Düsseldorf/Köln 1979 (2. A.).
Frýba, Mirko: *Anleitung zum Glücklichsein*, Die Psychologie des Abhidhamma, Freiburg im Breisgau 1987.
Glasenapp, Helmuth v.: *Entwicklungsstufen des indischen Denkens,* Halle 1940.

–: *Die Weisheit des Buddha,* Baden-Baden 1946.
–: *Der Pfad zur Erleuchtung,* Düsseldorf 1956.
Goldstein, Joseph: *The Experience of Insight*, A Simple and Direct Guide to Buddhist Meditation, Boston & London 1987.
– und Kornfield, Jack: *Einsicht durch Meditation*, Die Achtsamkeit des Herzens – Buddhistische Einsichts-Meditation für westliche Menschen, Bern u. a. 1989.
Govinda, Lama Anagarika: *Grundlagen tibetischer Mystik. Die geheime Lehre des großen Mantra,* Bern 1985 (6. A.).
–: *Lebendiger Buddhismus im Abendland*, Bern u. a. 1986.
–: *Mandala. Der heilige Kreis,* Zürich 1980 (4. A.).
–: *Die psychologische Haltung der frühbuddhistischen Philosophie,* NA Bern u. a. 1992.
–: *Schöpferische Medutation und Multidimensionales Bewußtsein.* Freiburg i. Br. 1977.
–: *Buddhistische Reflexionen,* Bern 1983.
–: *Der Stupa,* Freiburg i. Br. 1978.
–: *Der Weg der weißen Wolken. Erlebnisse eines buddhistischen Pilgers in Tibet,* Bern 1983 (8. A.).
Greschat, Hans Jürgen: *Die Religion der Buddhisten,* Stuttgart 1980.
Grönbold, Günter: *Der buddhistische Kanon. Eine Bibliographie,* Wiesbaden 1985.
Grousset, René: *Die Reise nach Westen*, oder wie Hsüan Tsang den Buddhismus nach China holte, Köln 1986.
Guenther, Herbert V.: *Matrix of Mystery. Scientific and Humanistic Aspects of rDzog-chen Thought,* London 1984.
–: *Buddhist Philosophy in Theory and Practice*, Boulder & London 1976.
–: *Philosophy and Psychology in the Abhidharma,* Berkeley, Cal., 1976.
–: *Tantra als Lebensanschauung,* Bern 1974.
– / Chögyam Trungpa: *Tantra im Licht der Wirklichkeit,* Freiburg 1976.
Gyaltsen Amipa, Sherab: *Geistesschulung im tibetischen Buddhismus*, Interlaken 1986.
Gyatso, Geshe Kelsang: *Clear Light of Bliss, Mahamudra in Vajrayana Buddhism,* London 1982.
–: *Buddhism in the Tibetan Tradition: A Guide,* London 1984.
–: *Meaningful to Behold. View, Meditation and Action in Mahayana Buddhism, An Oral Commentary to Shantideva's Bodhisattvacharyavatara,* Ulverston, Cumbria, 1980.
Hedinger, Jürg: *Aspekte der Schulung in der Laufbahn eines Bodhisattva,* Wiesbaden 1985.
Hopkins, Jeffrey: *Emptiness Yoga*, The Middle Way Consequence School, Ithaca, New York 1987.
–: *The Tantric Distinction*, An Introduction to Tibetan Buddhism, London 1984.
Hopkins, Jeffrey (Übers.): *The Kālachakra Tantra*, Rite of Initiation for the

Stage of Generation & A Commentary on the text of Kay-drup-ge-lek-bel-sang-bo by Tenzin Gyatso, the Fourteenth Dalai Lama and the text itself, London 1985.
Humphreys, Christmas: *Karma und Wiedergeburt,* Bern 1980 (2. A.).
Huntington, C. W.: *The Emptiness of Emptiness*. An Introduction to Early Indian Mādhyamika, Honolulu 1989.
Ikeda, Daisaku: *Der Buddha lebt,* München 1985.
–: *Der chinesische Buddhismus*, München 1987.
Jamgon Kongtrul: *Das Licht der Gewißheit.* Freiburg i. Br. 1979.
–: *Der große Pfad des Erwachens*, Zürich 1989.
Jaspers, Karl: *Lao-tse, Nagarjuna. Zwei asiatische Metaphysiker,* München 1978.
Kalu Rinpoche: *The Dharma* That Illuminates All Beings Impartially Like the Light of the Sun and the Moon, Albany, New York 1986.
–: *Den Pfad des Buddha gehen*, Eine Einführung in die meditative Praxis des tibetischen Buddhismus von den vorbereitenden Übungen bis zur höchsten Stufe der Meditation, Bern u. a. 1991.
Karmapa Wangtschug Dordsche: *Das Diamantlicht des gewöhnlichen Geistes*, Mahamudra-Praxis, Wien 1989.
–: *Mahamudra – Ozean des Wahren Sinnes*, 2 Bde., Zürich 1990.
Karwath, Walter: *Buddhismus für das Abendland,* Wien 1971.
Katz, Nathan (Hrsg.): *Buddhist and Western Psychology,* Boulder, Col., 1983.
Kelsang Gyatso, Geshe: *Buddhism in the Tibetan Tradition*, A Guide, London 1984.
–: *Clear Light of Bliss*, Mahamudra in Vajrayana-Buddhism, London 1982.
Kennedy, Alex: *Was ist Buddhismus?* Lehre und Weltsicht einer großen geistigen Tradition des Ostens – eine Einführung für westliche Menschen, Bern u. a. 1987.
Khenpo Könchog Gyaltsen (Übers.): *The Garland of Mahamudra Practices*, A Translation of Kunga Rinchen's *Clarifying the Jewel Rosary of the Profound Fivefold Path*, Ithaca, New York 1986.
Khetsun Sangpo Rinbochay: *Tantric Practice in Nying-Ma,* London 1982.
Kornfield, Jack: *Living Buddhist Masters,* Santa Cruz 1977.
Kunsang, Erik Pema (Übers.): *Lamp of Mahamudra* by Tsele Natsok Rangdröl, Boston & London 1988.
–: *The Mirror of Mindfulness*, The Cycle of the Four Bardos by Tsele Natsok Rangdröl, Boston & Shaftesbury 1989.
Lati Rimpoche (Rinbochay) u. a.: *Meditative States in Tibetan Buddhism. Concentrations and Formless Absorptions,* London 1983.
–: *Mind in Tibetan Buddhism,* London 1980.
Lati Rimpoche / Hopkins, Jeffrey: *Stufen zur Unsterblichkeit,* Düsseldorf/Köln 1983.
Lauf, Detlev I.: *Geheimlehren tibetischer Totenbücher,* Freiburg i. Br. 1979 (3. A.).
Lehmann, Johannes: *Buddha. Leben, Lehre, Wirkung,* Gütersloh 1980.

Lhalungpa, Lobsang P.: *Māhamudrā*, The Quintessence of Mind and Meditation, Boston & London 1986.
Lingwood, Dennis (Sangharakshita): *Das Buddha-Wort*, Eine Einführung in die heiligen Schriften des Buddhismus, Bern u. a. 1992.
Lodö, Lama: *Bardo Teachings*, The Way of Death and Rebirth, Ithaca, New York, 1987.
Lommel, Andreas: *Kunst des Buddhismus,* Freiburg 1984.
Losang, Rato Khyongla Nawang: *My Life and Lives, The Story of a Tibetan Incarnation,* New York, 1977.
Lu Kuan-yü: *Geheimnisse der chinesischen Meditation,* Zürich 1967.
Malasekera, G. P. (Hrsg.): *Encyclopedia of Buddhism,* Colombo 1961 ff.
Manjushrimītra: *Promordial Experience*, An Introduction to rDzogs-chen Meditation, Boston & London 1987.
Marinangeli, Luciana: *Astrologia tibetana*, Rom 1987.
McDonald, Kathleen: *How to Meditate*, A Practical Guide, London 1984.
Meier, Erhard: *Kleine Einführung in den Buddhismus,* Freiburg 1984.
Mipam, Lama, u. Tarthang Tulku: *Ruhig und klar,* Haldenwang/Allg. 1977.
Mullin, Glenn H. (Übers.): *Selected Works of the Dalai Lama I*, Bridging the Sutras and Tantras, Ithaca, New York, 1985.
–: *Selected Works of the Dalai Lama II*, The Tantric Yogas of Sister Niguma, Ithaca, New York, 1985.
–: *Selected Works of the Dalai Lama III*, Essence of Refined Gold, Ithaka, New York, 1985.
–: *Selected Works of the Dalai Lama VII*, Songs of Spiritual Change, Ithaca, New York, 1985.
Murti, Tirupattur R. V.: *The Central Philosophy of Buddhism,* London 1980.
Namkhai Norbu: *Der Zyklus von Tag und Nacht*, Die praktischen Übungen des Ati-Yoga, München 1990.
Nhat Hanh, Thich: *Innerer Friede, Äußerer Friede*, Zürich 1988.
–: *Mit dem Herzen verstehen*, Kommentare zu dem Prajnaparamita Herz-Sutra, Zürich 1989.
–: *Das Sutra des bewußten Atmens*, Zürich 1989.
–: *Das Wunder der Achtsamkeit*, Einführung in die Meditation, Zürich 1988.
Nyanaponika Thera: *Geistestraining durch Achtsamkeit. Die buddhistische Satipatthana-Methode,* Konstanz 1984 (3. A.).
–: *The Vision of Dhamma*. Buddhist Writings, London 1986.
Nyanatiloka: *Buddhistisches Wörterbuch,* Konstanz 1976 (2. rev. A.).
–: *Der Weg zur Erlösung,* Konstanz 1956.
Nydahl, Ole (Hrsg.): *Der Diamantweg,* Wien 1979 (2. A.).
Oldenberg, Hermann: *Buddha. Sein Leben, seine Lehre, seine Gemeinde,* Stuttgart 1959.
Pallis, Marco: *A Buddhist Spectrum,* London 1980.
Pálos, Stephan: *Lebensrad und Bettlerschale,* München 1968.
Pema Chödrön: *The Wisdom of no Escape and the Path of Loving-Kindness*, Boston & Shaftesbury 1991.

Pema-Dorje: *Tara. Weiblich-göttliche Weisheitskraft im Menschen*, Freiburg im Breisgau 1989.
Percheron, Maurice: *Buddha, in Selbstzeugnissen und Bilddokumenten,* Reinbek 1975 (rowohlts monographien 12).
Rabten, Geshe: *Leben und Lehren eines tibetischen Meditationsmeisters,* Hamburg 1981.
–: *Mahamudra, der Weg zur Erkenntnis der Wirklichkeit,* Zürich 1979.
–: *Buddhistische Philosophie und Meditation*, Hamburg 1991.
Rahula, Walpola: *Was der Buddha lehrte,* Zürich 1963.
Rhys-Davids, T. W., u. William Stede: *The Pali Text Society's Pali-English Dictionary,* London 1979.
Rivière, Jean M.: *Kalachakra. Initiation tantrique du Dalaï Lama,* Paris 1985.
Rousselle, Erwin: *Vom Sinn der buddhistischen Bildwerke in China,* Darmstadt 1959.
Saddhatissa, H.: *Des Buddha Weg*, Zürich 1976.
Sangharakshita: *Die drei Kleinode*, München 1971.
–: *A Guide to the Buddhist Path*, Glasgow 1990.
–: *A Survey of Buddhism*, Its Doctrines and Methods through the Ages, London 1957.
–: *The Ten Pillars of Buddhism*, Glasgow 1989.
–: siehe auch Lingwood, Dennis
Schlingloff, Dieter: *Die Religion des Buddhismus,* 2 Bde., Berlin 1962/63.
Schluchter, Wolfgang (Hrsg.): *Max Webers Studie über Hinduismus und Buddhismus.* Frankfurt/M. 1984.
Schumann, Hans Wolfgang: *Buddhismus,* Olten 1976.
–: *Buddhistische Bilderwelt.* Ein ikonographisches Handbuch des Mahayana- und Tantrayana-Buddhismus, Köln 1986.
–: *Der historische Buddha*, Köln 1982.
–: *Mahāyāna-Buddhismus*. Die zweite Drehung des Dharma-Rades, München 1990.
Seckel, Dieter: *Kunst des Buddhismus,* Baden-Baden 1980.
Snellgrove, David: *A Cultural History of Tibet,* Boulder, Col., 1980 (NA).
–: *Himalayan Pilgrimage. A Study of Tibetan Religion,* Boulder, Col., 1981.
–: *The Nine Ways of Bon,* Boulder, Col., 1980 (NA).
Snelling, John: *Buddhismus*, Ein Handbuch für den westlichen Leser, München 1991.
Solé-Leris, Amadeo: *Tranquility & Insight*, An Introduction to the Oldest Form of Buddhist Meditation, London 1986.
Soni, R. L.: *The Only Way to Deliverance,* Boulder, Col., 1980.
Söpa, Geshe Lhündub / Hopkins, Jeffrey: *Der tibetische Buddhismus,* Düsseldorf/Köln 1978.
Sparham, Gareth (Übers.): *The Tibetan Dhammapada*, Compiled by Dharmatrata, New Delhi 1983.
Stevens, John: *Lust for Enlightenment*, Buddhism and Sex, Boston & London 1990.

Tarthang Tulku: *Psychische Energie durch inneres Gleichgewicht,* Freiburg i. Br. 1979.
–: *Die innere Kunst der Freiheit*, Basel 1987.
–: *Knowledge of Freedom, Time to Change,* Berkeley 1984.
–: *Love of Knowledge*, Berkeley 1987.
–: *Raum, Zeit und Erkenntnis*, Bern 1983.
–: *Ruhig und klar. Das Rad der analytischen Meditation,* München 1981 (2. A.).
–: *Selbstheilung durch Entspannung. Die tibetische Heilkunst des Kum Nye,* Bern 1980.
–: *Der verborgene Geist der Freiheit,* Basel 1985.
Tatz, Mark / Kent, Jody: *Karma. Durch Wiedergeburt zur Befreiung. Das tibetische Orakelspiel,* Düsseldorf/Köln 1978.
Thinley Norbu: *Magic Dance*, The Display of the Self-Nature of the Five Wisdom Dakinis, Paris 1982.
Thubten Ngawang, Geshe: *Von der Reinigung des Geistes durch Meditation*, München 1987.
Trungpa, Chögyam: *Aktive Meditation,* Heitersheim 1972.
–: *Das Buch vom meditativen Leben*, Die Shambhala-Lehren vom Pfad des Kriegers zur Selbstverwirklichung im täglichen Leben, Bern u. a. 1986.
–: *Crazy Wisdom*, Boston & London 1991.
–: *Feuer trinken, Erde atmen*, Die Magie des Tantra, Düsseldorf/Köln 1982.
–: *The Heart of the Buddha*, Boston & London 1991.
–: *Jenseits von Hoffnung und Furcht*, Gespräche über Abhidharma, Wien 1978.
–: *Der Mythos Freiheit* und der Weg der Meditation, Zürich 1989.
–: *Orderly Chaos*, The Mandala Principle, Boston & London 1991.
–: *Spirituellen Materialismus durchschneiden*, Zürich 1989.
Tucci, Giuseppe: *Geheimnis des Mandala,* Weilheim 1972.
– / Heissig, Walter: *Die Religionen Tibets und der Mongolei,* Stuttgart 1970.
Tulku Thondup: *Buddha Mind*, An Anthology of Longchen Rabjam's Writings on Dzogpa Chenpo, Ithaca, New York 1989.
Tulku Thondup (Übers.): *Enlightened Living*, Teachings of Tibetan Buddhist Masters, Boston & London 1990.
Waldschmidt, Ernst: *Die Legende vom Leben des Buddha,* Berlin 1929.
Walleser, Max: *Die buddhistische Philosophie in ihrer geschichtlichen Entwicklung,* 4 Bde., Heidelberg 1904/27.
–: *Die philosophischen Grundlagen des älteren Buddhismus,* Heidelberg 1904.
Wangyal, Geshe: *Tibetische Meditationen,* Zürich 1975.
Welch, Holmes: *The Practice of Chinese Buddhism,* Cambridge, Mass., 1973.
Williams, Paul: *Mahāyāna-Buddhism*, The Doctrinal Foundations, London und New York 1989.
Yamasaki, Taiko: *Shington. Der Esoterische Buddhismus in Japan*, Zürich 1988.

Zago, Marcello: *Der Buddhismus,* Aschaffenburg 1984.
Zimmer, Heinrich (Hrsg.): *Buddhistische Legenden,* Frankfurt/M. 1985.
–: *Yoga und Buddhismus,* Frankfurt/M. 1973.
Zotz, Volker: *Der Buddha im Reinen Land*, Shin-Buddhismus in Japan, München 1991.
Zürcher, Erik: *The Buddhist Conquest of China,* 2 Bde., Leiden 1972.